ウーマンリブがやってきた

70年代・目覚めはじめた男たち

佐藤文明

はじめに

時代が確たる手触りを持ってそそり立っていた。その実像をつかもうと、ぼくらは撫でるのをやめ、それぞれに挑みかかった。六〇年代末から七〇年代にかけてである。最近、この時代を振り返る企画が増えている。すばらしいことである。巨大なマンモスがついに悲鳴を上げ、姿を現さんばかりになった。歴史的にも特記されるべき貴重な時代である。挑まれたさまざまな現場は記録を残すべきである。

とはいうものの、記録される現場に偏りはないのか。あの時代、つかみかけていた実像は正しく伝えられているのだろうか。これははなはだ心もとない。いや、そんなことはそもそも望むべくもないことなのだ。時代の目撃者、証言者を任じて、一現場にとどまらないニート活動家（やじ馬）を実践してきたつもりの筆者でも、いまとなってみればコップの隅にようやく居所を見出しただけのことである。

それでも、である。やはり記録は残しておくべきであろう。あの時代、あそこにいたからこそ見ることができたもの、感じることができたもの。ぼくのニートな体験も、確実に時代の一こまであったのだ。一九七一年～一九八二年、本書はウーマンリブの登場とともに揺さぶられた男社会と、自己矛盾にさらされながらもなんとか答えを見つけていこうとした男たちの記録である。ただしどこまでも当時の個人的な記録であることに注力した。これらの現場をつき合わせて、時代に迫れるかどうか、確たる自信はない。が、少なくともそのパーツは提供したいと思うのである。

佐藤文明

ウーマンリブがやってきた　目次

第3章　メンズリブの萌芽

第4章　戸籍・婚姻制度・婚外子差別

第5章　したたかに、しなやかに、生きていく

アーカイブ編

第1章

ウーマンリブがやってきた

――なじみの店の暖簾をくぐると、女たちが店を占拠しているのである。女客などほとんど見かけたことのない、ありきたりの縄暖簾が突如変貌したのである。（…）服装や仕草、語調から主張を持った女たちであることはすぐに了解できた。リブの女たちである。――

リブのビラを目にして

そんな日がくる、ということをぼくも予期していた。男たちが仕切る世界に対する女たちの反撃、それは起こって当然だった。男の期待にこたえられるかどうかで女の社会的評価が決する。それがもし逆だったら、ぼくはそんな世界に耐えられない。反逆を試みたいと思うにちがいないのだ。

いつの日だったか、記憶は定かではない。たしか市谷の自治労会館で何かの集会があったときのことだ。ぼくはその日、会場に早めに着いていたが、いろんな運動を共有する友人が、まもなくやってきた。そして御茶ノ水の駅頭で配っていたというビラを見せてくれたのである。それが日本のリブ運動の発足宣言とも言うべき「女性解放連絡会議（準備会）」のビラだった。

言葉の激しさに息を呑んだが、主張はほぼ理解できた。友人も同様だったようで、ビラの主張を理解しそうな知り合いに、次々と回覧していた。やがて、ビラの波紋は会場全体に広がって、ウーマン・リブについての寸評がそこここで交わされたりしている。意見でもなければ主張でもない。まだ、そうしたものに固まる以前の戸惑いと興味とである。

「そんな日がくる」というのはぼくばかりではなく、運動にかかわるかなり多くの男たちが感じていたことなのである。コピー機がない時代（あったのは湿式コピー機。光を通す紙でないとコピーできない。乾式は出回り始めたばかりでめったにお目にかかれなかった）だったから、御茶ノ水までビラをもらいに出かけた男もいる。「まだ配っているといいが……」といって出て行った。手に入れたかどうかは知らないが、彼はいい勘をしていたと思う。おそらくこのビラは幻の、歴史的文書に近かったからである。

このビラが同会議発行のどのビラに当たるのか、現在入手できる資料集に眼を通してはみたものの、どうもはっきりしない。現物を手に入れていれば、もっと書けることがあったかもしれない。もっとも、そうなるとその後の会場の様子を目撃することはなかったことになる。

会場全体がリブのビラに引き込まれていくようなムードになりかかろうとしたとき、「こんなのだめよ、くだらない」と吐き捨てたのは、某政治セクトに所属する女性だった。ふだんから説得力のある冷静な分析をしてみせる彼女であったから、この乱暴な断定にはいささか面食らった。だから、彼女のそのときの表情までをも、ぼくは思い出すことができる。各自が彼女の発言の真意をおもんぱかっていたのだろう。会場はいつもの散漫なご機嫌伺いに戻って、予定の集会に流れ込んでいった。

いずれにせよ、当時優勢だった社会主義理論（マルクス主義をベースにした階級闘争理論）からいえば、階級対立を出発点にしないリブは、社会変革の撹乱要因であるのは確かである。でも、これをまともに持ち出してリブを批判する男はほとんどいなかった。膨れ上がった大衆運動の中では、社会主義理論も影を薄めていたし、紋切り型の批判、切り捨ても飽きられ、疑われ始めていた。だから批判方法を巡って躊躇したのである。躊躇なく批判を浴びせたのは理論家の女であることがほとんどで、「女どうしを闘わせて、男（の理論家）は高みの見物」という、リブからの男批判も聞こえてきた。が、女の主体性を軽視してきた、というスネに傷を持つ男たちにとって、革命理論を持ち出してリブを批判できにくい状況があったのも確かである。

構造が降り立った

男たちが「いつか、そんな日がくる」という予感を抱いたのはそんなに難しいことではない。ビートルズの出現以来、若者の文化は国際化していた。世界のどこかで起きたことは、世界のどこでも起こりうるのである。だから、アメリカの女たちが拘束のシンボルとしてのブラジャーを焼き捨てて「女性解放」を叫んだ、というニュースは、同世代の若者にとって、異国の奇習などではなかった。日本でも起こりうる出来事だったのである。

アメリカでウーマン・リブという運動が起こっている、というテレビや新聞のトピック・ニュースよりも深い考察も現れていた。ヌード・グラビア（といってもセミヌードに近いもの）を売り物にする『映画時報』とか『エロチカ』といった雑誌が、風俗ネタのひとつとしてではあるが、極めてまじめな紹介記事を掲載していたのである。この種の雑誌は社会・文化運動や政治運動にかかわる男たちにけっこう支持されていたものである。

大人たちの顰蹙を買うような表現方法にも、違和感はなかった。当時の学生運動の過半は、大人たちの顰蹙を買うようなものであったからである。時計台に立てこもり、火炎瓶を降り注いで機動隊に抵抗した東大闘争しかり、路面電車の敷石をはがしては機動隊に向け投石し、駅構内に乱入して列車を止めた新宿騒乱事件しかり。後者には野次馬だったぼくも巻き込まれた経験がある。

野次馬という言い方には少々ウソがある。もっと積極的な表現をするとすれば、時代の目撃者として意識的に参加したのである。同時代を生きたものとして目にしておかなければいけない、という思いである。このことは一九六九年に起きた新宿西口フォークゲリラに対する警察の弾圧行動にも言えることだった。ぼくはフォークゲリラが結集する最後の土曜日、西口広場（数日前から「広場」の案内板はすべて撤去され「通路」に書き換えられていた）に出かけ、警察のやり口を目撃した。広場いっぱいに張り巡らせたロープの輪を、大量の警察官が地引網のように狭めていく。抵抗するやつは逮捕だと脅し、広場からの退去を命ずる。ぼくはその輪の最後の一人となった。

それはともかく、ぼくにとって、ウーマン・リブの表現は政権奪取のためのラジカルな表現であるというより、現在の社会・文化的な状況（抑圧）からの解放を目指すラジカルな表現であると受け止めた。公民権運動で地力をつけてきたブラックパワー（「黒人」解放闘争）が、「ｂｌａｃｋ ｉｓ ｂｅａｕｔｉｆｕｌ」を合言葉に、既存の社会における平等な扱いを求める運動を超え、既存の社会の価値基準そのものを突破しようとした運動と同様である。

その種の運動は日本でも起きていた。性表現をめぐる「二人のラブジュース」裁判、街に放置したごみのオブジェも芸術だとする「ごみ裁判」。前者は性解放運動（先行する野坂昭如の「四畳半襖の下張り」裁判では猥褻か芸術かが争われ、チャタレー裁判の判例を適用。二審無罪になった。いっぽう、中川五郎の開けっぴろげな描写には芸術性も猥褻性もなく、無罪と思われたが二審で有罪。若者の間に「猥褻と思う心こそが猥褻である」との言葉が生まれ、裁く者の劣情が問われることになった）にはせのぼり、後者は「日展粉砕闘争」（何波にもわたる抗議行動で日展は中止された）、「大阪万博粉砕闘争」（太陽の塔に登って演説、逮捕された）などを通じて、文化・芸術の、国家または長老支配（日展審査委員など）からの解放を目指した。既存の価値基準、社会的評価を乗り越えようとしていたのである。

これらの運動は「反公害運動」と同様、資本主義の内部矛盾が噴出したものにすぎない。その矛盾をとりつくろうよりも、「資本主義を打倒すべきだ」という理屈はあったが、その理屈によって、あの時代（六〇年代末の学園紛争・七〇年安保改定反対闘争・ベトナム反戦運動）が出現したのではない。時代が抱えるあらゆる矛盾（内部であろうと、外部であろうと）とそれぞれが向き合い、それぞれが取り組んだ結果出現した社会現象なのである。したがって、従来の政治運動や社会主義理論に包摂されうる現象ではない。M・フーコーは「パリの五月革命」を称して「構造が降り立った」と表現したが、あの時代の日本もそれに近いような現象だったと思っている。

踏まれた側の痛み

当時、「解放」を掲げる運動のベクトル（方向）は、既存の価値基準によって正当な扱いを求めるのではなく、既存の価値基準そのものを見直す要求であった。つまりそれは既存の価値基準にあぐらをかく社会そのものの変革を求めるものでもあった。部落解放運動、障害者解放運動などとして、それは取り組まれていたが、女性解放運動もそれに連なるものとして理解されていたといっていい。

ただしそれは、社会的に差別・抑圧されている側の変革要求であり、差別・抑圧する側には理解し得ない、と説明されていた。それをよく「足を踏んだ者は、踏まれた者の痛みに気づかない」などと称していた。たしかにそれはある種の真理ではあるけれど、踏んだ者が気づかなくても仕方ない、という開き直りを許してしまう説明でもある。踏まれた側が「痛い」と声を挙げなければ、踏んだ側は気づかない、という主張もあり、声を挙げなければ始まらない、声を挙げるべきだという主張もあった。

その一方で、踏まれた側は多かれ少なかれ必ず「痛い」というメッセージを発するものだ。それに気づく感性、敏感さが必要なのだ、という主張もあった。そのデリカシーをどれだけの人が持ち得るのか、稀なデリカシーに期待していいのか、という議論もあった。社会運動が個人の感性に頼るのはおかしい。でも、だからこそ、踏まれた側の主張、抗議のメッセージに対しては、真摯に向き合うべきである、という原則が出現したのである。踏まれた者の叫びに耳を傾けるべきだ、という、当時の良心的活動家のコンセンサス、これは従来の階級闘争の論理や、社会革命の論理とはズレがあった。他者の痛みを共有したいというデリカシーを大事にするか、デリカシーに頼らない社会変革を目指すか、ということかも知れない。

当時、活動家の間でよく歌われていた「黒の舟歌」の歌詞「男と女の間には深くて暗い川がある」の延長上には「男に女の痛みはわかりようがない」という開き直りの論理も用意されていた。したがって、差別・抑圧を受けていない踏む側の男が「男性解放」を求める論理はここからは出てこない。

あるいはまた、ずっと後の作品ではあるが、河島英五の「酒と泪と男と女」のように、女に比べて男のだめさ加減を自覚する歌詞であっても、その実、酒の力で平行線を肯定し、男と女の社会的な評価、位置づけの変革には背を向ける。ここからも「男性解放」の論理が導き出されることはない（唯一の可能性は涙。この歌は女に泣かせているが、実際に泣いているのは男だからだ）。

リブのビラに触れ、ざわめき立った男たちではあるけれど、あのとき、男たち自身の変革が求められていることを理解した者は多くなかっただろう（異なった手法による闘いをイメージする者が多かったように感じられた）。リブが産声を上げ、それなりに自信を持つと、女たちのメッセージは頭ごなしの「男の否定」を超えていく。「女たちは変わった（解放された）。次は男たちの番だ」というスローガンは、明らかに男たちへのラブコール、男性解放への誘い、共闘の呼びかけである。

このスローガンは「女は（男から）自立した。次は男たちの番だ」という呼びかけでもある。経済的自立を目指し、それがある程度実現できた女にとって、もはや男に依存する必然性はなくなっていた。ところが、以前から経済的自立を果たしていた男が、なぜ、母親依存、妻依存を続けるのか。そのことに疑問を持たないのか、という追及である。

リブの女たちは「男の（女からの）自立」を求めていた。

変革の拠点

田中美津の「便所からの解放」（これも「女性解放連絡会議準備会」発行ビラである）に接した当時、ぼくは新宿区役所の職員（自治労の組合員）であると同時に、法政大学の学生でもあった。このビラをぼくに見せたのも、冒頭のビラを見せてくれたのと同一人物である。場所は若松町（現大江戸線若松河田町駅付近）にあった新宿区の職員保養施設であったと記憶している。新宿から飯田橋に向かう都電（チンチン電車）の中間駅である。隣接駅が柳町で、柳町交差点は当時、光化学スモッグの全国発信源だった。この路線での出来事にはぼくの青春時代の大事なファクターが埋め込まれているのだが、寄り道はしない。

ただ一言いっておくとすれば、新宿区役所の先輩にお世話になったということだろう。ワンベーと呼ばれていた彼女が、新任（戸籍係）のぼくを指導した。奇しくもわが高校の先輩。共産党の民青同盟員だった彼女は、戦後民主主義における女性の立場から、戸籍制度の問題点を指摘して見せてくれた。その立場から女が不利にならないような窓口対応、アドバイスがあるのだということを、ぼくに示してくれた。僕は彼女のいちいちに納得しながらも、限界を感じた。もっと行けるところまで行く必要がある、と考えるに至ったのだ。が、そのすべてが、実は彼女から受け継いだインスピレーションだったのかもしれない。ぼくが感じていた時代のインスピレーションは新宿という時代の中心から伝わってきたものだと信じていたが、同様なものを彼女が感じていたことは否定できない。ありがたい先輩であった。

役所での戸籍体験についてはこれまでも多くの媒体で表明しているのでここでは繰り返さない。ここでは二つの闘いについてだけ触れておこう。一つは職場のお茶汲みである。「女だけがするのはおかしい」とワンべーたちは職場会に諮った（お茶汲み機を買って、という要求もあった）。次の日からぼくは係り全員のお茶を淹れ始めた。お茶汲みは一週間で廃止されたのである。次は宿日直の廃止（特に女性の宿直が問われていた）。ぼくは処分覚悟で宿日直命令を拒否。やがて後に続く者が現れ、半年後に宿日直は廃止された。ぼくが戸籍に対する抵抗運動を始めるに当たっては、こうした勝利体験が下地にあったことは間違いない。

八王子から新宿へ、実家からの通勤・通学はしんどいので新宿から歩いて一八分（電車で二分）、京王線の初台にアパートを借りることにした。新宿はあらゆる情報の発信源だったので、その至近にいたかったのだ。が、女性運動に限れば、中央線の市谷からお茶の水がホットだった。

「ぐるーぷ・闘うおんな」の田中美津は東大を活動拠点にしていた（最寄りのJRはお茶の水）し、従来の主婦運動（既存の価値観を肯定した上での地位向上運動）を超え、解放を主張した「おんな解放連絡会（お解連）」の結成経緯はよく知らないけれど、明治・法政の女たちがリードしていたのは間違いない。一九六八年にはこのグループが星野澄子を講師に呼んだりして「婚姻同氏制」反対運動（現在の夫婦別姓要求運動に近い）を始めている。明治の最寄り駅はお茶の水、法政の最寄り駅は市ヶ谷（地名は市谷だが、駅名は市ヶ谷）である。

法政大学教授で『魔女の論理』で女性解放に大きな影響を与えた駒尺喜美は大学での活動を超

え、後に小西綾と市谷近くに自主スペース（56番館）を開くことになる（一九七七年）し、後にぼくの仕事場となる双葉社は飯田橋（お堀をはさんで法政大学の対岸）にあった。双葉社労組の委員長はフリーライターに転じたぼくの主要な食い扶持であった『週刊大衆』のデスクで、駆け出しの記者であるぼくを鍛え上げてくれた。その彼が出版労連における女性解放運動を支援していたのである。

一九七〇年八月二二〜二三日、法政大学市谷キャンパスで「侵略＝差別と闘うアジア婦人会議」が開かれた。新左翼系女性運動の総結集のような集会で、海外からの参加者もあった。欧米で巻き起こっている女性解放のうねりの中で、日本の女性たちがなにを主張するのか。聴いてみたいという思いは山々だったが、ぼくはこの集まりに出てはいない（会場を覗きに行って、入るよう促されたが盛況ぶりを見届けただけで退出している）。男が参加していいものなのか、はばかられるものがあったからだろう。

アクエリアスの時代

「解放」を掲げる要求の中で、性解放の運動だけは差別を原点にしていない。抑圧に対する解放が原点ではあるのだが、抑圧がなんであり、どこから来るのかをきちんと理解していたとはいいがたい（というよりも、従来いわれていた「理解」を覆す視点を持っていた）。そのため、運動はもっぱら生活や表現の自由をめぐるものになった。この自由を規制するものとして、社会的抑圧があぶり出されてくるのである。ヒッピーやフーテンといったライフスタイルやアングラ（アンダーグラウンド文化）、サイケデリック、ジーンズで闊歩する女やおしゃれする男（ピーコック革命）などにも通じる。そういえばマリファナの解禁といった主張もあった。タバコより危害の少ないマリファナを禁止するのはおかしい、という主張である。

性解放を謳いあげるブロードウェイ・ミュージカル「Ｈａｉｒ」（二〇世紀までの四〇〇〇年間は支配星座が魚座で、戦争の時代。二一世紀からは水瓶座の時代で、性愛が溢れる世紀というメッセージ。具体的にはＨａｉｒは長髪のことであり、徴兵拒否を表す）の大ヒット、世界を揺さぶった「パリの五月革命」の始まりは、ソルボンヌ大学の女子寮への男子学生の訪問解禁要求だった。大学紛争は世界中に広まったが、このスチューデント・パワーは政治運動論だけでは語りきれないのである。「世の中を知らない若者」「やり方が幼い」「それでは世の中変わらない」「コップの中の嵐」「革命ごっこ」……。だが、世界は変わった。日本を除き、五月革命以前と以後で戦後世界は二分されて語られる。

性解放の運動とは既存の世界による新参者差別、若者を半人前扱いし、社会の片隅に押しとめようとする差別と抑圧の構造からの解放、大人たちが作り出したとする既存の価値基準への挑戦であった。性とは世代間の対立がもっとも鮮明に現れる前線なのである。そしてこの闘いもまた、自らの営みそのものを新たな価値として打ち立てようとするものであり、決して一人前の成人として認めてもらおうとするものではなかった。この意味では場面こそ違え、神秘宗教に傾斜する学生や、コミューン生活にあこがれる学生……、それらもみな、どこかでつながっていたのである。

もちろんその裏には性の商品化という現象が張り付いていたのを見落とすことはできない。その象徴的なものがポルノグラフィーの氾濫であろう。アメリカの『プレイボーイ』誌は、権力との摩擦の中で足場を固めたが、後発の『ペントハウス』誌は摩擦もなく、より過激な性表現を追求した。日本でも『平凡パンチ』誌やテレビ番組「イレブンＰＭ」が、ソフトポルノを売りにし始めた。

こうした時代背景の中で、「悪書追放運動」が取り組まれ、ポルノ雑誌の自動販売機の規制などがおこなわれる。しかし、これらの運動は性を規制する立場からのもので、抑圧からの解放という重要なメッセージを見落としている。ポルノの氾濫は、性の規制、抑圧の結果であるかもしれないのだ（日本の祭りは性の解放・無礼講を伴っていた。ところが明治以降、警察は祭りで歌われてきた健全な若者文化「猥歌」を規制の対象にしていった）。

性の商品化という、深い問題の解決をポルノ規制に求めてはならないのだ。性解放（あるいは解放された性）は、性の商品化とは程遠い。全人格的な性的営みは、視覚だけのポルノを超えていく。それをどう育てるのかが大事なのだ。性の文化を育まなければ商品化に太刀打ちはできない。

性解放の理論

性解放の流れでいうなら、日本においては（ヨーロッパではD・ゲラン、M・フーコーなどサルトルとボーボワール、W・ライヒの影響力は見落とせない（少し古い世代ではE・フロム、H・マルクーゼなどが議論の対象だったが、ライヒの出現以降は掻き消えてしまった）。特にライヒの『性と文化の革命』は政治闘争（七〇年安保）終幕後に、行くあてを失っていた若者たちの心をとらえ、彼の著作が相次いで出版された。彼らは政治と性の回路をつないで見せてくれ、既存の価値（性否定的な道徳観や制度）を疑う手がかりを教えてくれた。

六〇年代、日本の学生が性を語る際のバイブルは精神分析学の祖・フロイトであった。が、彼は抑圧を既存文化（それは男性社会のものでもある）の原点として肯定する。若者は鍛えられて一人前にならなければいけないのだ。抑圧によって、既存社会の担い手である「男」や「女」が誕生する。で、既存社会の「男」には社会変革（政治・文化の革新）も期待されているため、男にとっては革命闘争と矛盾しない。

しかし、フロイディズムは女による社会変革の可能性を閉ざしてしまう。既存社会への「女」の封じ込め（女を受身の存在と規定すればそうなる）は、フロイトの弟子、マリー・ボナパルト（ナポレオンの末裔）の『女性と性』によって描きつくされている。受身に徹することの幸せ、精神の安定……。したがって、この延長上には男にとっての性解放は幻想しえても、女性解放はもちろん、女にとっての性解放もない（あるとすればそれは男がもたらすもの）のである。

ところで、W・ライヒはフロイトの弟子であり、筆頭弟子として扱われていたこともあった人物である。しかし彼はフロイトの学術タームを使いながら既存文化を否定し、抑圧のない社会を幻想した。すなわち、フロイトの現実社会との妥協にノーを突きつけたのである。男を「男」に、女を「女」に鍛え上げるための抑圧（外部の権威・権力または内部の超自我による）を神経症などの疾患の原因と捉えて否定し、人の自然なありようを求めたのである。

ここには女性解放や男性解放が依拠しうる足場がある。ぼくはライヒが神秘主義に傾斜してしまったことを残念だけれど理解する。フロイトを擁護するライヒの立場も理解する。でも、ぼくの男性解放は抑圧と闘うライヒであり、神秘主義に傾斜するライヒではない。このあたりのことを現実の運動はどうこなしていくのか、ぼくはその辺りに興味があったし、気がかりでもあった。

とりあえずここで、乱暴にまとめておこう。当時、リブ（女性解放）運動に関心が強かった男たちの多くは性解放の支持者だった。が、フロイトを出発点とする者はリブを理解できなかった。ライヒのバイアスがかかったフロイディズムはリブの側が警戒した（ライヒの前掲書を必読書としているリブグループもあった）。リブはフロイトを男性社会の理論家として否定したのである（ぼくもそう思う。が、ライヒによればもっと深いフロイトがあるという）。ライヒしか知らない若者たちは屈折なくリブを支援したが、なお「解放」とは遠いものであった（なにからの解放かがあいまいだからである。フロイトは性抑圧的なキリスト教道徳と闘いながら、抑圧一般を肯定する妥協的な理論に主張を収めてしまったが、キリスト教的性道徳からの解放は鮮明だった）。

海外から伝わるリブの情報は、ぼくの思いと大きなずれがなく、面白いと思えた。でも、ライヒはどうなのか。フロイディズムを全否定して、ユングの心理学に流れる人たちはどうなのか。ぼくはさまざまなクエスチョンを残しながらも、理屈、理論に解決を託すのはよそうと思った。人と出会い、生きていく中で、それを見つけようと思ったのだ。

文化運動との接点

性解放運動というのは互いの自由意志に基づく性交渉の権利を含む、広範な文化運動を意味した。先行する欧米の運動（七〇年安保という政治課題を抱えていた日本より欧米のスチューデント・パワーのほうが文化運動の政治化、性の政治化、性を政治運動のひとつとしてとらえる視点が早く形成された）では、もっと具体的な政治課題として家族帝国主議論や一夫一婦制批判、離婚制度の確立を含む結婚・家族制度の変革が掲げられていた。

「いちご白書」で知られるカリフォルニア州・バークレイ校の闘い、数十万人のヒッピーたちが埋めつくした伝説のロック・フェスティバル「ウッド・ストック」のムーブメントなど、ベトナム反戦と結んだアメリカのフラワー・チルドレン（フラワー・ジェネレーション）は「Ｍａｋｅ Ｌｏｖｅ，Ｎｏｔ Ｗａｒ」を掲げて、ピース・マークやスマイル・マークを世界中に広めていた。これらはみな、先行する理論に従った行動ではない。出会い、生きていく中で見出されたものである。

文化・社会変革を伴わなかった日本の政治運動（代々木、反代々木の学生運動）は、こうした新しい動きに遅れをとった（代々木の文化活動は保守的であったし、反代々木は文化活動を否定していた）。理論に裏付けられない動きを「幼稚だ」として切り捨てるか、マルクスやエンゲルス（とりわけエンゲルスの『家族・私有財産・国家の起源』）、あるいはレーニンを持ち出して、そこからの理論構築を試みようとした。だが、そこからのアプローチはすでに時代遅れで、リブを含む、性解放に対する問題提起に対応できるものではなかった。このことを端的に示す出来事が日本における「Ｈａｉｒ」の上演運動をめぐる論争である。ヒッピーやフーテン、ノンポリ学生の上演歓迎の声を「ナンセンス」として切り捨て、政治運動は反万博などの文化戦線とは完全に断絶（ベ平連を除く）していた。もっとも、この論争におけるノンポリ学生の主張は中身に乏しかった。「幼稚」という批判もうなずけるもので、彼らの思いをうまく言葉にしたのは「Ｈａｉｒ」の監修者だった寺山修司である。

先行理論から入る政治党派の主張は既存社会の価値観にまみれていて、すでに陳腐だったのだ（かろうじて先導理論になりえたのはベーベルであったと思う）。分断に橋が渡されたのは一九七〇年四月二八日の国際反戦デー会場（明治公園）に出現したストリート・ファイティング・ロックである。全共闘の集会にロック・バンドが殴り込みをかけたのである。おなじ日、おなじ会場でリブも発足を宣言した。

それまでの政治党派の主張を端的に言ってしまえば（精緻な革命理論を端的に決めつけることはできないが）軍事の論理、闘いの論理で、「男はもっと男らしくあれ」ということに近い。運動が安保改定阻止に凝縮していった結果である。ある種のかっこよさではあるが、議論よりも行動が優先され、「男」らしく革命運動を担い、革命戦士として散れ（身を粉にして運動に、あるいは理論に忠誠を捧げろ）、というところにスライドして行きがちなのである。

このジェンダー・ロール（性役割）に依拠した主張が女性解放、あるいは性解放に対して説得力を持つはずがないのだ。いうまでもなくリブはこれらの主張を超えていた。欧米のウーマン・リブの主張の中にエンゲルスやレーニンが登場することはない。彼女たちの主張（自己実現）に、エンゲルスもレーニンも必要ではないのである。パリの五月革命をリードしたソルボンヌ大学の学生、D・コーンバンディ（後のドイツ緑の党創設者）らの主張にも、エンゲルスやレーニンの影を感じ取ることはできない。

気分は神田川

リブを迎えるより前に、ぼくにはぼくの出会いと暮らしがあった。結婚などまじめに考えたこともないぼくに、性交渉の影もない相手からのプロポーズ。戸籍窓口での体験は、ロマンとはこととなった現実を先行的に思い知らされることになったようだ。結婚の申し入れや、OKすれば生涯安泰の大富豪が約束される養子縁組や婿養子縁組の申し出もあった。うちひとつは親族周辺での出来事だが、もうひとつは役所の窓口で起こった。相談に乗ってあげる戸籍係というのは身寄りのない資産家のお年寄りにものすごく信頼されるものなのである。来るたびに渡されるつけとどけを押しもどす苦労。「養子になって」と懇願されることのつらさ。でもまあ、そんなものは笑い話のうちだろう。性に関しても次第に柔軟な発想を持てるようになっていたぼくだから、結婚を前提としない性交渉がなかったわけではない。でも、そんな関係であっても、じわじわと迫ってくる既存の価値観が山のようにあって、ぼくには耐え難いものも少なくなかった。今となってみれば、これらもみな驚きのエピソードなのだが、特に語る必要もないだろう。交渉とは縁がなかった話だが、中学時代の後輩でピアニストを目指していた彼女は「結婚するつもりはないの。家事を全部やってくれる男なら考えてみてもいいけど」といっていた。デート中の会話としてはかなり斬新。二〇歳のぼくのハートになにを撃ち込んだのか、当人にも不明である。

初台（京王線で新宿の隣接駅）のぼろアパートはあまりにも手狭で、四帖半一間。炊事洗濯は共同で、トイレも共同で、木のサンダルに履き替えていく。風呂は公衆浴場である。神田川は流れていなかったが、気分は「神田川」（南こうせつとかぐや姫のフォークソング「神田川」が大ヒットしたのはこれより一年後の七三年九月）であった。後に同棲時代などと呼ばれるなだれ現象はすでに始まっていた。あんなアパートにきてくれた素敵な彼女たちの勇気については、書き残しておきたい気にもなるが、それもやめておく。

ともあれ、ぼくとしては炊事場でアパートの住人と世間話をする気はなかった。ほとんど毎日外食していたのである。気に入った定食屋や赤暖簾を順にめぐる暮らしである。そんな初台での心地よいふわふわした独身環境（生活者としては相当すさんでいたと思うが、健全な生活者を不健全と感じるぼくがあった）が、いつの日か激変した。

なじみの店の暖簾をくぐると、女たちが店を占拠しているのである。女客などほとんど見かけたことのない、ありきたりの縄暖簾が突如変貌したのである。「親父さん、なにかあったの」「いや、別にわかんねえな」、というので、ぼくは隅でピーマン焼きやナスの浸し煮で夕飯を食い、エイ鰭をつまみにちびちびやった。翌日は別の店に行ったのだが、そこにも女たちが陣取っていて、「男なんて」と息巻いていた。今でこそ居酒屋を女たちが占拠して、息巻く姿も珍しくなくなったが、あの当時は異様さぶりに驚いて、逃げ帰る常連客もいた。目を輝かして「よっ、ねえちゃんたち」なんて声を掛ける男たちもいた。

交わしている言葉に聞き耳を立てていたわけではないが、服装や仕草、語調から主張を持った女たちであることはすぐに了解できた。リブの女たちである。でも、なぜ彼女たちが初台などという場違いなところ（今でこそ「オペラ・シティー」などが建ち、新宿新都心の一角を形成する初台だが、当時は新宿十二荘の裏の裏。流行などとは無縁の地であった）に大量出現したのかは謎だった。黒のニットスーツだろうか。その左腕をたくし上げたときにちらりとのぞいた赤いバラのタトゥーが眼に焼きつく。彼女は「緋文字」というリブ・グループの中心メンバーの一人であった。

天衣無縫の長髪

初台でなにかが起こっている。なにかが始まろうとしている。そう感じたのはぼくだけではあるまい。居酒屋の親父や常連客はなにかを感じていたはずである。が、ぼくを含めて、なにが始まるのかを知る者はいなかった。ぼくがその答えを見出したのは新聞記事だった。テレビでも紹介されていた。東京のリブ運動のグループが共同で活動拠点を確保した、というもので、その名も「リブ新宿センター」。日本のウーマン・リブのセンターとしての役割を期待されていた。

センターはぼくのアパートから、直線距離にして五〇〇メートルにも満たないマンションの一室に開設された（一九七二年）。メンバーの共同アパートや、代表の田中美津のアパートはさらに近い（美津さんのアパートとは五〇〜六〇メートルしか離れていない）。ご近所さんなのである。不思議であった。ぼくの成長過程（ぼくは生産管理闘争の渦中、戦後民主主義の成果である婦人委員の母の下、後述する社員寮共同体で生まれ育っている。そして『女囚とともに』『性の闘い』の著者・三田庸子が院長の東京婦人補導院で小学校二年から高校二年までの九年間、マンドリンを教える父に従って慰問活動を行っていた）や運動経験からして、リブとの出会いは必然であった。が、それをぼくが求める前に、リブのほうがやってきてしまったのである。

そのとき、ぼくはすでにフリーのライターとして活動しており、『週刊大衆』の良心と呼ばれる「社会ダイアル」欄を担当していた。社会問題を批判的に斬る、コラムページである。個人的関心はもちろんだが、ライターとしても、近所に開設された新しい運動のセンターを無視するわけにはいかない。アプローチを試みる責任を有していたのである。新聞には「センターは男子禁制」と、あった。

赤い鼻緒の黒塗りの下駄（女物）、ぼくはそれを履いて初台ではなく新宿のゴールデン街によく飲みに出かけた。いまでこそ著明な作家からの呼び出しである。彼女は『週刊大衆』の同僚で、あるパーティーでデスクに引き合わされた。離婚をきっかけに結婚制度を否定する論陣を張るようになった女である。ぼくは女性を評価する常套句としての「美人」という表現を使わないようにしているのだが、彼女といるととにかく人目を引いた。だから、ぼくが女装をしたって（といっても、ネックレスやイヤリング、女物の蛇の目傘程度だったのだが）、目を奪うのは彼女のほう。ぼくなどたいしたことにはならないのである。

この程度の女装は役所時代にもしており、「日本男児たるもの……」と考える、恐いお兄さんたちに路上で襲われたことも数知れない。ぼくは別に女装趣味ではないのだが、こういうお兄さんたちが大嫌い。だから身の危険を承知しつつも、挑発して歩いていたのである。幹線道路を挟んだ対岸からこぶしを振り上げて叫んでくる者。そんなやつはかわいい。二〇メートルも先から目を三角にしてまっすぐ迫ってくるやつ。これは怖い。あたりの人波を見定めて、まずは逃げ場を確保する。その物語だけでも大変なドタバタ話になるのだが、ここでは追わない。

新宿から初台まで、歩いて帰るにはできたての新宿西口公園を横切ることになる。客引き、出刃亀、置き引き、その間をぬうようにして、ねぐらに戻るのだが、よく職質（職務質問）を受けた。当時の警察官にとってみれば、ぼくの風体はいかにも怪しかった。でも、犯罪には最も遠い風体ではないか、と、ぼくは勝手に考えていた。「おれたちはそう見ない」といったのはある職質警官だった。「予想を超えた事件を起こす恐れがある」というのである。なるほどと思って彼の眼を見据えたら、彼もぼくの眼を直視した。平巡査ではあるが、優れ者だと思った。

でも、ぼくはそうした世界とは一線を画したかった。伸びるにしたがって、風になびき、風を受け止めるぼくの髪は、天衣無縫の羽衣だった。いや、そうでありたいと願った。ぼくの髪は当時すでに肩のラインを越えていた（「キミの髪が肩まで伸びて」の歌い出しで知られる吉田拓郎の「結婚しようよ」は七一年にブレークしていた。結婚をゴールとする歌詞には違和を覚えたが、「キミとおなじになったら」という平等感には惹かれるものがあった）。国会にも取材に行く週刊誌の記者としては少々無謀である。ぼくは髪を二段にカットし、長い部分はシャツの襟の中に隠し込んで仕事をしていた。議事堂の中で自民党の右派議員にインタビューする。そんな時、襟から長い髪を出す。議員のおたつきが見て取れた。こちらの注文におたおた応えてくれた。

それがなんだといえばそのとおり。自己満足のひとり芝居にほかならない。でもそこになにがしかの可能性を見ようとしていたぼくを理解してもらおうとするのは僭越だろうか。ま、それはともかく、女たちの出現による初台の変貌をわくわくして眺めていたぼくを、多少なりともイメージしてもらえる材料にはなるだろう。

ご近所づきあい

「男子禁制」にめげる気のないぼくは、近所に開設されたセンターに挨拶ぐらいして当然だと考えていた。そんなある日、事前に電話を入れるべきか、直接訪れるべきか迷いつつ、いつしかセンターが入居するマンション（東都レジデンス）の直下まで来てしまった。が、ちょうどそこに公衆電話ボックスがあったので、センターのドアを叩くことなく、電話を入れた。「センターの運動に関心を持つ者ですが、お話を聞かせてもらえませんか」というぼくに、「なぜ関心を？」「どんな関心を？」と、電話の向こうからは矢継ぎ早に質問が飛んできた。

ぼくは次第に裸にされ、ためらいながらも「週刊誌の記者である」と明かすことになった。すると先方の対応が変化し、電話口に別の女性が出た。田中美津であった。美津さんはセンターのマスコミや男に対する原則を明快に伝えた。「私たちも男性を排除するつもりはありません。男性が参加できるイベントを用意するつもりなので、そのときにいらしてください。ご連絡いたします」「ただしその際も、あくまでも個人としてです。マスコミ取材であるならお断りいたします」。「これはぼく個人の関心です。仕事にしようなどと考えているわけではありません」「といいながら仕事にするのがあなたたちでしょ」「ぼくはちがいます」「〝五色の酒事件〟もそうだったのよね。なのに記者が裏切った」……。なんと美津さんは大正時代の女性運動「青踏社」のエピソードを持ち出した。小さな身内の飲み会を、いかがわしい女たちの狂乱に仕立てた筆の暴力を、牽制しようとしたのである。

「その警戒感はよくわかります。だからぼくは、センターのことについて、マスコミに売ったり、記事にしないことを誓います」「誓うってどうやって」「ぼくの心に、としかいえません」……。この一言が美津さんの心を射抜いたのだろうと思う。と言うよりぼくが「五色の酒」事件を理解していたことが決定打だったのかも知れない。電話口でのやり取りでしかなかったが、関係がずっと友好的なものになったことを実感できたのだ。

以後、美津さんはぼくに大きな信頼を寄せてくれ、ぼくもセンターでの出来事をマスコミには絶対に売らない、という約束を今日まで遵守したのである。以下の文章も、彼女たちがそれとなく表明したものの裏打ちに過ぎない。一切世に出ていない部分について、ぼくが偉そうに語ることはしない。

イベント待ちのぼくにセンターから電話があったのはそれから二週間か二〇日後のことだった。センターはまだ開設の途中で、書籍や資料が運び込まれる前だった。男性協力者があって、それらを軽トラで運んできた（この運転手、いま思えば後にさまざまな運動場面を共有することになる星君だったにちがいない）のだが、マンション内に運び込むのを手伝ってくれないか、という電話であった。おやすい御用であった。ぼくの住処が近所であったためだろう。センターにも悪びれた様子はなかった。

書籍を運び込む際、手際の悪い棚架け作業を手伝った。「男が得意分野でがんばるのもなんかな〜」と、手出しをはばかりながらも、見かねてやっつけた所があって、その手抜き部分がひどく気になった。自宅の棚であったらもっとキチンとつけていた。「地震でもあったらやばいよ」、という思いである。でも、これを端緒にぼくとセンターとの関係は急速に縮まり、「文明さん」で通る間柄になっていった。センターは依然、対外的には男子禁制を貫いていたので、ぼくの場合はあくまでもご近所づきあいなのだろう。

少林寺拳法

事情は知る由もないし、ぼくが介入すべきものでもなかったが、センターはリブ運動の共同事務所から田中美津率いる「ぐるーぷ・闘うおんな」の活動拠点となり、その運動のスタイルであるリブ・コレクティブ、すなわちミニ生活共同体の運動と生活の場になりつつあった。センターに居つく活動家が現れてきたのである。共同アパートも健在で、どちらに何人、といったことにぼくは完全に無関心（ほぼ知っていたが）を貫いた。

センターで寝起きする女たちは、ぼくを無視するかのように簡単な間仕切りの裏で着替えなどをしていたので、ぼくも極力意識しないように心がけた。そのためか、美津さん以外のメンバーとの交流は深いとはいえない（個人的にはセンター解散以後も交流が続いていたが）。多才な人たちであったことを思えば、なんとも残念なことだった。関西出身で超明るいメンバーから共同アパートにも招かれたが、女ばかりが暮らす大広間はなんともいえない雰囲気があった。もっともメンバー全員の同意があったわけではないのだから、居心地が悪いのは当然だ。いずれにしても、全員がご近所さまだったので、そこここでバッタリはあたりまえ。挨拶を交し合うのは悪いものではなかった。

「ストーカー」などという言葉がまだなかった時代、「センターに駆け込もうとしたが、どうやら尾けられている。このままセンターに行っていいものかどうか」といったセンターへの電話。メンバーの元彼が怒り狂って「おまえをかばう運動など叩き潰してやる」と息巻く緊急情報。ご近所のぼくにも伝えられた。「暴力的な男」だという。か弱いぼくとしてはあまりかかわりたくない男たちではある。といって、知らぬ顔もできない。とりあえず駆けつけはした。でもセンターの力なのか、修羅場に出くわしたことはない。

いつのことなのか、前後は覚えていないが、センターはこうした男たちから身を守るための護身術に力を入れ始めた。少林寺拳法の若手男性指導員が協力。広く参加者を募集していたので、教室はかなりの賑わいを見せていた。盛況だとは聞いていたが、ぼくにはあまり興味がなかった。だから、毎回熱心に誘ってくれたのがだれだったかはハッキリしない（たぶんカリドさんだと思う）。でも、熱心な誘いに根負けして、覗いてみることにした。小田急線南新宿に近い渋谷区の公共施設だと記憶する（二〇〇五年度の地図で確認すると、いまも区民館というのがある。ここだろう）。

ぼくの参加を心待ちにしていたのは指導員ではなかったか。羽交い絞めから抜ける手法、敵のつま先を踏んでたじろがせる方法、いわゆる「金蹴り」を入れるタイミングや、どこをどう使うか、すなわち入れ方の教授である。参ったのは、その実験台となる男がぼくしかいない、ということだった。

指導員がぼくの運動能力をどこまで察知しているのかは疑問だった。「本気で襲ってください」といわれても、スキだらけで弱点が見えみえの相手を本気で襲うことなどできない。だからぼくは指導員の期待に応える適度に鈍な男を演ずるほかなかない。とはいえ金蹴りを入れられてはたまらないので、守りに関しては過剰に神経を使うアンバランスな存在として行動するほかなかったのだ。

それでもぼくは護身術教室を無意味だとは思わなかった。男の力に射すくめられ、叫び声さえ挙げられない。そんな状況からの脱却を可能にするからだ。力に圧倒されても声が挙げられる心理状態が必要なのだ。だから、ぼくはあくまでも本気で襲う芝居をする必要があった。でも指導員がぼくの心を理解していたかどうかはわからない。指導員の口癖は「人体でいくらがんばっても鍛えられないところが急所と眼だ」というもので、「いざとなったらそこを襲え」ということだった。一撃でひるませてその隙に逃げる。これが最高の脱出術なのだから心をいかに冷静に保つかが成否の分かれ道になる。眼を払う方法も伝授していたが、これについてはなぜか実験台を使わなかった。

一九八〇年、初代管長・宋道臣の死去を受けて少林寺拳法の代表（管長、総裁）を継いだのは娘の由貴（道臣を襲名）である。後継者が彼女であることは当時から自明のこととされていて、男の汗で溢れていた機関紙なども徐々に方向転換を迫られ始めていたころである。その機関紙（『あらはん』）に、ぼくは書くチャンスをいただいたが、それは別な編集者の構想で、このときの努力賞ではないだろうと思っている。

産まない自由と産む権利

当時の女性運動、女性解放運動の最大の焦点は優生保護法改悪阻止闘争であった。今日の少子高齢化を予測した政府は、優性保護法の中の中絶の理由から社会経済的な側面を削除し、法を本来の目的である障害児排除（優生保護）に絞り込もうと考えたのである。障害児の中絶を除いて、中絶を禁止しようという法案で、「いのちの大切さ」を訴える宗教団体や道徳・倫理推進団体が強く求めてきたものである。

これは障害者差別を助長するものであるとともに、女が出産を決意する心因とタイミングを狭めるものである。女が出産の主体から後退すれば、心身に無理な負担を強いる出産も増えることになる。日本産婦人科学会なども反対の声を挙げていた。

女たちは「産む、産まないは女の自由（選択）」を掲げて、優生保護法改悪阻止に立ちあがった。いつしか、リブ・センターがその中心を担うことになり、決起集会は初台の隣駅・幡ヶ谷区民会館で開かれることが恒例化した。

もっとも、このスローガンを巡っては、障害者団体からの強い反発が起こった。「障害児だから堕ろす」自由を認めれば、障害児は生きられない、という批判である。当時、「羊水チェック」という出産前に障害の有無を判断する技術が生まれ、広く活用されようとしていた。障害児の出産を抑制する技術である。こうした「堕ろす自由」を認めれば、障害者をお荷物として排除する社会が出現する。「自由」とは名ばかりで、じつは社会的強制によって「堕ろす」しかない状況に追い込まれるのが真相なのだ。

この問題は婚外子差別にも通じている。いや、新技術の出現以前から中絶を強要され続けてきた未婚の母の深刻さは重大で、「産まない自由」の裏側にある産ませない仕組み（国家的な仕組みでもある）を批判していく必要があるのはいうまでもない。そこで、先のスローガンは限定解釈されるようになり、同時に「自由に産める社会を！」というメッセージを強めていくことになった。

この闘いの中で、ぼくは黒子役に徹した（当時のぼくはまだ婚外子差別との闘いを始めてはいなかった。上記のような問題意識をひとり暖めているだけだった。婚外子を出産したことで職場を追われたケースなどに具体的に直面するようになったのは後のことである）。新宿一円に夜な夜な出没し、ビラ貼りする女たちを追って、のりの入ったバケツを持って回ったのである。もちろんその裏には危ない男たちや官憲からの警護の意味もあった。彼女たちの少林寺はあまりにも心もとなかったからである。

ところで、優生保護法改悪の旗振り役は宗教政治研究会をリードしていた「生長の家」だが、もっとも熱心だったのは創始者・谷口雅春の妻で、婦人部「白鳩会」を率いる輝子だった。したがって、改悪の論陣も本部機関紙『理想世界』より『白鳩』を中心にしており、娘婿の清超（第二代総裁）はこれに距離を置いていた。正確に読めば、彼は婚外子の中絶に限定して反対していたのである。つまり生長の家内部にも温度差があったのである。だが、生長の家政治連盟出身の玉置和郎（宗政研創始者）・村上正邦（自民参院議員会長）は改悪法案を靖国国家護持法案と並ぶ宗政研の獲得目標に掲げた。勇み足だったのである。

一九八五年に清超が総裁に就任すると、生長の家は急速に路線変更を遂げている（第三代総裁・雅宣＝清超の子も雅春・輝子の多くの書物を絶版にしている）。敗戦を教訓として、戦後民主主義を選択した日本国民の判断を評価する姿勢への転換で、その結果、「反憲（憲法反対）」を掲げた生長の家政治連盟は解散し、宗政研も崩壊している。生長の家の地方組織に庇を借りていた「日本を守る国民会議」も庇を失い「日本会議」に改組されたが、霊友会などの支持を失い、神社本庁・仏所護念会など、わずかな勢力になっている。

——ぼくは「法的結婚なんていらない」という彼女に、「だったらもっと闘ってみないか」と提案した。新宿区役所の同僚で、戸籍・住民票の制度のおかしさは了解済みである。彼女は眼を輝かせて、いくつかの条件を出しながらも賛同した。——

第2章

おんなの解放・おとこの解放

女性解放は母の闘い

このころのぼくには詳細な日記はない、が簡単なメモがある。一九七四年二月二〇日、沢田研二インタビュー（生田スタジオ）。二八日、優生保護法改悪阻止、ビラ貼り。三月二日、観劇「ハンバーガーと軍艦」（リブ・センター）。つまりあの日、センターでなにかを観たのである。でも、その印象はない。が、ぼくはそのまま八王子の実家に帰っている。

その夜、ぼくは母といろんな話をしている。話が盛り上がって、母が「泊まっていきなさい」といったのだが、「明日はデモに出なければいけないので……」と断った。すると「何のデモなの」という母の追及が始まった。ぼくは優生保護法が措かれている現状について話した。すると母の表情が変わり、「それってあたしの問題でもある」といい始めた。「改悪は許せない」というのである。母は敗戦直後の小西六（現コニカ・ミノルタ）に日本で初めての有給生理休暇を導入した人（労働組合の婦人委員、唯一の女性役員だった）でもある。

ぼくの成長にあたっての母（親）の影響というのは、母子密着と思われるのは迷惑なので（年子の弟がいたので親離れは早く、二歳で幼稚園に通った）いいたくはないが、相当にある。ぼくの両親は前記組合が生産管理闘争（管理職を排除し、組合が自主生産・自主経営する闘い）に入っていたときに出会った。ぼくの出産も闘いの渦中で、ぼくの名は組合員からの募集で決まった次第。母の闘いは我家でも起こり、母を嫁扱いする祖父（父の父）を家から追放した。父（長男だったので、親を世話するのが当然の時代だった）も母を支持し、親戚中を敵に回した。

ぼくは生産管理闘争の夢覚めやらぬ小西六の社員寮（日野工場正門前）で育った。幼稚園帰りに会社に寄れば、労働者の多くは父の同僚。トロッコに乗せてくれたり風呂に入れてくれたり、よく遊んでもらったのである。ぼくは家族・親族の子ではなく、戦後民主主義の可能性を信じた幼稚園（プロテスタント系）の先生や労働者（ブルーカラー）の子であったのである。

話を戻そう。なるほど女性解放も優生保護法改悪阻止も、母の闘いであったのである。ぼくは「恥ずかしいから来るな」と、必死で引き止めたのだが、「絶対に行く」という母の信念をとめることはできなかった。ぼくは母と、原宿駅前で落ち合う約束を交わしたのである。メモには「三月三日、母と会う」とある。ともあれ、この日、母はデモだというのに正装で原宿に現れたのである。ぼくは火の出るような恥ずかしさをこらえ、センター関係者に母を紹介した。思えばぼくもプチ・マザコン。母のいいつけには素直で、母の願いを背負って生きた。ある種、よい子であり続けたのである。

でも、ぼくの救いは母が悪い子だったということではないか。デモといっても主軸はリブ・センターだけ。三〇人そこそこの集まりが、政治に深くコミットする宗教団体「生長の家」（宗教政治研究会の代表宗派で、中絶禁止・優生保護法改悪運動をリードしていた）本部への抗議行動を仕掛けたのである。本部前で大きくカーブを切る道路、そのセンターラインに三〇人がずらりと並んだ。スーツで正装した母はその中心に陣取り、結構目立っていた（ぼくは警戒要員で、そこに並んではいない）。

現在の生長の家についてさらに言及しておくとすれば、原宿本部の方向転換は、右派宗教団体として神社本庁の突出を際立たせている（夫婦別姓反対の旗頭で自民党参議員会長だった村上正邦も生長の家の支援を失い、神社本庁の庇護下に走った）。ただし、地方支部や生長の家政治連盟の拠点だった本部練成道場（調布市）の中にはなお「雅春原理主義」と呼ばれる右派勢力も根強い。

中ピ連と榎美沙子

もう少しメモに従おう。三月七日、統一救対の説明会（渋谷）。一一日、中ピ連・榎美沙子と対談。一五日、『資本論』学習会（大塚）。一七日「新しい女性解放にむけて」川田さんと対談。一九日、部落差別討論集会（新宿労研）……。ぼくの中では激動のメモなのだが、他人が見ればただのメモ。なんのこっちゃ、といわれてもしかたない。

前述「侵略＝差別と闘うアジア婦人会議」が、救援活動に力を入れていたこともあって、女性運動と救対運動とは密接な関係があった。リブ・センターも連合赤軍事件の主犯格とされた永田洋子に対して、運動において女が置かれた位置からの再点検を含む救援活動をやっていたことはよく知られている。が、ほかにも「土田・日石・ピース缶事件」（「土・日・P」と略称）の救援にもかかわっていた。

複雑な事件で、ここでの説明は困難だが、主犯とされる男（彼とはその後、知り合うこととなり、結婚にも立ち会ったが、離婚に当たっては彼女の方を支持した）の女性関係を含め、問題にされた事件である。ぼくはその外周（ピース缶事件）ででっち上げられた容疑者が大学の級友であったため、救援にかかわることになった。予想通り、事件はでっち上げで、全事件の被告一八人は無実、無罪になったのだが、その間の救援運動は紆余曲折を極めた。

「中絶禁止法に反対しピル解禁を要求する女性解放連合（中ピ連）」は、一時、その激しい運動スタイルを含めマスコミの脚光を集め、リブ運動を代表するグループになりつつあった。ピンク色のヘルメットをかぶって、浮気男性の職場にデモをかける、というプライバシーを無視した攻勢が男性社会に脅威を与えたのは事実である。が、それは結婚制度やサラリーマン社会を前提とするもので、結婚制度に矛盾を感じる女たちの声を代表するものではなかった。

「この流れではリブがだめになる」、田中美津はセンターに結集するいくつかの団体と決別し、中ピ連の榎美沙子とも離反していた。マスコミを含め、中ピ連がリブの代表のようにみなされ、語られる。このことに危機感を抱いているのはぼくが知っているリブ運動に共通していた。たしかにマスコミが取り上げやすい運動スタイルであるが、他のリブ運動とはあまりにもかけ離れた主張を持っていた。と同時に、リブといえば中ピ連だと信じているマスコミ人が多かったのも事実である。

ぼくは美津さんから中ピ連についての意見を求められたとき、「結婚制度の周辺で女が泣きを見ないで済む闘い、という点は評価できる。でも、ゴールが常に慰謝料だというのは問題だ。闘いのフィールドが一流企業の男の世界に限られてしまう」といったような答えをしたかと思う。ある日のこと、美津さんが「最近の榎美沙子はどうもおかしい。なにかを巡ってグループも分裂したようだ。なにがあったのか調べられないだろうか」と言い出した。たしかに女の地位向上のパフォーマンスはメンバーに託し、榎さん自身は再び当初の主張であるピル解禁に戻りつつあった。副作用問題などがあって、やや陰を潜ませていた主張である。

男性用ピルの開発研究などの話題もあるし、これらを含めて聞いておきたいことは少なくなかった。そこでぼくは榎さんに会い、そこから分裂したグループのリーダー・川田さんにも面会したのである。榎美沙子はうわさどおりの（というより、週刊誌等で写真は出まくっていた）「美人」だった。しぐさも洗練されていて、全身からかもし出されるオーラは相当なものがあった。マスコミでの露出が多かったのはそのせいもある。リブにとって女を武器にする運動スタイルそのものが矛盾だった。

分裂の原因を知りたがったのは美津さんだが、医薬問題の背景についてもっと知りたいというのはぼくの職業的関心に属するものだった。彼女の周辺に湯水のように配られるピル。職業的直感で言うなら、おそらくスポンサーがあるのだろうが、そのことについて、彼女自身がどう考えているのか、ということも聞いてみたいことのひとつだった（この話には踏み込めなかった）。

菅原通済との関係

当時、左翼活動家の間で、権力に寄り添った偽善家として最も評判の悪かった人物が日本船舶振興会の笹川良一（振興会の上がりを管理する笹川財団は批判を受け、現在は日本財団に改称している）と三悪追放協会の菅原通済だった。彼が提唱する三悪とは「売春・麻薬・性病」のこと。なかでも性病の予防は手詰まりで、道徳教育（婚前・婚外交渉の禁止）と、結婚時の性病チェックという戦前回帰の純潔運動に帰着している。この運動と女性解放運動とが接点を持ち得ない、というのは直感として共有されていた（彼が実際にどのような人物であったのか、は知られていなかったが）のである。

実際、この協会は電車の中などにもポスターを掲示し、三悪追放のPRをしていたが、婚前セックスが麻薬同様に身を滅ぼす犯罪のようにイメージ処理されて扱われていた。これでは性病の蔓延を食い止めるどんな力にもならないのである。婚前性交を悪とするのなら、ピルはもちろんコンドームもペッサリーも悪を助長する犯罪グッズにほかならない。実際、これらの避妊具や生理用品は性交をイメージするものだとして、つい先ごろまでテレビCMさえ禁止されていた（放送基準法一〇七条の解釈）のだから驚きである。

この件の始まりも美津さんにあった。美津さんは榎美沙子と菅原通済の共同講演会、奇妙なタイアップ講演のニュースをつかんできた。その立て看板の写真（どこかの大学の門前の写真だった）を見せて「これって、ここだけじゃなさそうなの。各地で順次講演が予定されている」というのだった。たしかに変である。「通済はなにをたくらんでいるのだろうか」ぼくの頭をよぎったのはそれである。まだＨＩＶが世間を騒がす時代ではなかった。でも、性病の予防を言うのなら、ピルよりもコンドームのほうがましであろう、程度の常識は持っている。通済がピルを持ち上げるのは論理矛盾なのだ。

若者に影響力を失った高齢の菅原さんが、榎美沙子の知名度を利用している。とすれば彼女は菅原さんからどんな見返りを期待しているのだろうか。美津さんが言うように非常に危ない。「リブが知らずに通済に引き寄せられても問題だし、リブと通済とが重ねあわされてもたまらない」、榎美沙子の純潔運動への接近を「なんとか批判できないか」というのである。ぼくは『週刊大衆』で社会欄のコラムを担当していたが、二人のこの奇妙なコラボレーションには、警鐘を鳴らしておく必要がある。売名的道徳運動である通済の活動と性解放の視点とは相容れるものがない。通済と結ぼうとする中ピ連の動きには釘をさしておく必要を感じたのである。

ぼくは正面から、菅原さんとの関係を問うた。すると美沙子さんは菅原通済の普段の活動を知らないという。そんなことがあるか、あるはずがない。取材の一端を川田さんに電話で伝え、意見を求めた。その結果、見えてきたものがある。美沙子さんと薬剤師会との関係である。ピルを医師のコントロールから解放し、薬剤師の手に移す。そのために彼女は動いていた。通済にはそのための政治力を期待していたのだ。ぼくも医薬分業（当時はまだ分業ではなく、医院が同時に薬を売っていた）には賛成だったが、ピルを政治にしてはいけない。

コラムだからたいしたことは書けない。でもすぐに謝罪を求める抗議デモが双葉社を襲った。といってもピンク・ヘルの襲来ではない。「謝罪に応じなければ、次回はピンク・ヘルで」という二段構えの来訪であった。『週刊大衆』のデスクは前述のとおり、女性運動の支持者である。ぼくも社に駆けつけたが、「直接出る必要はない」といわれて待機した。デスクから情報が入る。「彼女は着物を着ている。話すたびに泣いている。非公式でもいいから謝罪を求めている」「仲間内への説得材料がほしいようだ」「会ってみるかい、着物の彼女も美しいよ。社長も彼女の涙には手を焼いているようだ」。

もちろんぼくは会っていない。抗議の決着は「社が謝罪した」ということを運動内に限って言いふらしてもかまわない、という、妙なものだった。その後、榎美沙子は財界関係者（いまはなき某相互銀行頭取）とのつながりが明らかになって、運動から姿を消した。『週刊大衆』のデスクから、「彼女はハワイで財界関係者と逢瀬をくり返しているようだ。確実な情報が入ったら、取材してもらいたいがどうだ」といわれたが、ぼくは「遠慮します」と応えた。

優生保護法の正念場

連日の行動メモがあって、優生保護法改悪反対運動は正念場を迎えていた。参議院で廃案が確定したのは五月二八日のことである。ぼくはこの日、午前中から国会・参議院議員面会所に押しかけ、法案の最後の行方を見届けた。面会所から直接、本会議傍聴ができるというので、多くの女たちとともに手続きをとった。手荷物検査・ボディーチェック。ぼくにはボディーチェックはなかったが、女たちは髪の毛に指を入れられたという。手荷物からはタンポンのスティックが没収されたという。女に対する信じがたい警戒指令が出されていたのだろう。

日付は特定できないが、その日よりも二、三週間前に法案の帰趨を決する全国集会が開かれた（日比谷野音だと記憶している）。リブ・センターのメンバーや、その関係者は全員がこの集会への出席を望んだ。

女が置かれた状況には何があるかわからない。だからセンターは一日たりとも閉じるべきではない。これは政治のスケジュールとは無関係な話だ。でも、電話番にだれを残すのか。深刻な話になっていた。これまで真剣に取り組んできたテーマであるだけに、法案の帰趨を決する現場に立ち会いたい、という思いが強烈だったのである。その重苦しい雰囲気に耐えかねて、浅はかにもぼくは「いいよ、みんな行ってきてよ。電話番だったらぼくが引き受ける」といってしまった。ぼくにとっては帰趨を決する全国集会といってもやっぱり距離のある、女の集会であった。

「文明さんが引き受けてくれるなら、みんなで出かけられる」「わーい、よかった」という雰囲気が一瞬、その場を支配した。一件落着である。

でも、しばらくして、男に傷ついた女が「ワラにもすがる思い」で掛けてきた電話に男が出たらどうだろう、という疑問が生まれた。そうなのだ。リブが男を排除する根拠はこういう点にあった。傷ついた女をとりあえず守るためにも、必要な場面に応じて男は排除されるべきなのだ。それを女による男差別（逆差別）だと批判する男もいたが、ぼくはこの男のべたな平等論を認めない。つまり、ぼくの提案は、べたな男同様、男女が置かれた現実を見ない思慮の浅いものだったのである。

ところがセンターはぼくのべたな提案を活かそうとした。「面白いわ」「佐藤さんならやらせてみたい」。つまり、彼女たちは逆差別をよしとするグループではなかったのである。センターはその日、ぼくに留守番を任せた。しかし、男ではすまない事態に遭遇したときのピンチヒッターとして、難しい場面に対応できる女をつけることとし、ぼくを支えた。

その結果、彼女は全国集会に出そびれた。妙な話である。彼女が残れるのなら、そもそもぼくの提案は必要なかった。センターは過剰にぼくを評価してくれていたのだ。その日、センターにはさほど重要ではない電話が二件。ぼくの務めを終えた。ぼくはセンターの細やかな配慮に感動すると同時に、男を排除する必要があるデリケートな場面があることを教えられ、「なるほど」と納得している。

「ワンステップ・フェスティバル」に乗り込む

日本の「ウッド・ストック」を目指すと銘打ったロック・フェスティバルが一九七四年八月八日から一〇日の三日間、みちのく郡山の総合グラウンドで開かれた。主催は郡山市の市民活動家で、市議立候補の前哨戦であることは後に知った。朝から夕方まで、次々とロック・バンドが繰り出す祭りで、市民球場のアリーナは踊り狂う若者たちでかなりの賑わいを見せていた。祭りの目玉は二日目の取りをとるジュリー（沢田研二）と、三日目の最後を締めるために来日したオノ・ヨーコだった。

ジュリーは当時、女たちに圧倒的な人気を誇っていたし、オノ・ヨーコは自作のメッセージソング「女性解放ばんざい」を引っさげての初来日とあって、女たちには見逃せないロック・シーンになった。「ワンステップ・フェスティバル」である。リブ・センターはジュリーやヨーコの歌を聞きたいだけでなく、活動を広める格好の機会でもあるし、活動資金を稼ぐチャンスかもしれない、と、キャラバンを組み、総出で郡山に乗り込んだ。市内に一軒家を借りての取り組みである。ウッド・ストック張りの混乱がみちのくの町・郡山を襲う、というので郡山市も福島県警も戦々恐々。最大の警戒態勢を組み、この日を迎えた。ぼくは町の混乱ぶりを取材する、との名目で『週刊大衆』の腕章を借り、単身、郡山に入った。なにしろ日本中のヒッピーたちが集まる、とのうわさ。市役所もピリピリで、トイレ以外への立ち入りを阻止するために人員を配置していた。市警が恐れていたのはマリファナで、河川敷きにしつらえられたテント・サイトでは、相当吸われていたのも事実だ。市警としては市民が巻き込まれるのを防ぐことに主眼を置いていたため、サイトのマリファナはお目こぼし。サイト以外の場所で寝泊りする者たちの動きを監視するだけで手いっぱいだったのだ。

周辺取材を済ませて、センターが開設しているメイン会場近くの露店（焼きそば屋）に着いたのは午後三時半を少し回った頃だったろうか。ぼくの姿を見かけると、メンバーの女たちが駆け寄ってきて「美津さんが大変だ」と、口々に叫ぶ。「やくざに連れて行かれちゃった」「変な男たちのテントに引きずり込まれている」。すぐに状況を把握できなかったが、なにやら大変なトラブルに巻き込まれたようである。

半分あせりながらも、状況を確認すると、「男たち」とは「やくざ」ではなく、露店を仕切る「テキヤ」であるらしい。しかも、センターの焼きそば屋は、出店のルールに反したようなのだ。とはいえ、そこにつけ込まれてなにをされるかもわからない。のんびりしているわけにはいかないのだ。この場に男はぼくひとり。やさ男たりといえども、ぼくが出向くほかはないのだ。

圧倒していたのは美津さん

ぼくはすぐ、そのテントに案内してもらった。男が飛び込むことで却って問題がこじれることもある。マスコミの腕章をつけていくことも同様だ。案内の女性にいざとなったときの連絡（会場整理員の立ち居地を確認）をお願いし、まずはテントの中に耳を凝らした。「だめか、よく聞こえない」と思った瞬間、テントの中から、道行く人にも聞こえるものすごい怒鳴り声が響いた。美津さんの声である。

「なにをいってるのよ。あたしたちは遊びでやってるんじゃない。運動でやってるの」「あなたたちだって、その運動（女たちを意識したフェスティバルを指すのだろう）で稼いでいるんじゃないの」「そんなことで文句を言われる筋合いはないわ。あたしたちに協力してくれてもいいんじゃないの」。押されているのは美津さんではなく、テキヤの側であることはすぐわかった。ぼくはテントに飛び込むことを中止し、美津さんが出てくるのを待った。

ルール違反とはこういうことだ。露店商ではない飛び入りの素人衆（リブ・センター）が出店を許されたのは露店の仕切りの一番はずれ、客足がよくない場所である。焼きそばを焼く機材一式はレンタル。このままではその費用も捻出できない、と考えたセンターは、協定料金を破って、盛りを減らして料金を下げる策に出た。これが競合露店に「ルール違反だ」と訴えられたのである。「文句があるならもっといい位置に移してくれ」というのが美津さんの主張だった。

センターの出店位置は次の日も変わらなかったが、独自料金はそのままお目こぼしにされた。「安さ」を口コミで訴えたメンバーの活動もあって、客足が伸び、店は忙しくなった。真夏のことあって、焼き続けるのはけっこうつらい。いつの間にか、Tシャツ一枚で汗まみれになったぼく。シャツを絞ると汗が流れる。ぼくはテキヤのオヤジ、焼きそば屋のオヤジになっていた。

でかい帽子をかぶった、大正ロマンのような服装で固めた女性画家（T中さん）が東京からやってきていた。その彼女がぼくのTシャツを近くにあるプールの水道で、洗ってくれる。濡れたままのそれを着るとまたシャキッとする。セピア色のロマン、テキヤのオヤジも悪くはなかった。

彼女は葛飾の廃屋となった壮大な倉庫をアトリエとして借りていた（アトリエもくもく）。「ここをコミューンの拠点にしたい」という彼女。行ってみたが、本当にすごいところだった。

消防法とかですぐに挙げられてしまう恐れはあったが、小さな劇団の二つや三つ、一〇〇人ぐらいが寝起きするには困らない。二階建てだが一階が普通の建物の二階分以上ある。天井が高いのだ。彼女はその二階の一隅に畳を並べて一人で住んでいた。衝立は彼女の、何号ともいえないほどに巨大な絵画作品である。

リブ・センターの周辺には、センターの活動にはあまり熱心ではないが、いつも見かける不思議な女たちが少なくなかったが、彼女もその一人だった。彼女はその後に結成されるメンズ・リブの活動に力を貸してくれていた。

ミューズカル「おんなの解放」

リブ・センターはこのころ、各地にキャラバンを組んで出かけることが多くなっていた。ミューズカル「おんなの解放」という、女性が置かれた現状を風刺するこっけい劇の脚本を田中美津が書きおろし、センターと「東京こむうぬ」のメンバーが結成した「どてかぼ一座」が上演。これがひどく面白くて、うわさを聞きつけた各地から、公演要請があったからだ。内容には追加や変更もあったが、基本ストーリーはおなじ。ぼくなどは何度観ても笑い転げてしまう。

「東京こむうぬ」は子どもを持った女たちのコレクティブ（生活共同体）で、「子を産む」と「コミューン」とを掛けた命名になっている。メンバーはセンター（ここもコレクティブ化したが、子どもはなかった）とも重なっているが、別に「こむうぬ」にかかわる男たちが何人かいた。子育てを支える男たちで、彼らがどういう関係にある男かを、ぼくは知らなかった。が、やさしさにあふれた男たちであると直感した。雰囲気も態度も、不思議なほど男男していないのである。ある日、そんな男のひとりが門柱の上に猫すわりしていて、ぼくが通りかかると「にゃーお」と挨拶をくれた。

彼らの何人か（通常は名男優の星建男ひとり）はミューズカルに出演していたが、その他の男たちは留守を預かり、子どもの面倒を看ていた。彼らが子どもたちとともにセンターを訪れたときは、ぼくも彼らに合流した。ちょっと子どもの世話係が足りなかったからだ。子育てはリブ運動の具体的な支援になるのは明らかであった。と同時に、なにか男たちが忘れてしまったものを思い出すような気分にさせられた。男の解放は、こういうところにあるのかもしれない、と思い至ったのである。

当時、「こむうぬ」独自に取り組んでいたのが「ベビーカー闘争」である。駅やデパートなどの公共的な場所で、危険を理由にベビーカーを締め出そうとする動きが強まっていた。これを女の社会活動に対する妨害ととらえ、駅やデパート、町にベビーカーを連ねて打って出たのである。もちろんぼくもベビーカーを押した。駅員や警備員は遠巻きに眺めるだけ。明日、一人でやってきても同様であってほしいと願った。ベビーカーや車椅子を締め出す町こそが危険なのだ。

「こむうぬ」のメンバーは次の運動展開として、子を持つ母が駆け込める家（シェルター）の開設を目指した（正式名称は夫の暴力からのがれ自立を目指す女たちの家設立の会）。既存の母子寮は入居のハードルが高く、入居後の制限もきつい。緊急時の対応や自立支援、それを女たちのコレクティブ・生活共同体で支えようというものだ。場所を新宿に近い初台に決めたため、メンバーがやってくることが増えてきた。実際、物件まで決まったのだが、これは実現しなかった（活動は一九七六年まで続いた）。

ちなみに「こむうぬ」の代表は原一男監督のドキュメンタリー映画『極私的エロス・恋歌1974』の主人公その人である。監督と別れた主人公が沖縄に渡り、激しい自己葛藤の末、アメリカ兵の子どもを身ごもり、友人の支援を受けながら自宅出産を果たす。そのすべてを監督に記録させたものである。まさに極私的エロスであった。

また、撮影助手として終始行動をともにしていた女性が監督の新しい恋人で、やがて非婚の母を貫くことになる。後述の〈私生子〉差別をなくす会にも加わっている。

いろんなリブと救援活動

リブといってもさまざまで、リブ新宿センターが代表しているわけではない。前述した「侵略＝差別と闘うアジア婦人会議」を支えたメンバー（松岡洋子代表）は、会議の名を運動の名に引き継いで、社会党左派に近い婦人運動からリブへの傾斜を強めた。『婦人民主新聞』を発行していた「婦人民主クラブ」も同様である。新左翼系の女性たちが銀座に持っていたスペース「スリー・ポイント」の関係者が、リブ運動に純化したスペース（書籍などを売るショップになっていた）を新宿に開設。「ホーキ星」である。

「自分の体をもっと知ろう」ということで、ホーキ星のトイレには鏡が置いてあった。自分の性器を観察することからはじめて、ペッサリーなど避妊具の使い方に慣れよう、というコンセプトである。「ピルの常用は体と向き合うことを忘れさせてしまう。女も男も、これではいけない」というのであった。ホーキ星との付き合いは後年、もっと密になるが、すでにさまざまな出会いを持っていた。出会いはもっと後になるが、新宿には「あごら」というリブ・グループもあった。タイムリーな特集を組んでいた『あごら』の編集室である。

男であるぼくが得したことといえばいろんなリブ運動と出会うことができた、ということだろう。女だったら、どこかの運動体に帰属させられることになり、その結果、路線の違う運動体との関係は希薄にならざるを得ない。場合によっては仲たがいを運命づけられることにもなる。リブ・センターに極めて近いといっても、ぼくはメンバーではない。だから前述のとおり榎さんや川田さんにも会うことができた。

こうした優位さを、彼も活かしていたのかどうか。現在も教育問題で講演活動をしている共同通信社の松田博文と初めて会ったのはこのころのホーキ星でのことである。彼もきわめて柔軟な発想を持った男であったが、彼がリブ・センターと接点を持ったという話は聞いていない。

センターが発行するリブ・ニュース『この道ひとすじ』に寄稿し、男性解放を訴えたのは、おなじ共同通信記者の大河原昌夫だった。彼は前述の「土・日・P」救援運動のごたごた（主犯とされた男をめぐる二人の女の対立と、救援運動統一の困難さ）とまともに向きあい、必死に解決を探ろうとした男である。この救援運動は困難を極めながらも勝利した。被告が多く、立場や主張が異なるたくさんの救援会が立ち上がった。その統一が困難だったことや、検察が偽の証人を立てるという卑劣な手を使うなど、救援の足並みが乱れ、激しい論争が飛び交ったのである。救援会の完全な統一は不首尾に終わったが、それでも被告一八人が全員無罪を獲得したのである。運動における議論の流れは明らかに新左翼の言葉であり、男の言葉であった。

しかし、リブの言葉を投げ込んでくる女たちも少なくはなく、その言葉に向き合おうとする男たちも個々には（個人的には、ということ。会議の場ではなかなか新しい展開は見えなかった）多かった。そんななかで、丁寧に運動を進めようとしていた大河原さんは「男性解放運動」にうってつけの男だったのかもしれない。でも、それを確かめる間もなく、彼は運動から身を引いていった。

恋人の出産宣言

『この道ひとすじ』に大河原昌夫が「男社会の横暴を考える会」の結成を呼びかける文章を載せたのは一九七四年九月一九日号である。男性解放（メンズ・リブ）にむけての最初の一歩だった。ぼくは一〇月二日付で彼に「参加させてもらいたい」旨の手紙を出している。ところがその後、彼は救援運動や身辺の問題でトラブルを抱え、「考える会」どころではなくなってしまったようである。その辺の事情は「土・日・P」救対関係者の話や、本人からの返書で推測はできる。メンズ・リブがここから立ち上がることは困難になった。

美津さんも、こうした流れをつかんでいた。だから、メンズ・リブの旗揚げをぼくに期待するようになった。が、ぼくとしては大河原さんへの私信でも書いたが、理論的に整理できない問題があった。理論よりも現実こそが人を突き動かすものだと思うが、運動を主宰するとなると問題は別だ。ひとが結びつくための結集軸を言葉（理論）にする必要があるのである。そこで、しばし考える時間をいただいたのである。

このあたりのことをもう少し正確に再現すれば、美津さんがぼくにメンズ・リブの旗揚げを求めたのは七四年の二月である。ぼくはその提案を断ったのだが、「そうね、いま、そんなことを求める政治情況ではないことはわかっている」と言った。その美津さんが、改めてぼくに要請してきた意味は大きい。だから、しばしの時間が必要だったのだ。

　ところが、ぼくもまた新しい運動を始めるどころではない事態に直面してしまった。ぼくの恋人が妊娠し、「出産する決意を固めた」というのである。彼女の体調から、妊娠はある程度予期していた。でも、ぼくの同意なしに生む決意をしたということはすごいことだ。拍手に値する。いや、ほとんど舞い上がったのだ。ぼくは彼女を支持し、子育てのために共闘すると心に誓った。一〇月二四日のことである。出産予定日は半年後の四月二四日であった。

　その晩、ぼくは一人で難問と取り組んでいた。結婚も同棲もしていない彼女の勇気を称えるとともに、彼女（妊婦）の意思を最大限尊重しようと思った。ぼくの選択肢に結婚はなかったが、求められればやむをえないとも考えた。でも「東京こむうぬ」の子育て共同体を裏切って、結婚・家族内での子育てに立ち戻りたくはなかった。「こむうぬ」代表のＴ田さんは意識して婚外子を産んだ。でも、多くの沖縄の女性たちは「結婚してやる」というアメリカ兵の言葉にだまされ、あるいは結婚する機会もないままにベトナムで戦死して、戸籍のない子を育てる苦闘を余儀なくされた。そうした現実に眼を閉じて、結婚するのはぼくの思想的な自殺に近かった。

　出産宣言の翌日だったか翌々日だったか。ぼくはまず、彼女に法的な結婚の意志を確かめた。「法的な」というのは「戸籍上の」ということだ。彼女はかつて職場の同僚であった。だから戸籍がどんなものかは重々承知している。戸籍が持つ問題点に関しても、たまには話題にしてきたと思う。だから彼女の意思は予想できた。だから、改めて確認したまでのことである。もちろん、彼女は「戸籍上の」結婚を考えてはいなかった。

問題は出産という現実だった。彼女を支持し、子育てのために共闘するとは現実にどうすることなのか、ということである。この日、ぼくはまず子育てのための暮らし方を提案した。同居、という手もあったが、別な形を試してみたいという思いもあった。そこで、ぼくのアパートの近くに子どもを育てるための共同アパートを借りよう、と提案したのである。この提案に彼女も即刻賛成。ふたりで不動産屋を回った。不動産屋はどこも彼女を「奥さん」扱い。法的な結婚にはまるで頓着しない点には、こっちが驚いたほどだった。

戸籍との闘いが始まった

「こむうぬ」の共同体は直感に支えられたものだったが、法的にはなんの後ろ盾もない。子育ては結婚・家族が行うもので、そのルールから外れた者の子育ては許さない。民法・戸籍法はそういうものとして女たちの前にそそり立っていた（養子制度も里親制度もあるという主張が崩壊しつつあることは、役所の担当部署の話でわかっていた）。

自然発生的なコレクティブにしても、目的意識的に追求された共同体にしても、法的な家族・親族制度やそれを前提とする社会制度に対してはまったくナイーブ、無警戒であった。そのためのガイダンス（現行制度の問題点との取り組み）を、ぼくは必死で構想した。自分たちの理想世界を守るためには、既存の制度を打ち破る必要がある。ぼくの頭は急速回転し、婚外子差別と闘うための青写真が一晩でできあがったのである。

当時のぼくのノートには、いくつか共同体の連絡先が載っている。島根「弥栄乃郷共同体」、滋賀「ゆまにて共同体」、宮崎「夢見るヤドカリ族」、福島「谷地原人部落」、北海道「ひこばえコミューン」、鹿児島「無我利道場」……。そんな中に国立「オーム・マントラ・バンド」というやつもあった。ぼくはこれとオウム真理教との関係を知らないが、オウム（現アーレフ）を追い詰めていった地域や社会制度の危険性（理想の追求を許さない圧力）を予知していた（ぼくは無宗教だが、世田谷区の信者排除には反対で、住民登録を求める信者サイドを正当とする意見書＝最高裁で勝訴、を提出している）。

そういうギリギリの選択を含め、ぼくは「法的結婚なんていらない」という彼女に、「だったらもっと闘ってみないか」と提案した。新宿区役所の同僚で、戸籍・住民票の制度のおかしさは了解済みである。彼女は眼を輝かせて、いくつかの条件を出しながらも賛同した。子どもに負担が掛かったときは退却する、彼女の職業上の地位を脅かさない、ぼくの構想を細かい点でも共有したい、といった条件である。ぼくは三番目の条件に応えるため、精密な論考（彼女と打ち合わせるためのテキスト）の執筆をその翌日から開始した。

「私生児差別を押しつける戸籍制度を解体するために！」と題する論考で、四〇〇字原稿用紙で八〇枚、附属文書や資料をあわせれば一〇〇枚を越す。脱稿は一九七四年一二月八日のことである。これを複写（青焼きコピー＝湿式コピー）し、つけ合わせながら話し合った。気の早い話だがぼくらは一〇月二八日には子どもの名前を「男性名」でも「女性名」でもないものにしようと一致。早くも彼女は辞書等に当たり始めた。

まずは住民票の行政訴訟

妊娠の報告と闘いの決意を、ぼくが最初に伝えたのは一一月二日、わが母に対してである。母はびっくりしたけれども「あんたは普通の結婚をするとは思えなかったから、いいわよ。応援するわ」といってくれた。二人目は、ばったり出会った法政大学の心理学の先生（高校の先輩）、後の埼玉女子医科大学の学長である。そして三人目が初台駅近くでばったり行き会ったセンターのメンバー、サチさんだった。リブ・ニュースを見ればすぐ気づくと思うが、機関紙でありながら、新聞のデザインを踏み越えている。この才能豊かなデザイナーが彼女なのである。

ぼくの話を聞いて「へえ、おもしろそうね」といった、彼女のくりっとした眼と表情を覚えている。これが一一月七日。リブ・センターには論考脱稿後の一二月一〇日に正式な報告と支援要請に行っている。当時センターは月一回のペースで法律相談日を設けていて、中島通子弁護士が詰めていた。美津さんから電話で、この日「中島さんがくるから会ってみたら」というので、出かけてみたのである。婚外子差別を糾弾する、という趣旨は明快で、細かい中身を説明する必要はなかった。だから話はそれをどう訴えるのか、ということに終始した。

中島さんとはその後のつながりもある。彼女が抱える事案に対するアドバイスをお願いされたこともある。そのころには戸籍制度に対する問題意識はほとんど共有できるものになっていた。

優れた女性のための弁護士である（二〇〇七年死去）。が、あのときの反応は「弁護士として相談に乗りますよ」というレベルのものだった。「私生児差別を押しつける戸籍制度を解体する」闘いはそんなものではない。この国の支配の形を変革し、男と女の関係を改める根源的な問題提起であった。中島さんはあの時、それが理解できなかったか、理解できたからこそ恐れたか、どちらかである。

闘いを始めるにあたって心すべきことを美津さんから進言された。「これは覚えておいたほうがいいと思う。女にとって子どもはステータスでもある。子を産まない女、産めない女がいることを忘れないで」、こうした指摘は、その後だれからも受けたことがない。だが重要な問題である。ぼくは運動を進めるにあたって、この進言を忘れないよう心がけた。

闘いの根は深い。かつての婦人運動は保守・革新を問わず結婚制度をテコに「妻の座の地位向上」を目指していた。つまり妻（ツマ＝婦）のための運動であって、女性のための運動ではなかったのだ。女性解放のためには、この結婚という踏み絵を超える必要があったのである。この点に関していえば革新政党もだめ、新左翼もだめ、だったのである。

ぼくはぼくらの運動を作り出すしかない、と決意した。司法関係者（裁判官・弁護士）も立法関係者（政党・議員）も味方ではない。ある集会で中島さんは「婚外子差別撤廃の闘いが女にとってプラスになるのかどうか判断がつきません」と話している。集会に参加した友人からそれを聞いて、ぼくは彼女とタッグを組まなくてよかったと考えた。子どもの人権を無視して、妻の地位にこだわる。それでは子どもの行き場がない。

ぼくは戸籍と闘う裁判闘争をとりあえず延期することにした。まずは自分たちだけでできる住民票（住民基本台帳）に対する行政訴訟に取り組み、問題を広く知ってもらうことから始めることにしたのである。戸籍制度のおかしさを共有できる世論をつくり出し、婚外子差別撤廃をすっきり支持してもらえる弁護士や政治家を育てなければならない。道のりは遠い、と自覚したのである。

こう書くと中島さんとの出会いが不幸だったように思われるので追補しておく。ぼくが当初考えていた弁護士はほかにいて、社会党に近い女性弁護士（本人が非婚の母）だった。が、彼女もこの訴訟には消極的だと漏れ聞こえてきた。子どもの人権よりも妻の権利、という当時の常識（異議申し立てを提出するとき『朝日新聞』の記者にも申し入れたのだが、反応が悪く、以後、マスコミとも無縁に闘っている）に呪縛されていたのである。でも、中島さんや中島さんの助手はきわめて飲み込みが早く、いったん婚外子差別がおかしいと確信すると大きな力を貸してくれた。つまり、あのとき会ったことは幸いしているのである。

ところで、婚外子差別の廃止に多大な影響を与えることになる弁護士の福島瑞穂（現社民党党首）は当時まだ東京大学の学生であった。彼女の言によれば、どこかの集会で当方の講演を聞いたのだそうである。弁護士になったら必ずこの問題と取組む、と彼女はそのとき決意したのだと聞く。

井戸端会議はスロー会議

子どもの問題がリアリティーを増すなか、ぼくの意識のなかで性解放や男性解放は遠のいた。しかし、それを真剣に問題にする連中が現れた。浪人中に弟が東大合格したY根兄弟、千葉大医学部のH井などなど、若い男たちが「メンズ・リブ」の旗揚げを期待してリブ・センターに集まった。「若いけどみんないい男たちなの。なんとかならない?」美津さんの依頼であった。

ぼくは自分が旗揚げするにはふさわしくないと考えていたが、メンズ・リブの必要性は認識していた。サポートする必要があるのなら、そこから逃げる気はない。七五年の正月、彼らと会った。頭の回転が速い、優しい男たちであった。六〇年代の学園紛争では主役に立てそうもない、男らしくない男たちである。でも、知的領域では男を演じたいのではないか。彼らにはそんな感じもあった。ぼくがイメージするメンズ・リブとは違っていたのである。

仮称「性解放を考える会」はすぐに「男井戸端会議」に改称した。この方向転換は好ましいものだった。「女がすなる井戸端会議なるものを、男もしてみんとぞ思いける」ゴールのない、ゴールを目指さない会話のキャッチボールは、男が持ったことのない人生の愉楽である。そういう世界を男も味わってみるべきであった。

でも、このキャッチボールはぼく自身を含め、成功したとはいいがたい。日常的な問題がすぐに理論上の問題になってしまうのである。「男井戸端会議」は外にむけての運動体というよりも、結論を急がず対話を楽しむ（というより我慢する苦しさに近い）内むけの訓練の場（ワークショップ）といった様相を呈した。世の中への登場はその年の五月一日。代々木のメーデー会場でビラを配った。

ぼくは主に自分のビラ「私生子差別とたたかい戸籍制度の解体を目指すために」を配って歩いたので、井戸端会議のビラ配りはお手伝い程度。受け取り手の反応をよく覚えていないが、積極的に配ったメンバーは「反応がよくて、うれしかった」と口をそろえた。

その後は、機関紙の発行（創刊号のタイトルは『男の友』、創刊二号は『メンズ・リブ』）や出産の立会い（医学部の実習に参加）に取り組んだ。『男の友』は二〇〇部しか刷らなかったので、あっという間に現物がなくなり、「歴史資料だ」として国会図書館が入手に駆けまわった。立会いの取り組みは内密だったのだが、「ぜひ自分も」という男から、連日電話が入った。「まじめな動機だ」「必要なら費用も負担する（というよりも、高額の寄付さえ辞さない、という口調だった）」というものだった。動機のまじめさは伝わったが、これはお断りすることにした。

もちろん、オープンな申し入れを受け入れることは絶対にできない。でも、出産シーンを体験するということはとても貴重なことである。彼もその貴重さをとうとうと訴えた。チャンスさえあれば、少しでも多くの人が体験できるといいと思う。

子どもの首が据わって這い這いを始めるようになると、ぼくは子連れで井戸端会議に参加するようになった。すると、いつの間にかスロー・ライフならぬスロー会議が定着し始めた。だれとはなしに、這い回ったり、よちよちの子どもを看てくれる。その片手間に会議が進行するのである。能率とは相容れない空間の出現である。以来、ぼくはすべての会議で子どもを優先した。子どもが泣いて、話が聞こえないときは進行を止めて子どもが泣きやむのを待った。だれかがあやしてくれる。なんとかなるものなのである。

陽の目を見なかった共同出産

結婚・家族から解放された出産・子育てというものがありうるのか。子どもの平等や人権のために、それを追求してみる必要があった。そんな時、「リブ・ニュース」に共同出産、出産協力者を募集する記事が載った。「七五年五月、出産予定。新宿区四谷に共同出産のスペースあり。協力者、求む」、センターはこの話をぼくに振ってきた。「どお、やってみない?」というのである。

連れ合いの出産予定も四月末でそう遠くない。決まっていなかったのはどこでどう生むか、ということだった。聞けばこの広告主は地元の人で、親との軋轢はあるもののスペースには困っていない、という。連れ合いを母子ともども世話する覚悟をしたぼくにとって、もう一組の母子を世話することに大きな負担は感じられなかった。問題は共同出産に精神的に耐えられるのかどうか、という点に尽きた。

広告主が期待したのはおそらく状況が似た女との協力関係を作り出すことだったのだろう。だから男は想定外。ぼくも、センターの提案には即答できなかった。ところが、なのである。センターを間に挟むうちに、超画期的共同出産は実現に向けて進み始めた。ぼくがセンターの機関紙

『この道ひとすじ』に「未婚の父は闘うゾ！」という記事を掲載すると、広告主が手紙をくれた。「わたしも結婚するつもりはない。子どもの呼称差別はおかしいと思う。連絡をください」というもの。広告主は世話役に男のぼくが介在することに不快感を持たなかった。ベッドを二台三台入れても手狭にはならない明るい南向きのスペース。子どもの声が聞こえてきそうな気がした。

新宿区四谷特別出張所への申し入れ　左端・筆者、右端・広告主

　この実験はぼくの連れ合いの動揺（打ち合わせの日にやってこなかった）から、陽の目を見なかった（出産を控えた連れ合いに、心の動揺があるかもしれない、とはだれもが予想していた。だから残念だけれど取り返しのつかないショックとまではいえない。ぼくも先方があるのだから連絡ぐらい入れるべきだ、と一度だけなじったが、二度と口にしていない。彼女の出産が第一だからだ）けれど、広告主とはその後、いくつかの運動シーンを共有することになる。

　その最初のものが「母子手帳（母子健康手帳）」の記載における婚外子差別（子どもの健康を目的にした手帳に「母」欄のほか「親権者」欄があった。母は自動的に親権者である。とすればここにはだれの名を書くべきなのか。

広告主は「夫なのか父なのか」迷ううち、欄の存在そのものが単身で子を産む女に対する差別であることに思い至った）に対する抗議である。七五年三月二五日、新宿区役所四谷出張所でのこと。婚外子差別に対する闘いはここから始まった。

あの日、ぼくらに同行して抗議行動をカメラに収めてくれた人は、ぼくの仕事仲間「ペン・スタジオ」の故・高橋和夫（大学時代からの親友であったので、ここに名を記しておきたい）である。彼はマスコミ・カメラマンに徹して、四谷出張所に対して見えない圧力を掛けてくれた。

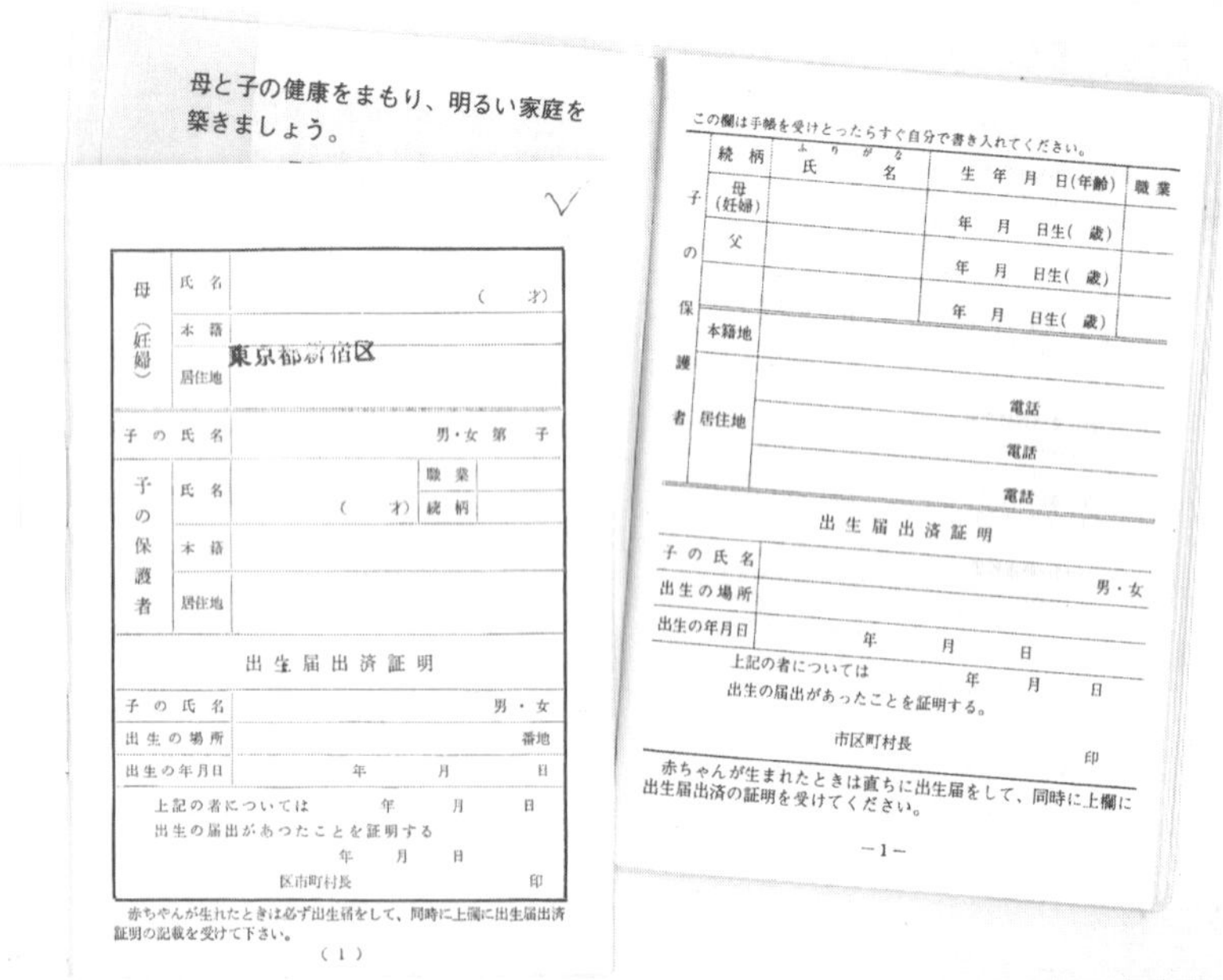

3年後、改善された母子手帳の書式左・旧書式、右・新書式

ぼくの休職宣言

ぼくは本書をライター（物書き）としての記録にするつもりはない。だからライターとしての屈折を表明するつもりもない。でも、わかっていたのだ。現実と商業出版のズレ、読者の期待や関心。それらに応えていくことは自分を裏切ることでもある。ある時、五木寛之の青春ブックの取材原稿を依頼されて、ぼくは当代、マスコミの寵児になっていた山川レイカに会っていた。日活ロマンポルノに主演した初の一〇代（一九歳）女優である。レイカは自分なりの未来を夢見る素晴らしい女性だった。

ぼくは彼女の青春を、どれだけ正確に捉えられるのか、に心を配って原稿を挙げた。が、それは読者のニーズに合わない（仲介したプロダクションの意見であり、五木さんの考えではない）というのである。成育が早すぎたオッパイへの戸惑いとか、男の平均身長を超える見事な体躯とか、そういうことが読者ニーズであったろう。あるいは裸への戸惑いや決意。でもそんなインタビューに辟易しているレイカの苦しさも既存の記事には見え隠れしていた。だからぼくは「ちがう話がしたい」とアポイントを入れた。なのに、おなじ話を聞き出せ、というのである。

プロダクションはぼくの取材に対して「それはあなたの趣味にすぎない」と、言い放った。要するに「書き変えろ」ということで、ぼくはそれを断った。レイカを裏切るわけにはいかなかったからである。取材共同事務所である「ペン・ユニオン（後述）」がうけた仕事の一部を、ぼくは裏切ってしまったのである。

その年（一九九四年）の暮れ、『週刊大衆』のデスクが変更になった。すぐれたデスクであったS山さんは書籍出版部に移り、新たなデスクは『大衆』の良心といわれた「社会ダイアル」欄を一変し、「風俗コラム」にしたい、といってきた。そのための取材費は保証するとも言ってきた。もちろんその保証がなければ風俗ライターなどやれない。

断っておきたいが、ぼくは風俗ライターを否定しているのではない。ぼくの資質に合わないから断ったに過ぎない。適任者を知っているからこそ、辞退した。ぼくの休職宣言はこうしたことも絡んでいる。ぼくは復帰の際、行く当てがなかったらストリップ業界誌に口を空けてもらっていた。フリーランス・ライターの草分けといわれる猪野健治と茶本繁正、ぼくは彼らの後継である。社会の裏を這う猪野さんと、理論的な正義を追う茶本さん、世間では対極のように見られている二人だが、実は仲良しなのである。

ぼくも実は二人を混合したようなジャーナリストになりたかった。で、猪野さんに確保してもらった仕事がストリップ業界誌なのである。そこにはストリッパーと小屋掛け主、照明さんやモギリ、観客のドラマがあるからである。人が息づいている場面に関心を抱くのはジャーナリストの本性である。ぼくはそれをくだらないとは思わない。

それはともかくうまいタイミングで連載が切れたのである。ぼくはもう、何もわずらうものがなかった。一年間の休職宣言はこうした中で出すことができた。が、休職の直前までやっていた仕事は記しておく価値があるだろう。『週刊大衆』の連載・日本歌謡界総覧である。ぼくはそのなかで美空ひばり（関係者取材のみ）、北島三郎、尾崎紀代彦（キーヨ）、沢田研二（ジュリー）、山口百恵、岩崎宏美、ピンク・レディーを担当した。

山口百恵インタビュー

それぞれに多忙な人ばかりなので、徹底的に裏取材をしてからわずかな時間でインタビューをお願いする。たっぷり時間がもらえたのは沢田研二と岩崎宏美だったろう。特にジュリーは昼の食事時間と休憩時間を割いてくれた。テレビ局の食堂で納豆つきの定食を食べながらの気さくなインタビューであった。

驚いたのはピンク・レディーで、人気は絶頂期。局から局、ホールからホールへと、本当に駆け回っていたため、ぼくもまた走り回ってのインタビューとなった。駆けつけたステージの裏で、例の振り付けを三倍速ぐらいのスピードで合わせて確認しあうのだが、ステージでは絶対に見ることのできない、悲壮だがかわいい仕種であった。

山口百恵のスケジュールも立て込んでいて、日程に余裕がまったくない。そこで、プロダクションと百恵を確保していた雑誌社の許可を取り、グラビア撮影の合間にインタビューすることになった。カメラマンは露骨に不愉快そうな態度を示していた。だからぼくも凝縮した質問、ワン・フレーズ質問を心がけ、詰め碁のように石を打って彼女の実像を浮き彫りにしようと試みた。

びっくりしたのは彼女の答えが驚くほど速く、また的確だったことだ。うだうだと答えを探すのではなく、答えをまとめようとしているのだろう。質問に対する時間差を感じることもあったが、返ってくる答えはワン・フレーズ。切れのある頭脳の持ち主であった。しかも、このシリアスな応答を、グラビア向けのにこやかな顔をつくる合間にやってのけて見せるのである。つまりカメラマンにも迷惑を掛けない応対なのである。

彼女はぼくの問いかけが詰め碁であることを理解していた。やり取りを進めるうち、実像を自分から見せようとし始めた。おかげで、ぼくもそれなりの彼女像を浮き彫りにできる、と思った。「涙を見せないアイドル」とか「百恵菩薩」とかを越え、迷いながらも決めると真っ直ぐ進む進行形の彼女であった。ぼくにとっての取材は完了したので、儀礼的に将来の展望を聞いてみた。

すると百恵はあのとき、「ライターの仕事がうらやましい」と前置きして「仕事を休んでもいいからエッセイが書きたい」と言い出した。「なにか書いてるの」と問うと「少しずつ書きためている」と答えた。一九八〇年の結婚引退後、残間里江子監修によるエッセイ集『蒼い時』（同年、集英社）が出版された。残間は後に「ゴーストは一切やっていない」といっている。そうだと思う。ならば「監修」とはなにか。ヒントを与えれば百恵は自分の言葉で書く力がある。残間はおそらく、ヒントによる百恵のコントロールをやったのだ。

『蒼い時』は結婚引退した百恵に対して「あなたのおかげで、女性の地位は一〇年前に逆戻りしちゃった」とする巷の声（三〇歳代、ＯＬ）に激しく反論してみせ、「家庭に入ることの幸せ」を鮮やかに論じ立てている。ぼくはこの裏に残間の影を見た。これは残間が聞いてみたかったこと、答えさせてみたかったことなのである。

ぼくには、あのとき百恵が書きたいと思っていたエッセイとは、トーンがずれてしまっているように思えてならない。書きためていたものと、書き加えた部分との間に意識のちがいが見てとれる。あのように書いてしまうと一直線に進むのが百恵である。ぼくらは残間里江子という評論家を手に入れたが、山口百恵というエッセイストを失った。

「女性の地位」にとって、一〇年は大げさかもしれないが、かなりの衝撃を与えたのは事実である。ぼくの周辺では大ヒット曲「プレイバック・パート2」(作詞・阿木燿子、作曲・宇崎竜童)よりも、非婚の母を演じたテレビドラマ「人はそれをスキャンダルという」での百恵像の崩壊のほうが大きかったように思う。それはともかく、引退の年にデビューした松田聖子が、やがてこの衝撃を乗り越えて(非婚とはちがうステージだが)いく。

第3章
メンズリブの萌芽

――実際に子育てし、託児する。その姿が共有でき、共鳴できればそれでよかったのである。おなじような生き方を理想としている男たちがいる。それを確認できればよかったのである。――

共同保育の試み

共同出産が立ち消えになった直後の七五年三月初め、今度は共同保育所づくりの話が飛び込んできた。「東京こむうぬ」の中心メンバー二人が、田中美津とともにメキシコで開かれる国際女性会議に出席し、しばらく海外を旅する、というのである。その結果「こむうぬ」の維持が困難になるとともに、二人の四人の子を預かる「場」が必要になった（こむうぬの子どもたちにとっても同様だ）のである。共同保育所づくりである。

どこにつくったらいいか、どんな保育所にしようか、行政の認可はどうしようか……。四月開園が目標だったので、急である。ぼくらは二人でこれに参加。準備会には四〇人ほどの女たちが集まった。毎日のようにさまざまな議論が交わされた。詰めておかなければならないことが山ほどあったのである。間取りなども手ごろだったため、京王井の頭線・富士見ヶ丘駅に近い一軒家を借りることになった。「あのね保育園」である。

当時、運動系を含めて無認可の共同保育所が各地に生まれ始めていた。無認可であるため、保父の参加も増えていた。男性の保育士資格を求めて（というより、それを考えることを契機に）、この年、男性保育者連盟（男保連）も結成されている。リブ系を名乗る唯一の保育園に男性がいないのはどうしたものか。男保連の活動ともつながっていきたいものだ。そんな意見が次第に強まり、ぼくに熱い視線が注がれた。が、これは大変なことである。

「あのね保育園」平面図

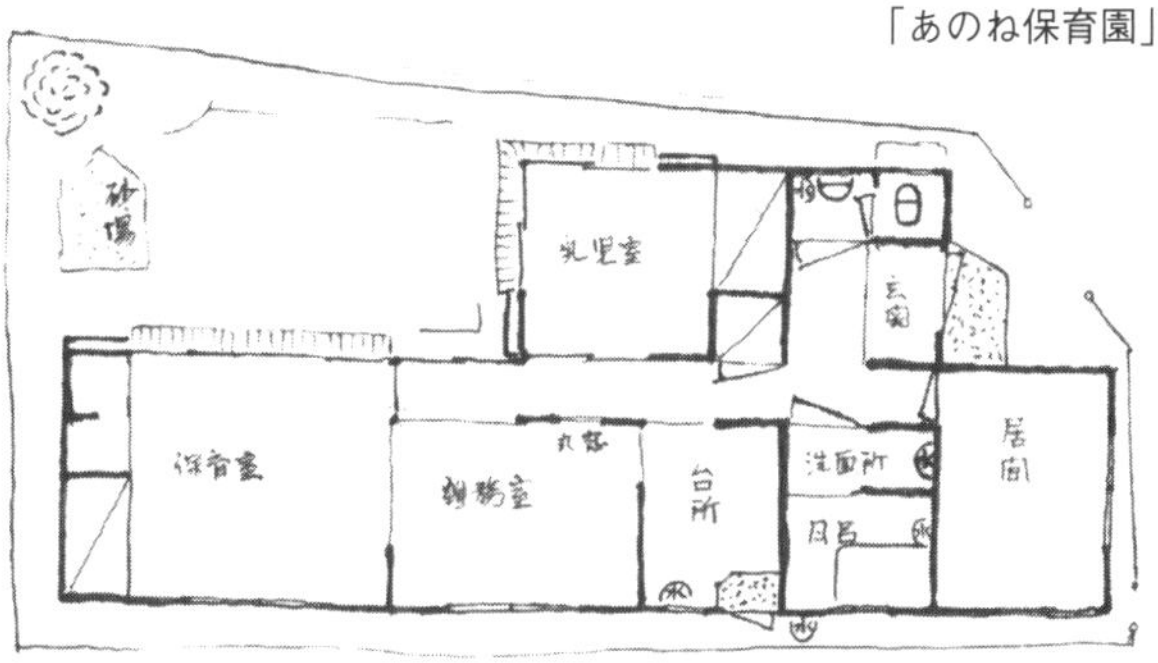

このときまでにぼくらは二つのことを決めていた。子どもは自宅で生む。子どもの世話は基本的にぼくがひきうける。この二つである。前者は役所のネットワークを使って、最高の助産婦（現在は助産士、ただし資格は女性のみ）さんを見つけることからはじめた。経験豊かで思想的にも女性の味方であるべきだった。彼女は出産を予定していたアパートにやってきて「ここは手狭で、自宅出産は無理だ」と断言した。そこでぼくらもこの考えを断念。彼女の産院で産むことにした。

ただし、その際には「ぼくに立ちあわせてほしい」と要望。男の立会いなど考えられない時代だったから、相当に困惑していた。産院には出産を待つ女性が数人いる。彼女たちに不快感を与えてもらっては困る。出産シーンは男性にとってショックとなる場合がある。卒倒や一時的インポテンツも考えられる。その他、緊急事態も起こりうる。そのとき邪魔にならないようにしてもらう必要がある。彼女の退去命令に従うことを条件に、ぼくは立会いを許されたのである。

「子どもの面倒は看る」という男であっても、たいていはオムツを換えたり風呂に入れる程度。次第に手抜きが始まって、女たちの顰蹙を買う。この恐れはぼくにもじゅうぶんあった。日常のことであれこれ話し合うのもおっくうである。だったらいっそうのこと、ぼくが全部ひきうけてみたらどうだろう。そうすれば逃げ場はない。彼女はれっきとした公務員。ぼくは売れないフリーライター。子育てのために時間を割くのは、ぼくのほうが楽なのだ。

この思いつきは彼女にも受けた。もちろん全部は厳しいが、彼女には産休も有給休暇もある。

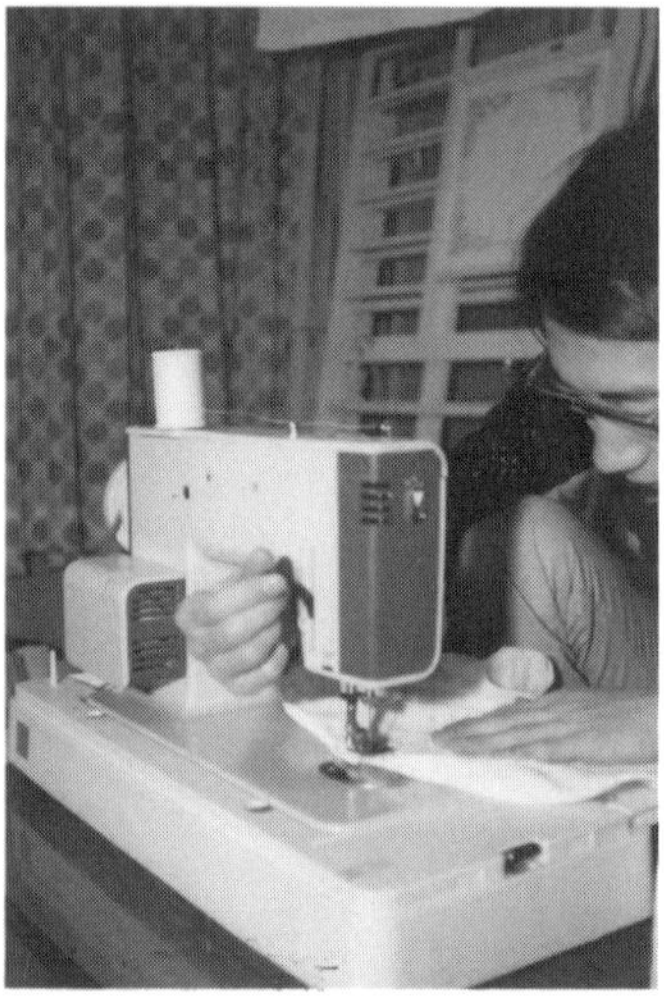

電動ミシンでオムツを縫う

なんとかやれそうな気がしてきた。調子にのったぼくは、さっそく出産準備のために、借りたミシンでオムツを縫い始めた（当時はまだ紙オムツなど存在していない。さらしを縫って輪にするのである）。おかげでミシンの腕が急速に上達。ベビーベッドの布団や産着まで縫ってしまった。

そしてぼくは、仕事の関係者に一年間の休職宣言を行ったのである。一年後に仕事があるかどうか。大きな不安はあったが、当面の関心はそんなことよりも、ほんとうに子どもの世話ができるかどうかにあった。育児書を読む必要があるだろう。でも、どんな育児書がいいのだろうか。判断できないのである。

が、目の前に先生たちがいる。子育て経験者の女たちである。その彼女たちが自ら保育所を作るという。ここで保父をやり、彼女たちのやり方に学べば、育児書など要らない。ぼくはとりあえず「あのね保育園」で保父をやってみることにした。「あのね」は予定通り、四月一日に開園した。

娘の誕生

子どもの誕生が近づくと、ぼくの周りには大きな支援の輪ができた。ベビー服からベビーベッドまで、用意してくれたのは「スリー・ポイント」の女たち(直接の関わりはなかったのだが、ロッキード事件を追及していた立花隆の取材グループの一人=後述の「ペンスタジオ」メンバーがぼくらの生きかたに感銘。彼の連れ合いがぼくらの支援に立ったのだ)だった。それを運んでくれたのはメンズ・リブの面々だった。渋谷区幡ヶ谷(京王線で初台の隣駅)に借りた彼女のアパートには、連日、支援者が押しかけた。その多くが新宿区役所の同僚で、ぼくも毎日のように彼らを歓待するため、幡ヶ谷の飲み屋を物色した。

その日も二人の友人が泊まりにきていた。予定日の一週間前である。ところが突然の破水。子どもは彼女のおなかのなかでしっかり成長していた。ぼくは後始末を二人に依頼。タクシーで産院に向かった。一台目のタクシーに断られたことで、ひどく焦っていたことだけが記憶にある。二台目には最初から「色をつけるから」といった覚えがある。

空は白み始めていた。産院はひどく冷静で「すぐには生まれませんよ」といった。「どのくらいですか」と聞いたら「六時間から一二時間」という返事だった。「そうですか」と、一息つくつもりでいたら、彼女がすごい提案をした。「出産シーンを写真にとって」というのだ。カメラを取りに家にもどれ、というのだ。今ならどこにでもコンビニがあって、レンズつきフィルムが手に入る。が、当時はまだそんな状況ではなかったのである。

ぼくは走った。夢中で走った。途中、高架道路から平地に降りる急な階段があった。普段なら駆け下りることもできたろう。が、この日は違った。あたりはまだほの暗く、朝霧なのか少しもやっていたし、眠気が襲う時間でもある。いや、それよりも上気していたのだろう。階段の中途で、身体がはねてしまった。足を踏み外したのか、その辺はわからない。とにかく宙に飛んでしまったのである。その瞬間、ぼくの頭をよぎったのは「まずい、こんな所で怪我をしているわけにはいかない」ということだった。

ぼくは柔道の受身ではないが、身を丸くして階段横の草地を転げ落ちた。手足をすりむいた程度。カメラを取りに走るのに支障はなかった。なにか、運命に感謝したことを覚えている。部屋はすっかり片付いていた。友人たちが、すっかりきれいにしてくれていた。直前までみんなで遊んでいた花札もケースに仕舞われて棚の隅に置かれていた。

戻りも早足であった。さっき転倒した階段を二段づつ駆け上がった。産院に戻ると彼女はぐっすり眠っていた。助産婦さんによればまだまだだという。こんなに焦って走ることはなかったのである。

最高のでき栄え

ぼくは別途、出産立会いの記をしたためている。したがって、ここでは詳細には触れない。ただ、助産婦さんの説明がよかったのだろう。産院で会う女性たちはぼくに親愛の情を投げかけてくれた。ぼくの冷静な対応を見て、卒倒などありえない、ということも理解してもらった（彼女はぼくを医師のように冷静で、かつ、これまでのどんな父親よりもホットだ、と評した）。が、問題は子どもが育ちすぎ、生まれ出るには厄介な問題があったことである。

連れ合いの苦闘はそこから始まった。寝ずの番をしていたぼくの体力も限界に近づいていた。四月一七日の早朝、ぼくは産院を出て近くの公園をさまよった。彼女のぼくに対する依頼心がいけないのかもしれない、と考えたからである。立会いがいけないのかもしれない、と考えたのである。長い時間が過ぎたような気がする。気がつくと助産婦さんがぼくを発見し、呼んでいる。「もうすぐ生まれますよ」というのである。ぼくはびっくりした。だったらぼくのことなんて無視して、彼女に掛かりきりになってほしかった。でも彼女はベテランである。すべてを心得ていた。「この子を取りだすのは難しいのです。でも大丈夫。彼女の会陰を一切傷つけずに、取り上げて見せます」……。魔法の手であった。彼女はシーンごとに手を止め、ぼくにシャッター・チャンスをくれた。

そして「自分の経験の中でも、最高のでき栄えだった」として、写真をほしがった。女の子であった。渋谷区最後の助産婦の最高のでき栄えによって取り出された、わが子であった。介助に夢中だった彼女は、誕生の時間をチェックし忘れていた。でも、ぼくがシャッターを切った時刻はすべてメモしてある。そのメモから彼女は娘の誕生時刻を確定した。

誕生から退院までの一週間、助産婦さんはぼくを指導してくれた。子どもの抱き方、ミルクのやり方、温度の見方、風呂の入れ方、寝かし方……。布団の襟首にガーゼをあてがいながら、ぼくはもうこの子がすべてを体感し、生きる力にしようと全霊を傾けていることを理解した。

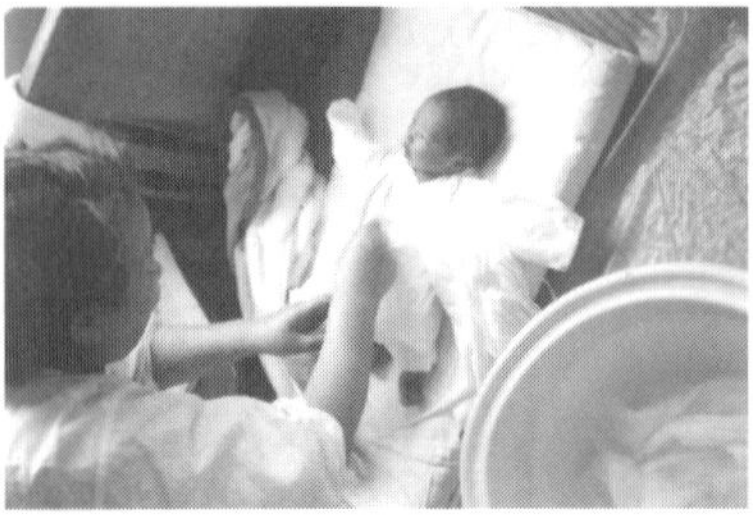
肌着の着せ方まで、手ほどきを受ける

ぼくがいるため、すでに出産を終えていた母たちが、トイレに行くにも身づくろいを気に掛けた。ぼくはそのたびに、御免なさい、と心の中で謝っていた。でも、退院していく彼女たちは、だれもが、ぼくに「ありがとうございました」と挨拶していった。産院全体で、ひとつの共同作業をなしえたような気分が生まれたのである。平凡な感想になってしまうが、命というものは本当にすばらしいものだった。

退院　工藤チヨさんと。
産着は筆者の手製

差別撤廃の要望書

早まった出産で少々あわてたが、誕生の一一日目に当たる四月二八日、東京の渋谷区役所に出生届けを提出（父母との続き柄欄の記入を拒否したため、不受理）するとともに、「戸籍取扱い上の婚姻外子に対する差別撤廃に関する要請」という要望書を提出し、受理された。婚外子差別をなくすための闘いはこうして開始されたのである。

闘いの経緯については拙著『戸籍がつくる差別』（現代書館）に詳しいので、ここでは繰り返さないが、ぼくらの狙いは、①届書（出生届）からの「父母との続き柄欄」の廃止、②戸籍簿の「父母との続き柄欄」における婚外子差別の廃止、③住民票（住民基本台帳）の「世帯主との続き柄欄」における婚外子差別の廃止、④民法における婚外子の相続分差別（九〇〇条四項但し書き）の撤廃、であった。

このうち①の廃止は可能だが、戸籍法四九条に出生届には「子の男女の別及び嫡出子又は嫡出子でない子の別」を記載しなければならない、とあるので、これを廃止しない限り、別な記載が求められることになる。したがって本筋は欄の廃止というよりも四九条の廃止、ということになる。②と③の廃止は通達によって明日にも可能なもので、④の撤廃には、いうまでもなく民法の改正が必要である。

結論をいってしまえば、①は二〇一〇年現在も存続（ただし同年三月「無記入でも受理すべし」

の通達が出た）しており、②は二〇〇四年一一月一日から差別記載は廃止され、従来の記載も「申し出があれば変更できる」と改められた。が、このやり方には多くの問題が残っている。③は一九九八年三月一日、すべての子が等しく「子」と記載されることとなり、わずかな問題を残すのみとなっている。また④は、一九九六年二月二六日、法制審議会の民法婚姻法改正に関する答申が出て、「婚外子の相続分の平等」が明示された。自民党内の一部に反対があって、いまだに改正法案が提出されていない現状である（現状については本書二六八ページ、アーカイブ編所収の「揺らぐ家族法と戸籍制度」と二九六ページ「あとがき」参照）。

ぼくらとしては手始めに、渋谷区に対して住民票の続柄でわが子を差別記載したことに対する「不服申し立て」を提起した。が、一般にはこうした差別があることをまったく知らされていない。こういう状況の中では行政訴訟を起こしても勝ち目はほとんどない。したがって、まずはこの差別の存在を広く知ってもらうことが大切だった。最初のビラ配りは出生届け同日、清水谷公園の国際反戦デー会場だった。二度目はその年のメーデーで「男井戸端会議」がビラを配ったとき、ぼくも独自のビラを作り、婚外子差別の撤廃を訴えた。

五月一七日には婚外子差別をめぐる初めてのティーチインを「リブ新宿センター」で開催した。呼びかけは同センター、司会は田中美津である。わが子誕生からちょうど一ヶ月の記念すべき日で、母子共々での運動デビューであった。狭いセンターとはいえ、そこがいっぱいになる盛況ぶりで、結婚制度や戸籍制度に疑問を持つ女たちが押しかけた（二回目のティーチインは杉並区高井戸のコレクティブ「ズ・ズ・ズゥ」）。質問のほとんどが彼女に集中したが、正確に答えようとするために回りくどく、わかりずらい返事になっていたと思う。運動経験のほとんどない彼女にとっては、やや負担が大きいものだった。

いずれにせよ最初の一歩。ここから社会的な運動が始まったわけではない。この機会をこれからどう拡げていくのかは、ぼくらに掛かっていた。このティーチインからしばらくして、美津さんはメキシコに向けて旅立っていった。

集会託児を考える

「男性保育者連盟」はある種の職能グループで、ぼくに参加する気持ちはなかった。行政による保父（男性保育士）の認定は当然だが、それが保育における男性役割を強調することになったり、女性の労働現場を狭めたりするとすれば、男女平等とは逆行する恐れがあったからである。まだ、男女平等の労働基準法改正がなかったころである。保育の次は看護婦（現在は看護士）が、そして男性パーサー（旅客機客室乗務員）があたりまえになり、こうした職場の管理職を男が独占していく可能性が大きかった。

いっぽう、いつ結成されたのか正確には知らないが、女の集会に協力して子どもたちの世話をする男たちの間で「集会託児を考える会」が誕生した（期せずして京都にも同名の会が生まれたが、相互に連絡はなかった）。子連れの女たちの活動を支援するために、集会の間、ボランティアで託児をする男たちが増えていた。そうした男たちの間に「ただ、子どもを預かればそれでいいのか」という声が生まれたのである。

この疑問は「東京こむうぬ」周辺が集会託児を引き受けていたときにも出されていた。平素、家族べったりで子育ての共同空間とは縁がなく、「パパ、ママ」という関係だけで暮らしている子に限って、手が焼けるのである。集会の間中、泣き続ける子だっている。こんな子どもを一時預かって、集会が終わればなにごともなかったかのように母親の腕の中に返す。母の胸にぺたっとすがって、けろりと泣き止む。まるで託児担当者がいじめをしてでもいたかのような錯覚に陥るのだ。

「集会託児を考える会」の男たちは、どちらかといえば集団保育を評価して、家庭保育を絶対とする既存の価値観を変えようとする考え方を持っていた。そうしたなかで明確になってきたのは「家族べったりの保育に疑問を持たない母親の子を、ぼくらが苦労して預かる必要があるのだろうか」という問題だった。

そのような家庭の子は「父親こそが預かるべき」なのだ。集会託児は「その父親の保育義務、子育て責任を免罪にしてしまう」ことではないのか。黙って「預かってやる」ことで、家庭保育を絶対とする既存の価値観を支え、「パパ、ママ、子」による幸せな家庭幻想（「植木鉢家庭」、という言葉もあった。成長の過程から社会性がそぎ落とされてしまっている植木鉢家庭の中にあって異様に濃密な母子関係を強制される、その最大の被害者は子どもである）を強化してしまう。それでは家庭保育を越えようとして集会託児を引き受けた当初の思いを裏切ってしまうことになる。こうした考えにはぼくも共感するところが多かった。
ぼくはやがて、このグループとの関係を深めていく。

K子さん事件

リブ・センターでのティーチインの直後、ある女性から「この問題も一緒に取り組んでほしい」という要請があった（前述・大河原さんからも同様の要請を受けていた）。それが「K子さん事件」である。この事件の問題を訴えたパンフレット『魔女は空を飛ぶ』が発行されたのは一九七五年六月一五日。奥付には「働く母・未婚の母　差別裁判に抗議する会編」とあり、連絡先として駒野陽子の名が記されている。駒野さんとは、七〇年代後半のリブ運動を支えた一人である（現在も活動中）。

パンフレットの副題には「裁かれた女　一九七三年五月五日」とある。判決が下された過去の事件なのである。幼稚園の教諭（保母）であるK子さんは妻子ある男性（幼稚園に子どもを預けていた）と恋におち、出産した。ところが、男性側はその子の養育を「母には任せられない」として連れ去ったため、母方が人身保護請求を提訴。子どもは自分が育てる、と訴えたのである。

判決は男性側の勝利。大阪地裁堺支部の判決は「未婚の母の身で幼児を育てる立場にあり、……生まれる子にとって所謂私生児という不幸な境遇になることが予想されるのに、……その養育に確たる見込み、方針もないままに被拘束者を生んだ態度等から請求者の被拘束者に対する真の愛情の存在については疑問なしとせず」として、自分が育てる、とした母親の請求を退けたのである。その判断はともかく、問題は理由にあった。

大阪地裁堺支部はK子さんが「働く女性」であったこと、「未婚の母」であったことを子育てには不適格だと判断し、男性側の子どもの拘束を正当だと断じたのである。この裁判では男側、女側双方の「家」どうしの「子の奪い合い」の様相が強かった。その点に関しては駒野さんも「残念」であるといっている。しかしそれでも、この判決は差別判決である。とりわけ「私生児という不幸な境遇になることが予想されるのに」子を「生んだ態度」を「真の愛情」に欠ける、とする判決文は許しがたい。そもそも、生身の子どもに対して平然と「被拘束者」と言い切れる裁判官の人権感覚を疑う。こうした専門用語によって埋め尽くされている頭脳からは恐ろしい判決しか生まれてこない。

これによって裁かれたのはK子さんではない。日本の司法、裁判官の人権感覚である。そしてまた、この国の婚外子差別の根深さである。だから、事件は判決では決着しなかった。この事件を重視した女たち（リブ）はK子さんを支援し、実力でこの子を奪還したのである。刑法上でいうならば拉致・誘拐。その後の母子の身柄を匿いあった。前述のパンフレットはそうしたなかで発行されたものなのである。

その後、この事件が刑事事件に発展したとは聞いていない。男性側からの人身保護請求が起こされる、といううわさは聞いた。が、その経緯も、決着も知らない。うまく収まっていてほしいと願うばかりである。だが、それでも、なお、である。許せないのは司法である。「真の愛情」を語る資格のないものが法衣を着ている、それが問題なのである。

赤ちゃん斡旋事件

当時、コインロッカー・ベイビーが社会問題化していた。普及を始めたコインロッカーへの子捨て、子殺しである。殺せないからせめて何かに期待する、今日の赤ちゃんポストに通じる心情ではないか。リブ・センターはこれをやむをえないものとして受け入れた。それを生み出す側に問題がある、としたのである。

仙台の産婦人科の医師・菊田昇は、以前からこの問題に取り組んでいた。世の中には子どもがほしい夫婦はいくらでもいる。子どもを手放すしかない母親にとって、確実な養育者の存在は朗報ではないのか。菊田さんはそうした子を、育ての親の正式な子として届けられるよう、出生届けを偽装した（正確に言えば出生届の際に添付する出生証明書を医者が偽造すれば虚偽の届が可能になる）。「出生届け偽装事件」「赤ちゃん斡旋事件」である。

事件として報道されたが、これは確信犯・菊田さんが断絶養子制度（特別養子制度）制定を目指しての覚悟の上の自己表明であった。菊田さんが自分から偽装を表明しなければ、発見はほとんど不可能。黙って斡旋を続ける道もあったのである。だがその結果、彼は民法や刑法といった国の基幹法を脅かす存在としてではなく、医師法違反（出生証明書の偽造）や、医師会からの除名という恫喝、攻撃を受けることになったのである。

養子制度の問題に拡がることを恐れた政府は、医師会をたきつけて医師の倫理問題にすりかえようとしたのである。「政府のこのやり方は汚い」「菊田先生に会ってください」「佐藤さんは先生を援護すべきです」そんな要請が強まった。

菊田さんの思いはわからなくもなかった。子どもが生まれ育つ環境をなんとしても確保しようとする試みは貴重である。戸籍制度をごまかして（出生証明書の偽造）でも母子の幸福を願う医師がいることも承知してはいた。よくある偽造のケースは娘が婚外子を産んだ場合、世間体をはばかって娘の母親や親戚の子として届けるケースである。でも、この偽造では婚外子差別をなくすことにはならない。家族を挙げて婚外子差別に屈し、世間体を助長していく結果を生む。

ぼくは「家族の幸せべったりの養親に子どもを預けてしまう」ことにも疑問があった。子どもの母親というよりももらい手のほうだ。なぜ養親は里子や養子ではなく、実子を望むのだろうか。子どもの幸せは里親制度でも養子制度でも確保できないから、と答えるだろう。たしかにこの国の世間体とはそういうものだ。だから戸籍が子どもを記載上で差別することは許されないが、差別を肯定する世間体に屈する形の解決は歓迎できない、というのが当時のぼくの考え方である。

その後、菊田先生の思いは実子特例法の制定運動となって広がりを見せ、特別養子制度の制定（一九八八年一月）によって実を結んだ。しかし、諸外国に見るような断絶養子制度（親子のつながりを完全に断ち切る制度）にはなっていない。あくまでも戸籍上の実親を追跡できるようにしている（その結果、子どもを記載上で差別する戸籍の構造は維持された）。子のための制度であるべき養子制度が、日本にあってはなお親のための制度にとどまっている。

断絶養子制度を採用しなかった論者の中には「子が自分の実親を知る権利」を挙げるひとが少なくない。がそれは、筆者には「ひとはだれか実親を持つべき」というプレッシャーに見えるのである。仮に知る権利があるとしても、戸籍制度の存在によって一方的に知らされる義務はないだろう。「本当のことを知りたい」と思ったとき、これに適切に答えうるのは育ての親以外にはない。心のひだを熟知している者に任せるほかはない。

あのねからの撤退

あのね保育園は育児書なしに子を育てるための最良の導き手になった。この運動にかかわった多くの女性たちに感謝している。でも、そのエネルギーは徐々にそがれていき、新たな運動に転進していく人たちが現れてきた。あのねの中核は「こむうぬ」以来のコレクティブだが、立地の選定を含め、すでに開かれた保育所であった。ここを共同体として仕切るにはやや無理があったのである。

このあたりのことは当事者にしかわからないデリケートな問題が多い。個々に離れていったメンバーについて、ぼくなりの感想はある。残ったメンバーについても思うことはある。が、それはいっても始まるまい。いえるのはぼくについてだけである。ぼくはコレクティブの中核である

Y田さんのがんばりを高く評価していた。でも、その年の夏にやってきた指人形劇団の男性劇団員を罵倒した彼女の口調は問題だった。

彼は劇団を捨て、「あのねに残ってもいい」というほどに、あのね保育園の子育て方針に共鳴した、若くてナイーブな、滅多にいない柔らかな男であった。その彼をYさんは「保育のなかに男を持ち込んだ」というのである。男保連のことを考えていたぼくにとって、Yさんのこの思いは理解できる。でも、それまでの仕事を辞めてまでも「あのね」に期待した男に対する仕打ちとしては厳しすぎる。一刀両断、「男だ」という決めつけはリブを看板にするコミュニティーにとって取り返しのつかないものになりがちである。もっと出会いを探るべきだったのである。

もちろん「あのね」は合議制であった。が、二四時間スペースを共有するコレクティブメンバーが議事をリードするのは眼に見えていた。この劇団員に対するぼくの弁護は暖簾に腕押し、何の意味をも持たなかった。ぼくはこの事態を「次はぼくだな」と受け止めた。彼女のリードを批判するぼくは次の排除対象になる。それは自然なことであった。こむうぬの代表だったT田さんも、リブ・センの代表だった美津さんもいない（ともにメキシコ旅行中）。

「あのね」はある意味、変質したのである。運動のトップで屈折した体験を持った人がいなくなった、これである。ぼくはある日、Yさんの子がほかの園生をいじめているのをとがめた。指を眼に入れようとしていたので大声で静止したのである。が、その子はぼくに食って掛かった。Yさんはぼくの声と食って掛かる子どもの姿だけを目撃した。別な日、その子が鉄棒から落ちた。ぼくは真っ先に彼を保護した。Yさんはぼくを疑った。濡れ衣である。

注意する声が男っぽくて、いやだという。男・性の持ち込みだという。もちろんぼくはそのすべてが不当だとは思わない。急を要する場面でなければ、男・性の持ち込みや男っぽい声音を使わずに済ませられたかもしれない。でも、目の前で起きている事態を打開するためにはそんなことは無理なのだ。Yさんの指摘は鋭いが、Yさんが気にかけているのは彼女の息子についてだけだった。彼女の息子が他の園児に対してどんな影響を与えるかについて、彼女はなんの関心を持っていなかった。なんのことはない、家族保育の延長として彼女の「あのね」コレクティブは存在していた。

ぼくは九月に入ってフェード・アウトを決めた。同僚として貴重な人もいたのだが、とりあえずは感謝と辞意とを伝えて半年の保父体験にピリオドを打った。一〇月以降、ぼくは「あのね」に顔を出していない。

伝修館闘争

ゆでる、煮る、ふかす、から始まって、炒る、焼く、炒める、揚げる、まで、ぼくは娘の離乳食をつくることをチャンスとして、素材に向き合い、一つ一つ料理することを覚えていった。調理とは直感の芸術であることも理解した。子育てのなかで教えられる多くの感動と感謝のひとこまである。

離乳というのはなぜかうきうきするものがあった。もちろん完全な乳離れは先である。が、この子はもうぼくの手でも育てられる、という、ほのかな確信である。一九七六年一月、連れ合いは職場の同僚の郷里である新潟にスキー旅行をしたいという。ぼくは一も二もなく賛同した。「子どもは大丈夫。安心して行ってきな」と、彼女の試みに拍手を送ったものである。

困惑したのは、受け入れた同僚の里のほうであったようだ。「これは倅の嫁さん候補にちがいない」「嫁に来てもらえるよう、粗相がないように歓待しなければならない」といったものである。同僚も錯覚していた観がある。母子ともどもに迎えようとする意思を示した。

「子育ては引き受ける」とするぼくの約束は一年であった。その期限は着々と迫ってきていた。二月の末のことである。彼女は「福岡の柳川に行ってみたい」と言い出した。当時、柳川の伝修館高校の先生たちが理想の教育を目指して学校と衝突。解雇を不当とする地域ぐるみの闘いが繰り広げられていた。「伝修館闘争」である。地域に先生たちを中心とした実践教育の場が出来上がり、そこで親達を含む地域が生きあい、支えあう。そこにはある種のコミューンが成り立っていて、家族を超えた母性(族母)が闘いを支えている、というメッセージが伝わってきていた。族母とは個別の母親ではなく、どの子をもわが子同様に受け入れる集団的な母をイメージした用語である。彼女はそこを見てみたいというのである。

もちろんぼくは大賛成。ぼくに代わってぜひ見てきてもらいたいものだった。でも、彼女の体験報告は悲しいものだった。「あそこは身内絶対の拡大家族。族母なんてものじゃあないわ」、「あたしが提起した婚外子差別との闘いに対しても、一笑に伏しただけ。制度と闘うよりも制度を超えればいい、というの。要するに闘うな、ということね」。

彼女の印象は正しかった。伝修館闘争は制度を超えてはいなかったし、本当のコミューンも族母も作り出してはいなかった。イメージとメッセージが生んだ虚構世界だったのである。そこで暮らし、生きた人には悪いが、だったら現実ともっと向き合え、といいたい。ぼくにとってこの話はあくまでも彼女からの伝承にすぎなかったが、その結果、ぼくはますます新左翼系の観念的な運動が好きではなくなった。

もっとも伝修館が子育てでも実践を重視した理想を目指したことは間違いない。その意気込みは『伝修館・複数の母たち』（柳下村塾経営委員会篇、三一新書、一九七四年）からも読み取ることができる。でも「保父は母たれ」といったところはどうもいただけない。母に対する男のロマンが透けて見えるのだ。

でも、学生時代に放浪の果て、ここで保父体験をした星建男は、衝撃的な価値転換を味わったという。母たちから託された保育を通じて、子と出会い生きあう豊かさをたっぷりと味わったというのである。星くんが男の子育てを考える会を立ち上げた原点である。おなじシーンに直面したとしても、出会い方の違いがあるということなのかもしれない。

彼女はといえば、まだ懲りることなく、別なコミューン運動の体験を重ねていった。でも、満足できる運動に出会うことはなかった。

職場復帰

一月の半ばを過ぎると、ぼくの休職宣言を知っている仲間から電話が入るようになった。「そろそろ復帰してもいいのではないか」という打診である。ぼくは当時、「ぺんずスタッフ」というライター集団に参加していた。〝一ッ匹オオカミ〟を認じるフリーランス・ライターが自主参加グループ（プロダクションではない）を組むのは極めて珍しく、当方の先輩たちが一九七二年、新宿区花園町に組織した「ペン・ユニオン」が最初だったと思う。

しかし、このグループは思想や方法論の違いによって、一年足らずで分裂・解散。当方は改組された「ぺんずスタッフ」（赤坂→神保町）に所属。事務所を神保町に移す際の発起人になっている（他の二名は真壁旲、故・高橋和夫）。ぼくの休職中に、これを再改組する動きがあって、発起人である当方に復帰の要請があったのだ。

新名称は「ペンスタジオ」、〝グループ社会派〟を公然と名乗ることで、現場に密着しながらも、主張を忘れない個性派ライターの集まりであることを鮮明にした。だからといって左派ではない。右翼雑誌の編集者も参加していたことでわかるように、主張を大事にする。マスコミ関係者の間では「ペンスタ」の略称で、けっこう知られたグループであった。ペンスタの方針をめぐる討論集会には多くの雑誌編集者（主に編集長）が参加した。

この改組に、休職中だった当方は深くかかわっていないが、方向性には賛成だった。改組を案内するマスコミ向けのビラ（メンバー紹介）には、「民族主義がテーマ」とか「原始生活を追う」とかのライターのほか、「イスラム圏」にシャッターを切り続ける、というカメラマンも参加している。当方はこのビラで「七六年二月にグループ復帰。目下は〝私生児問題〟に取り組み、奔走中。リブ運動に関心」との自己紹介を寄せている。

つまり、ペンスタにはそういうオトコがいる、という表明はできたのである。七六年四月、ペンスタは「ジャーナリズム専門学校」の卒業生（女性）二名を、受け入れた。平凡出版社の人気雑誌『ａｎａｎ』に映画評などを寄せるＳ藤さんのサポートができれば、というのが受け入れの直接的な理由であったようだ。が、復帰予告をしながらも、子育てにおける思わぬ事故（娘のやけどに伴う入院）があったりして、四月をすぎても本格復帰とは行かなかったため、ぼくも取材のサポートをする程度の細々とした復帰だった。

その夏のことである。『平凡パンチ』の編集長を経て、斬新な紙面構成によって女の子のハートを捉えた『ａｎａｎ』を産み出した伝説的な編集長・甘糟章がペンスタの事務所にやってきた。もう傾きつつある事務所（比喩ではない。財政問題ではなく建物の物理的な問題であった）である。その物干し場を手作りで泊まれるスペースに改造したような事務所である。来客には申し分けなさでいっぱいであった。

甘糟編集長は『ａｎａｎ』にかかわる気鋭のライターたちに可能性を見ていた。時代をリードしてきた彼女たちはもう女の子ではない。『ａｎａｎ』では満足できない彼女たちに活躍の場を与えられるような媒体を考えたい、というのである。「何日か前にも、彼女たちのリーダー格が、飲んで荒れて、銀座通りのど真ん中に大の字になって寝てしまった」という〝女〟豪傑の話しがあった。「そんな連中だけど、よろしく頼むよ」という話しだった。その半月後には甘糟さんに連れられて、彼女たちのうちの四、五人がペンスタ事務所にやってきた。

『ａｎａｎ』から抜け出してきたようなファッショナブルな彼女たちが、そこでなにを感じたのかは定かではない。ぼくはなお結婚を女の人生のゴールとするような女性誌を信じていなかった。だから、彼女たちに対しても距離を置いていたと思う。が、ともあれ、彼女たちはライターという特権を駆使して、従来の〝女〟という役割を超えようとしていた。彼女たちのその意欲を、甘糟さんは見逃さなかった。肯定的に捉え、応援しようと考えていたのである。

リブ世代の女たちよりはやや遅れた世代である。でも、結婚に対する意識ではリブ世代を超えたイメージを持っていた。彼女たちに共通して言えることは、社会に対する独自のメッセージ、自己主張（妻とか母、女という立場を超えた自己）がしたい、ということである。女にとって損益分岐点であった「結婚」は彼女たちにとって、希望であるよりも人生の可能性を閉ざす〝マイナスの節目〟という側面が大きかった。

『クロワッサン』創刊

甘糟さんの構想は、半年後に具体性を帯びてくる。結婚・出産前後の女たちを主人公にした生活情報誌（夫婦で読むニューファミリーの情報誌、というのが当初のコンセプトだったが二年目からは男を捨てた）である。二年目からのターゲットは〝一人暮らし〟。『ａｎａｎ』でもこれは受けた。生家の親から夫の実家へ、バトンを渡されるような女の人生に、一人暮らし期を挿入し、人生を見直すチャンスを与えた。これが『クロワッサン』の第一の意義なのだ。

が、ａｎａｎの女たちはこれに満足しなかった。妻、とか、母となってはじめて評価される自分ではなく、自分のありのままをさらけ出し、評価されたいという思いである。そのためだろう。『クロワッサン』は一人暮らしの予備期を超え、女の最終的なありようを模索するようになった。結婚を女の人生のゴールにすることをやめ、未婚のままの人生（非婚）にも光を与えた。これが『クロワッサン』第二の意義である。

そして、いま思えば『クロワッサン』は腰掛ではなく、終生、働くことに生きがいを見出そうとする自立しようとした女の応援誌になっていたのである。第一と第二の意義はその結果、導き出されることになった。甘糟さんは『クロワッサン』の創刊、『ダカーポ』の創刊によって伝説的な編集者となっていく。時代を捉える彼の慧眼は素晴らしいものがある。「ペンスタジオ」は若手女性二名を『クロワッサン』専属ライターとして送り込んだ。彼女たちもまた、時代の先端に敏感だった。

『クロワッサン』はその後、明確に非婚路線を歩む（編集部内で激論が交わされたことも知っている）。結婚がゴールではない、というメッセージは『ａｎａｎ』にも、『ｎｏｎ・ｎｏ』にも、『Ｌｅｅ』にも影響を与えていく。『クロワッサン』は一雑誌を超え、出版の社会現象になったのである。『クロワッサン症候群』という本が出るほど、世の中を揺さぶったのである。

ある日、ぼくは、「ペンスタ」が送り込んだ彼女たちに頼まれてポルノ・ショップにつきあった。大事なところが無防備のパンティーやバイブレーター。ぼく自身が初めて目にするグッズで溢れかえっていた。二人はけっこう楽しんでいたようだが、ぼくにとってはほかの客の視線が痛かった。早く出たいという思いに駆られたのである。二人の次の要求はストリップ劇場であった。ぼくは裸の日劇ダンサー（人気ナンバー2の彼女はインタビュー中、なにも隠そうとしなかったのである）をインタビューしたことはあるが、ストリップ劇場の観客になったのはこのときが最初で最後だった。

新雑誌『クロワッサン』刊行のために平凡出版はすでにパイロット版を出している。それをさらに積み上げる、というのである。創刊準備号を二号も出すというのは、出版社としては異例の入れ込みようである。ぼくは『クロワッサン』のパイロット版第二号と創刊号の企画に加わった。出版社側は、ぼくに子育て（保育）現場を取材してみないか、という。子育て支援の新しい動きを創刊号に載せたい、というのである。

もちろん、ぼくも賛成だった。そうしたレポートが出されることは女性を励ますことに直結する。でも、なのである。この取材はけっこう厳しかった。「ベビー・ルーム」と称する六本木・青山のマンション内に開設されている子育て施設は全面ガラス張りで、養育の実体を眼にすることができた。太陽がないことを除けば、「あのね」と大差はない。しかし費用は高額であった。普通のOLではかなり厳しい。似たような施設は渋谷・新宿、中央線西方（京王井の頭線にもすばらしいものがあった）に展開されていたが、都心から離れるにしたがって費用は安くなるものの、子育て環境は悪化していた。

ぼくがショックを受けたのは江東のあるベビー・ルームであった。ぼくが訪問すると、檻のようなところからぞろぞろと子どもたちが這い出してきて、ぼくと遊ぼうとするのである。二〇人か三〇人、ぼくには対応できない。身体を大きく開いて「は〜い、みんな」といってみた。それだけで子どもたちは喜んでいるようだ。この子たちをどうしたらいいのだ。ぼくは途方にくれた。

園長さんと保母さん、大人は二人だけだった。園長さんの話によれば、この子たちのほとんどは預け捨てられたのだという。預かった日から親が雲隠れする。子どもを心配して手紙をくれる親もいるので、それを推測すれば小田原か熱海の仕事に就いているらしい。でも、引き取りに来る親はほとんどいない、という。

新宿の西郊・戸塚のベビー・ルームは夜だけ繁盛していた。「ま、いわゆるホステスさんですよ。うちはその子を預かっている」「みんな私生児ですよ。父親はわからない」……。そうなのだ、それが現実なのだ。ぼくの頭はもう少しで弾けそうになった。ライターとして復帰するよりも、この子たちの保育者として生涯をかけたほうが有意義なのではないか。ぼくは本当にこの疑問の前で立ちつくした。もしこのとき、保父の道を選んでいたら、ぼくのその後の戸籍との闘いはなかったかもしれない。

『婦人公論』への寄稿

ぼくは変なライターである。自分から原稿を売り込むということがない。だが、ただ一度、ライターの道を選んだ以上、婚外子差別の現状を訴える必要に駆られ、執筆させてくれるよう、お願いに行ったことがある。中央公論社の『婦人公論』編集部である。デスクが対応に出てくれ、ロビーで話を詰めた。

デスクはK子さん事件を追った経験があるという。だが、事態は二転三転。「家」どうしの子どもの取りあいで、どうにもすっきりしなかったという。事件を婚外子差別ととらえるのなら、すっきりするのかもしれない、とも語った。

「重たいテーマであることは理解できます。でも、それを軽く書けますか」、「うちで書いてからも、この問題に取り組み続ける意思はありますか」と、それが問われた。これに同意したから世に出たレポートが「戸籍をめぐる未婚の父の闘い」(『婦人公論』、一九七六年一〇月号)である。

でも、やはりぼくは変なライターであった。執筆をお願いするというみっともないことを演じた以上、その後の取り組みは僕自身が引き受ける。その成果をいつか『婦人公論』にお返しする。そう考えたのである。が、このお返しは今もってできていない。いいタイミングでのレポートだったのだろう。この記事は、その後のぼくの活動にとって、極めて有効なものとなった（政界や司法関係者に問題が知れ渡ったのである）。

が、ぼくにとって、もっと大事な人とは実際に婚外子を育てる未婚の母、隣にいそうな人たちの支援であった。彼女たちの（未婚で子を産み育てるという）決意を、戸籍などという制度が押しつぶしてはならないからである。理想的な制度とは生きることを支援するものである。生み育てることを守るものである。これを押しつぶすような制度はあってはならない。

ぼくは『婦人公論』の原稿料を原資に、判りやすいパンフレットの作成に力を注いだ。それが「青焼きパンフ」として知られるB6版二〇ページの『結婚と出産を見張る制度』であった。副題は「知られざる戸籍についての小さなガイド」、最終ページには「天皇在位50醜年忌年1976・11・10発行」とある。

青焼きコピーでつくったこのパンフは一〇誌以上の媒体で紹介され、読みたいという読者が殺到した。一部六〇円というのは用紙を含む原価であった。が、地方への郵送の場合も同額にしたため、その費用は持ち出しだった。が、そんなことは予定の行動である。それよりも問題だったのはコピーをとる時間だった。湿式のコピーというやつは、焼き付けた用紙をゆっくりと現像液の中に通す。出てきた用紙は平らなところで乾かさなければならない。のんびりした機械（この機械は新宿区役所の払い下げであった）なのである。

ぼくらのアパートは猫の額のように狭い。乾かすスペースなどほとんどない。部屋中に広がるコピー用紙の間を爪先立ちでよけながら、速く乾いてくれと願いながら子どものオムツを窓辺に吊るす毎日だったのだ。二〇ページものパンフは一日に一〇部つくるのが限界だったのである。が、注文はそれを超えた。

魔女コンサート

田中美津が日本を去った一九七五年の後半、ぼくはこの国のリブ運動が大きな転機を迎えたと感じている。この感覚はぼく一人のものではなく、多くのリブ関係者からも耳にすることになる。なかには「七五年いっぱいでリブは終わった」と断言する人もいた（ぼくの中ではもう一段あって、ベティー・フリーダンが女に家庭回帰を訴えた『セカンドステージ』を著した一九八〇年がリブの終わりである。以来、ぼくは「リブは嫌いだけど」と前置きしてフェミニズムを語る男や女と数多く出会うことになる）。もちろんリブ・センターは健在だったし、その他の運動も活発だった。しかし、運動の中心にいて議論をリードするのはアメリカ帰りの教授・助教授。持ち込んだのはフェミニズム理論であった。その中身をここで検証する余裕はないが、一口で言えば「女性解放」から「男女平等」への転換だろう。行政に向けて、現実的な改革の方向が打ち出されるようになってきたのである。

おなじ年、日本女性党（党首は榎美沙子。惨敗し批判を浴び、開票二日後に解党）が旗揚げされ、参議院選挙を闘って惨敗しているが、そのような発想が登場してくることそのものが自己解放としてのリブの終わりを告げている。政治への参画が必要なことはいうまでもない。でも、髪をなでつけ、スーツをぱりっと着こなすあの姿に、それまでのリブがなじめるはずもなかった。リブの流れを無にしてはならない、としてがんばる女たちも少なくなかったが、その中軸はレズビアンだ、という風説も強まった。この風説は運動とは遠い人たちほど強く信じているようなところがあった。もしかしたらリブの主張が後退したぶん、相対的にセクシュアル・マイノリティーの主張が目立つようになり始めたのかもしれない。

戸籍制度の矛盾を問題にしているぼくの元には、ゲイやレズビアンの運動情報も寄せられてくるようになった。だから、単なる風説で片づけてはいけないのかもしれない。たしかに男女平等運動では解決されないゲイやレズの問題がようやくクローズアップされてきた。これもまた、現実である。自分の性別（女性性）を固定的に考えれば男女平等と自己解放とはすんなりと結びつく。リブからフェミニズムへの潮流の変化はあまり意識されずに済むのである。ところが女性性の揺らぎの中では、平等よりも前に自己肯定と自己解放の可能性が探られるのは当然だ。

こうした問題はやがてフェミニズムの中からも提起が始まり、単純な男女平等論を超えていくことになるのだが、それぞれの自己解放を目指して生きてみせたリブと、「N個の性」という理論を築いた上で、男女二元論を超えていったフェミニズムとはどこかが違う。やはりあの年、女たちの運動の中でなにかが変わったのである。

でも「魔女」という名乗りは素晴らしい。男女平等運動では取り込み得ない魔性が残る。それを名乗る限り、自己肯定、自己解放の生きざまを引きずることになるのである。いうまでもないことだが、「ホーキ星」というグループ名もおなじことである。どういうわけか、わが子が一歳を過ぎたころ、ぼくはホーキ星との結びつきが深くなった。

ホーキ星の周辺には女だけのロックバンド「水玉消防団」や、木野花を座長（座長は持ち回りだったかもしれない）とする劇団「青い鳥」などがあって、不思議な刺激を与えあっていた。いうまでもなく、彼女たちの表現活動の中軸は男女平等などというものではなく、自己解放にあった。いつのことだったか「同時に受理した婚姻届はどちらも有効」というぼくの話に悪乗りして、みんなで同時に婚姻届を出そうというたくらみが進み、ホーキ星周辺の一五、六人が参加を表明。ぼくにも加われ、という話が来た。婚姻制度に批判的なぼくにはやや迷いがあったが、おちょくって制度の権威を切り崩すのもアリかもしれない、と賛同した。集団結婚で物議をかもそう、というのである。ところが話を進めるうち、だれかが弁護士に相談。「公正証書不実記載で起訴されるかもしれない」と聞き、参加者の中に動揺が広がった。「せいぜいが罰金。たいしたことはないんだから楽しもうよ」というぼくの声はどこかに消え、話はなかったことになった。魔女は飛ばなかったのである。

七九年の暮れ、ホーキ星は店を畳んだ。水玉消防団の仲間（かむら、天鼓、まなこ、M本さん）が早稲田にスペース「ＪＯＲＡ」をオープン。昼はコンサートや集会、夜はディスコバーとして女たちの拠点となった。練習場を手にいれて、バンドの実力も急上昇。一年半ほどの活動は目覚ましかった。

どういう経緯でそうなったのか、ぼくもよく覚えていないのだが、最初は第二回の「魔女コンサート」のビラをもらっただけだったと思う。山口はるみのポスターをそのまま縮小したすてきなビラである。ともかく、このホーキ星が「第三回魔女コンサート」（第一回は七四年七月、第二回は七六年だったようだが、ぼくはその経緯をよく知らない）でも事務局を担っていた。コンサート全体の司会は第一、二回同様、中山千夏。コンサートの出資者でもある彼女はその年の暮れに始まった事務局会議に再三顔をだして、全体のイメージをうまく固めていた。何の打ち合わせだったのか記憶にないのだが、市谷にあったヨネヤマ・ママコのスタジオにおしかけた覚えがある。

第三回魔女コンサートは七七年五月二二日、日比谷野外音楽堂で開かれたが、ぼくは男性ではただひとり、出店スペースを分けてもらって『結婚と出産を見張る制度』を販売した。他の男たちはみな裏方。多くは舞台裏に設けられた保育室で、集会託児をやっていた。ぼくもパンフ販売を中座して、何度も託児を手伝った。そのため舞台でなにが進行していたのかはよく見ていない。会場に

魔女コンサート打ち合わせ　1978・4・29ヨネヤマ・ママコスタジオにて

紛れ込んだオッチャンが、なにやら絡んでいたようだが、千夏ちゃんがうまく捌いていた。奇術があって、箱の中の人が消えた。舞台裏に回ろうとしたぼくは、箱抜けしてきたホーキ星のその

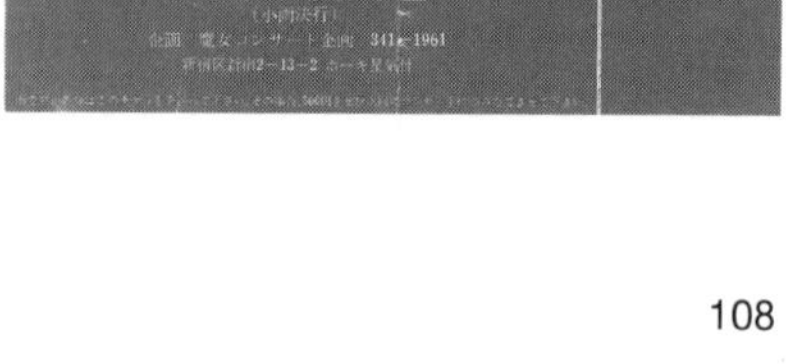

人と鉢合わせ。「声を出さないで」と合図された。彼女は突如、客席に出現したのであった。託児室には集会託児を考える会のメンバーもいた。「京都にも同様の会があるそうだ」「いっしょに何かできないものだろうか」そんな話をしたような気がする。

魔女といえば鬼女もあった。七九年七月、船本恵美と畠山静子が新宿大ガードの近くに小料屋「鬼女の栖（おにのいえ）」をオープンしたのである。この店でよく鉢合わせしたのが『わが愛と性の履歴書』（社会評論社、一九七九年）を書いた丸山由岐子。船本さんは後、リブの文芸誌『おんなふみ』を創刊（BOC出版部、一九八〇年、一号で廃刊）。丸山さんは中山千夏と「死刑をなくす女の会」を始め、誘われたので行ってみると元『創』の編集者であった故・T馬滋が加わっていた。男らしさから遠ざかろうとする貴重なひとりとして、彼の名（彼が名づけた息子の名も）は忘れられない。

集会託児東西合宿

大阪でメンズ・リブを考え始めたグループが「あんばいわりあ」である。その代表のY田くんは東京男井戸端会議の発展を気にかけ、会議の中心メンバーとひんぱんに連絡を取りあっていた。ぼくとは彼が上京したときに二度ほど会っている。その際、詩集を贈呈されている。その彼に京都の「集会託児を考える会」（京都の会は「集会託児やろう会」だったかもしれない）のことを尋ねてみた。「よく知っている連中だ」ということで、「いっしょになにかやりたい」というぼくの提案は、あっという間に形になり始めた。

「なにはともあれ、顔合わせの合宿だ」というのである。東京の「集会託児を考える会」も、すぐにこの話に応じた。ぼく自身は両者の橋渡しをしただけ。あとは合宿の一参加者となっただけなので、場所や日程の詰めなどに、ぼくは関知していない。七七年七月のことだったのではないか。東京・京都の中間地、浜名湖西岸の女河浦《めがうら》の旅荘だったと記憶している。とはいっても廃業後、その日のためだけにオープンしたものか、シーズン前で、この日からがオープンではないのか、といった感じのうらびれたスペースであった。

旅荘の裏手がすぐ海岸で、どこまで行っても深くならない超遠浅な砂地だった。旅荘のサンダルでそのまま入っていくと、水面の光が水底に映って、えもいわれぬ美しさだ。娘の手を引き、ぴしゃぴしゃと歩き回ったことを思い出す。よくぞ、こんなにも安全な水場を用意してくれたものである。男たちは合わせて三〇余名。子どもたちは四〇名ほどだろうか。女たちも七、八名は参加していた。

当然のことながら、自己紹介は行われた。しかし、なにかのテーマをめぐって議論する、ということはなかった。というより、だれもが子連れであったため、自己紹介以外に一堂に会する機会がなかった。みなそれぞれが子どもの世話に時間をとられるのである。素晴らしかったのは、だれもが自分の子だけでなく、ほかの子にも目を配っていたことだろう。ここには「族母」ならぬ「族父」が存在していた。

そのころ、「男の子育て」を表題とする出版物が現れた。『女に育児はまかせられない』（鎮目恭夫、実日新書、一九七八年）という本だ。タイトルをしっかり吟味すれば、これはぼくらが目指していた「男の子育て」とはいいがたい。母親の子育てに疑問を抱き、やむを得ず本命の父親がリリーフに立つ、といった臭いが立ち込めている。

しかしこの本は「男の育児参加」を宣言した画期的な本だと紹介され、運動の側からも歓迎されて学習会や講演会がもたれたほどであった。なぜこんな本が受けるのか、ぼくには信じがたいものだった。予想通り、中身はお粗末というより、すさまじすぎた。彼には子育ての理想形なるものがあって、女はこの理想形の展開がうまくできていない。自分には実現が可能だ、というのである。要は男による子育てに対する「革命的」な理論書なのである。子育てとは理屈から入るものではなかろう。まずは実践から入るものだ。身体を動かし、子どもの反応を受け止め、日々の成長を感じ取るところから始まる。それは同時に自分の成長を促すもの、育ちあいの呼吸なのだ。あらかじめ理想形などあるはずがない。

ぼくを含め、ぼくの周辺はこの本の正体を見抜いた。世間の評判とは異なり、無視を決め込んだのである。たぶんそれが正解である。著者は連れ合いから「子どもを看て、といったのに、見ていてくれただけ」と非難され、引導を渡されている。

浜松での合宿に議論はいらなかったのである。実際に子育てし、託児する。その姿が共有でき、共鳴できればそれでよかったのである。おなじような生き方を理想としている男たちがいる。それを確認できればよかったのである。この合宿の成果とは、そのことに尽きるだろう。ぼくの娘のオムツをなんのテライもなく、換えてくれる男がいる。「あのね」の女たちには安心して任せていたのに、なぜか不安になったぼく。でも、その手際を見るうち、本当にすてきな男たちと出会えているのだと実感した。ぼくの不安は杞憂であった。

ぼくらは充実感を抱いて散会した。いまの言葉でいえば「エンパワーメント」である。

『女・エロス』名古屋合宿

魔女コンサートが終わると、リブ・センターに出入りしていた女性が「佐伯さんに会って欲しい」といい出した。ミニコミ誌『女から女たちへ』を主宰する東京代表・佐伯洋子である。『女から女たちへ』は大阪の三木草子、名古屋の溝口明代、東京の佐伯洋子によって支えられていた。このグループは女を縛る制度的な枠組みとして、戸籍と年金制度に着目していた。

しかし、戸籍について問題を指摘し、議論を展開できる女性講師が見つからなかったのである。そこでぼくに白羽の矢が立ったのだ。が、なにしろ女だけの合宿である。そんなところに男を入れていいものか、それは主催者側にとって深刻な問題であった。佐伯さんは、ぼくと何度も会って三木さんや溝口さんに報告を入れた。最初のうちはなにか面接試験でも受けている感じもあった。

結果はGOであった。合宿の講師に招こう、ということである。あとで知ったことであるが、この合宿はリブの理論誌といわれた『女・エロス』（社会評論社、一九七三〜八二年）が主宰するものだった。また、この第一回（一九七一年八月）の合宿は長野山中で行われた伝説的なもので、女たちがヌーディスト（全裸）となって駆け回るのびやかな姿を、松本路子が激写して有名になった、あの合宿を受け継ぐものだった。

でも、このときの合宿は溝口明代が名古屋郊外に用意した別邸のようなものである。一九七七年八月二七〜二九日、ひどく暑い日、木曽川に沿ったどこかだったと記憶している。学校の教室のような広いスペースと、こまごまとした部屋割りを持つ内輪のスペースが共存した奇妙な木造建築だった。南面は完全にオープンで、人家がない。やはり学校のような公共施設だったと思われる。

参加者は五、六〇人。ぼく以外は全員女性である。ぼくはここで戸籍の問題を訴えたのである。三木さんを始め、深江誠子、松尾姉妹など、ぼくはその後、関西で精力的に婚外子差別と闘う女たちとめぐり会うことになったのである。その晩、ぼくはどこで寝るのか。細かい部屋割りのひとつを独占するのには無理があった。そこまで特別扱いされるわけにはいかない。

だれが指示したのかわからないのだが、ぼくの寝具は大部屋の真ん中に用意された。そして戸籍に強い関心を抱く女たちが、周りを取り巻いたのである。だから議論は遅くまで尽きなかった。大部屋の真ん中はまるでスポットライトが当たったように、議論が白熱し、熱気を帯びたのである。アルコールが回っていたぼくは、いつ、どんなふうに眠ったのかをよく覚えていない。

でも翌朝は爽快だった。みんなも元気だった。使っていない庭の半分には雑草があふれていた。溝口さんが「靴を脱いで、裸足で草取りをしよう」と提案した。草取りは終わったが、裸足になった女たちはほとんどいなかった。「裸足の快感がわからないのね。困ったものだわ」と、彼女はぼくに、そう同意を求めてきた。

長野山中でのヌーディズム、あののびやかさが頭をよぎった。ああしたパフォーマンスはなお必要なのだろう。しかし、今回の集まりは「戸籍と年金」がテーマである。より現実的な、精密な対応が要求される。合宿の最後の会議で、散会後もテーマをさらに深めよう、ということになった。戸籍を関西のメンバーが、年金を関東のメンバーが担当することになり、ぼくは東京者でありながらも関西のメンバーのアドバイザーになる、と決められた。

この関西グループのテーマの掘り下げが、やがて『女・エロス』一二号の戸籍特集（婚姻届の呪縛を解け）に結ばれるのだが、このときはまだだれも、そこまでの構想は持ってはいなかった。

――婚外子差別と闘う、というのはすさまじいことなのである。紙の上で平等や人権を語ることとはまったくちがうのである。生活を維持するためには母親の全力投球が必要になる。母親が疲れると子どもが危機になる。――

第4章

戸籍・婚姻制度・婚外子差別

『女・エロス』の名古屋合宿でもそうだったのだが、青焼きパンフの原版がよれてきて、複写が大変になっていた。したがって、合宿ではこのパンフを使っていない。別のレジュメとビラ資料であった。そこで、幻のパンフになりかけている『結婚と出産を見張る制度』を『女から女たちへ』にそのまま連載したいという申し出があった。

ミニコミ連載

この直前に増野潔が編者となっているミニコミ月刊紙『交流』で戸籍についての連載をお願いしたい、という申し出を受けていたので躊躇はあったのだが、当初のパンフ原稿にあまり手を入れない、ということで承諾した。つまり、ミニコミで二本の連載が同時進行することになった。

増野さんがやっている『交流』について、ぼくはまったく知らなかったのだが、新しい男のあり方について積極的に取り上げていて、関心を抱く男や女が集まっていたようなのである。思い返せば集会託児を考える会の浜名湖合宿でも、東京の同会メンバーをマイクロ・バスで運転して連れてきたのが彼だったような気がする。

往路はぼくひとりの子連れ旅だったが、帰路はぼくもこのバスに便乗したはずだ。だから『交流』連載の依頼があってもなんの不思議もない。ただぼくが、そのころの状況をあまりよく覚えていない、ということにすぎない。

ともあれ、この『交流』での連載は一九七七年九月号から七九年一二月号まで二年三ヶ月の長期に及ぶもので、完結後『交流』より、『戸籍制度・私生子差別をなくすために』というパンフレットにまとめられて発行された。これは版を重ねたが、後に版権を委譲してもらい、その後できた運動団体〈〈私生子〉差別をなくす会と、グループせきらん（籍乱））のパンフとして発行された。延べ部数は相当なものになっていると思われる。

この抜粋版を『いのちのレポート1980』（プラサード出版、一九八〇年）に掲載したので、その全文を後半（アーカイブ編、本書二一三ページ）に掲げておく。「やさしいかくめいシリーズ」と銘打ったこの本は、ぼくが政治闘争オンリーで七〇年を駆け抜けてきたわけではないことの証明である。といっても、いまの人にそれが通じるとも思えないので、ここではただ、共著者の名だけを挙げておこう。

佐伯洋子、松本路子、菊田昇にはすでに触れた。あとは知る人ぞ知る、である。三輪明宏、真崎守、新島淳良、山尾三省、末永蒼生、三輪妙子、星川まり、てらだまりこ、三森礼子、上野博正などなどである。サブ・タイトルには「出産・子育て・そして性をひらく」とある。なかでも大阪万博で太陽の塔に登り、物質文明を賛美するイベントに抗議した末永蒼生とは深いつきあいであった。

ぼくは同書で末永、佐伯、菅原秀と「なぜ人間関係に制度があるのか!?」を対談している。また、『戸籍』が出版されてからの話になるが、末永さん・菅原さんの手によりビデオ版「戸籍」が編集されている。

結婚改姓に反対する会

明大・法大の女たちが六〇年代末に「おんな解放連絡会」を結成し、夫婦同氏制を問題にする集会を開いたことはすでに述べた。これとの繋がりは不明だが、一九七五年に夫婦同氏を疑う「結婚改姓に反対する会」が発足している（七四年一一月に開かれた『女・エロス』合評会の参加者から、会結成が提案されたという）。今日に繋がる夫婦別姓選択制を求める運動のきっかけとなるものである。

夫婦別姓を求める運動は戦後の民法改正直後から始まっている。当方はこれを三期に分け、直後のものを第一期、「お解連」から「反対する会」までを第二期と位置づけている。八〇年代半ばから今日まで引き継がれている別姓要求運動は第三期である。一期のそれは社会に活躍する著名な女性たちにとっての、改姓の不利益を避けようとするものであった。その要求自体は正しいが、自立した個人（とりわけ女性）を認めない戸籍制度を撃つことができず、ペンネームを含む通称を社会的に認めさせることで、不利益をなんとか回避した。

第二期の女たちは如月小春のようにペンネームを創作していく女たちもいたが、結婚制度そのものに対する疑いを持っていて、結婚制度からの解放をイメージしていた。そのため、事実婚を選んだり、氏決定に際して夫と対等になるための試行錯誤（女の現状を訴えて夫の譲歩を迫ったり、じゃんけんで決めたり、定期的に離婚再婚を繰り返して氏を変えたり、子の名に連合氏＝A

とBの子をAB子と記録させるカップルも出現）が試みられている。結婚制度を改良して、よりよい結婚に守られようとする姿勢とは異なっていたのである。

これに対して第三期の民法改正要求は結婚を相対化できない「普通の」女たちでも、改姓することで自分の人格や尊厳を喪い、差別を甘受してしまうような女のあり方の一掃を目指す。それ自体は正しいが、あくまでもそれは結婚制度内での平等にほかならず、結婚の内外にある差別（婚外子差別）を解消するものではない。婚内の平等は婚外の平等とは対立するのである。

ようやく生まれつつあった婚外子差別と闘う勢力は、結婚制度を前提とした夫婦別姓の運動に違和を表明し始める。なかでも「自分たちが事実婚を選ばざるを得ないのは別姓が認められていないからだ」とする別姓運動の側からの主張や、「同棲（事実婚）をなくすためにも別姓を容認すべきだ」とする民法改正派の論理が登場するようになってからである。事実婚（同棲）を悪しきものととらえる主張が拡がることは、婚外子差別と闘う上で、マイナスになりかねないからである。

共存か敵対か、第三期の別姓運動と婚外子差別と闘う勢力（結婚制度に反対するリブ勢力を含む）とは摩擦の火種を抱えていたのである（もっとも、三期の運動はややおおらかで、こうした摩擦を感じない参加者も少なくなかった。一期型の別姓要求者のなかには、結婚制度を疑う二期型の運動を批判する者もいた）。

戸籍制度を問題にする当方としては、一期、二期の運動をそれなりに評価している。別姓は実現されるべきものなのである。でも三期の主張をそっくり認めるわけにはいかない。結婚を相対化し様々な生きかたを受け入れ、戸籍による婚外子差別を否定する共存可能な主張は大事にしながらも、結婚を絶対視し「子どもを婚外子にしてしまう事実婚なんてまっぴら」という主張とは一線を画さなければならない。当方はその後、そういうデリケートな立場を貫くこととなる。

当時、結婚制度を問題にしているグループもあった。多くがアナキスト系のグループである。大杉栄の研究をしている秋山清の話を聞いたことがあるが彼はひたすら「大杉は〝一時一婚主義〟を貫いていた」として「自由恋愛」を非難する荒畑寒村たちから大杉の「弁護」をしていた。六〇年安保のあと「三角定規」というブント系のグループが「自由恋愛」を主張していたというが、実態はまったく不明である。

藤村躁という男が七〇年代中ごろから「結婚を疑う」というティーチインを五、六年も続けていて、さまざまな集会でビラを撒き、結婚問題に関心のある人なら知らない人はいなかった。が、ティーチインそのものの中身はあまり聞こえてはこず、評判はいまいち。ぼくもそれ以上の関心を抱くこともなく、すれ違いに終わった。今ビラを見返すと、おもしろそうなテーマも散見できる。

NHK放映への抗議行動

一九七七年の初夏だったと記憶している。「青焼きパンフ」を読んだ、という女性から「結婚改姓に反対する会」で講演を願えないか、との連絡があった。「当方は結婚制度や戸籍制度に反対しているので、期待には添えないかもしれない」と答えると、「当会にも結婚・戸籍に疑問を感じる参加者が多い。だからお話が聞きたい」というのであった。引き受けたのは当然のことである。

この会の主張や活動には当方も注目していた。当方の新聞切抜き帳にも七六年一一月一四日『朝日』、七七年六月一日『毎日』の記事が残っている。小見出しには「変わる意識〝嫁入り〟はイヤ」（前者）、「苗字は人格――女性の立場強めよう」（後者）とある。多少のずれがあるかもしれない、と臨んだ学習会だったが、多くの部分で意見は一致。学習会は盛り上がった。

このグループが突然、NHKの「あなたのスタジオ」という番組に出演することになった。タイトルは「結婚改姓に反対」。この問題がテレビで取り上げられるのは初めてのことだった。会の関心は「姓」の問題ばかりではない。結婚や戸籍そのものにも疑問を感じている。その点を含めて訴えたい、とのことで局との打ち合わせは進んだ。

ぼくも「場合によっては使うかもしれない」というオプションとして、パンフ「結婚と出産を見張る制度」を紹介するシーンを収録した。放映は一九七八年一月二三日。予想どおり、ぼくの出演シーンはなかった。

いや、それどころか、メンバー討論で出された結婚や戸籍に対する疑問（同棲の評価を含む）はすべて削除され、「結婚改姓に反対」というテーマにもかかわらず、最後に打ち合わせになかった見ず知らずの男性が登場。「実際には自分から喜んで（夫の姓に）変えているんじゃないの」といったコメントが延々と挿入されていて、趣旨がすっかり捻じ曲げられてしまっていた。

会は即座に抗議の電話を入れ、二月六日に抗議文を提出。二二日に話し合いがもたれた。が、

NHK側は「技術上のカットにすぎない」点を譲らなかった。以下、カット部分の重要なコメントを掲げておく。会の報告書の抜粋で、発言者は「吉清」とある。発言内容から考えると『女・エロス』の編集者・吉清一江さんであるように思う（吉清さんには名古屋合宿のときに会っている。だから収録のとき彼女が来ていたのは知っていたが言葉を交わすタイミングがなかった）。

「私はいま、結婚しないで一人で生きていくということを改めて考えていかなければならないのではないかと思うのです」「民法というよりも戸籍制度に目を向けなくてはいけないと思います」「（非嫡出子を）差別する戸籍制度を持っているということが一番重要だと思います」「婚姻というものは、男女の合意のみによって成立する……ですから届出婚である民法というものは憲法二四条に違反する」。

また、司会が「家族法を研究しておられる磯野さんにもおいでいただきました」の紹介のあと、「磯野」とある発言者の発言も大幅にカットされている。磯野とは『家族制度』（磯野誠一・富士子、岩波新書、一九五八年）を書いた磯野富士子であろう。

「こういう問題について国が、国の行政の便宜とかそういうことを第一として、あるいは秩序を保つことを第一として考えていくことに私は反対なのです」との発言のあとの以下のフレーズがカットになっている。「日本の場合には、明治の初めから、戸籍と苗字というのが国の行政に、特に徴兵と結びついたという歴史があるだけに、こういう問題を考えるときに、行政を第一に考えるというのは順序が逆のような気がする」。

男の子育てを考える会

このころ、男井戸端会議は開店休業状態だった。言い出しっぺのY根くんが大学に合格し、時間が足りなくなったことに加え、結婚して郊外に暮らし始めたことで集まりにくくなったためである。というよりも、まず大学入学でリブ・センターの女性たちから批判され、次いで結婚したことで叩かれた。その結果、すっかりしょげ返ってしまったのである。

彼はまだ若く、七〇年の学生運動世代ではなかったため、こうした批判にはめっぽう弱かったのである。Y根くんは、結婚批判はともかくとして大学についていては「大学解体」を口にしていたぼくらの世代はとは明らかにちがう。学歴主義批判や産学協同路線批判などの体験はなく、大学を考える機会は大幅に後退していたのである。そうした現実を抜きの頭ごなしの批判はいささか酷なような気もする。

「増野さんが星くんらと新しい運動を立ち上げようとしている」そんなうわさをいつ耳にしたのか。ともかく七七年一〇月には、「男の子育て」を考えるシンポジウムというものが東京で開催されている。その後どうなっているのか気になっていたのだが、七八年四月、井戸端会議のY根くんから「男の子育てを考える会に参加することになった。文明さんもどうか」という、突然の電話をもらった。「男の子育てを考える会」が発足したのである。

男性解放、メンズ・リブ、というとき、男はなにからの解放を目指すのか、なにと闘おうとするのか。そのイメージは抽象的で、個々人によってばらばらで拡散している。それを無理やりまとめようとすれば、議論は観念的な世界にのめりこみ、むなしい空中戦を演じることになる。ぼくが当初から危惧を抱いていた問題である。

だからY根くんが子育てから出発しようとするのはいいことだ、と考えた。彼にはまだ子どもがいないから、具体的な問題だとはいいがたい。でも、これをきっかけに集会託児でも始めれば、問題は一気に具体化し、見えてくるものがあるはずだ、と期待した。でも、彼にとって「考える会」への参加は、井戸端会議を終わらせる口実以上のものではなかったように思われる。

以後、井戸端会議への招集は一切かからず、六ヶ月遅れでぼくが「考える会」に参加したときには、すでに彼の姿はなかった。ぼくは「こむうぬ」の星くんが信頼に値する男なので、この会への参加を決めた。星くんはこのとき共同保育所（どろんこ）の保父をしていた。M田くん、K岩くん、T井くん、O桐くん（ライター仲間）、多くの知り合いがこの会のメンバーだった。

七九年四月、法政大学の駒尺喜美のゼミ生が男女ともどもごっそりと加わってきた。駒尺さんの教えもあって、戸籍が持つ差別問題に強い関心を抱く若者たちだった。女性活動家であった小西綾と早くから同棲を始め、戸籍とは無縁な人生を送った駒尺さん。先生の生き方に共鳴するリブたちと「56番館」で「あ、わかった！　の会」を始めた駒尺さんは後に発足した「〈私生子〉差別をなくす会」のよき理解者でもあり、「56番館」は「なくす会」の定例会によく使わせていただいた。

そのせいもあって、ぼくは再び母校の運動とのパイプを強めることになる。

最初の戸籍相談

あれは一九七一年の夏、夕涼みがぴったりの蒸し暑い夜、それも深夜二時に近かったように思う。ぼくは友人（例のビラ男である）のアパートに転げ込むつもりで、終電が終わって深閑とした西武新宿線の線路敷きを高田馬場から下落合に向けて友人と二人、そぞろ歩いていた。どれほどいったことだろう、おなじ線路敷きをむこうから歩いてくる二人ずれがあった。当然すれ違うことになる。「よおっ！」、どちらから先に声をかけたのか。二人は友人の知りあいらしかった。ご近所さんだろう。

ぼくはおじゃま虫なので、軽い会釈をして横を向こうとした。すると友人がぼくの肩を叩いて二人と向きあうように促した。「この二人が前に話した八百屋のカップルだよ」。新宿で無農薬野菜の店を開いた夫婦がいる、との話である。その彼女がぼくの高校の一年後輩で「ぼくをよく知っている」ということだった。彼女の高校時代の親友はぼくの中学の後輩でもあり、クラブもおなじ（中高ともにブラスバンド）だったからである。

「ええっ、あの二人がこの二人？」

思いがけない時間と場所での、思いがけない出会いにおどろき、ぼくらは西武線の砂利を踏み鳴らして喜びあった。M田くんとI田さんの二人である。M田くんは社会福祉大学に通っていたギター弾き（シンガーソング・ライター）だった。高校がおなじだったI田さんとは初対面ではないかもしれなかったが、ぼくには記憶がなかった。無農薬野菜の店といえば当時は長本兄弟社（西荻窪のホビット村などに卸していた）というのが活動家の間では知られていたが、まだほんの走りで、一般には馴染みがなかった。「どんなお店だろう。いつか立ち寄ってみたいな」といって別れたが、ついぞそんな機会が訪れることはなかった。

次に二人と出会ったのは集会託児を考える男たちの浜松合宿のときであったと思う。だから六年ほどの歳月が経過している。その間に彼らは子ども（Aちゃん）の誕生を迎え、一ヶ月遅れでぼくらにも子どもができた。彼らは八百屋をやめてM田くんは立川の無認可保育所の保父を、I田さんは本の校正を仕事にしていた。彼らはそのまま「男の子育てを考える会」に流れ込み、ぼくも追っかけの参加者になった。メンバーには多摩の住人が多く、各自持ち回りで会が運営されることも多かった。二人の住まいは西多摩郡秋多町（現あきる野市）。木造平屋の庭つき二連住宅（といっても間取りは不鮮明で、一軒を二連住宅のように使っていたのかもしれない）で、隣家にはI田さんの彼氏が暮らしていた。だから会の子どもたちは二連住宅に附属するたっぷりの庭を駆けまわったのである。

ちょっとこれだけでは混乱してしまうだろう。正確なことはわからないが、I田さんはAちゃんを産んだあと、新しい彼氏とも子どもをつくった（Bちゃん、そしてその後、Cちゃん）。そして子どもたちを含め、二連住宅のような住まいにみんなで暮らしているのである。

「文明さん、おれたち戸籍をどうしようかと思っているんだ。べつに今のままでもいいんだけど、なにか釈然としないものがあってさ」、ぼくは二人から初めて本格的な戸籍相談を受けた。二人によればBちゃんはM田くんの子として届けたが実際には隣家の彼氏の子どもなのだという。M田くんはBちゃんをこれからもわが子のように育てていきたい、という。「今のままでもいいが、釈然としない」というのは隣家の彼氏もおなじなのだという。三人とも「制度に捉われない、捉われたくない」という思いはおなじ。だからBちゃんの戸籍を糺せというのではない。でも「父親はMだぞ」と押しつけられるのも迷惑だという。「釈然としない」とはそういうことなのである。

訴えの相手は国家

「生まれてから一年以内なら嫡出否認という手がある。でも、Bちゃんはそれを過ぎているから親子関係不存在確認の訴えになるかな。MからでもIからでも、あるいは隣家の彼からでも提起できるけど、すでに嫡出推定が働いてしまっているから覆すのはむずかしいとされている。婚姻関係の安定と家族生活の平穏を護るため、というのがその理由だ。Cちゃんに関しては嫡出否認の訴えが可能。ただし、これを提起できるのはMだけだ」。

M田くんとBちゃん、Cちゃんの間に父子関係がないということをまず認めさせ、あらためて隣家の彼が二人を認知する、あるいは彼もまた同時に二人との間の親子関係存在確認の訴えを出す。これが認められれば二人の戸籍の父親欄は訂正されることになるわけだ。「（おれの子だ、いやちがう、という）なんかそういう主張そのものがいかがわしいね」当事者である三人が三人、いやBちゃん、Cちゃんを含めれば五人だが、互いに争いはない。奪いあい（あるいは押し付けあい）を前提とした現行の制度がこっけいなのだ。

ということでM田くんはまずCちゃん（蹴られてもともとなので、Bちゃんについてもおなじ手続きをやってみた）の嫡出否認の訴えを起こした。訴えは家裁で受理されると関係者の調停が開始され、審判によって嫡出ではないことが確定する。

「このケースの場合、当事者の利害が一致し、だれも婚姻関係の安定と家族生活の平穏が乱されるわけではないから調停はかたちばかり。Cちゃんの嫡出否認もBちゃんの親子関係不存在確認の訴えも認められる可能性はあるんじゃないか」ぼくは素朴にそう考えた。ところが家庭裁判所に訴えを提起してみるとたちどころに雲行きは変わった。「MとIとは現在も同居を続けているではないか。これでは客観的な判断材料は何もない。裁判所はあんたらの勝手な言い分を黙って認めるわけにはいかないのだ。親子関係を認定するのはあんたらではない。われわれ（国家）だ。どうしても、というのなら血液鑑定をしてもらうほかはない。その結果を見て判断する」

三人はいずれも戸籍訂正に執着があったわけではない。しかし、裁判所のこの居丈高な姿勢に接し、思いは怒りに変わった。「訂正を許さないなど、許せない」。三人はそれぞれに戸籍訂正に執着を見せ始めた。そう、訴えの相手は裁判所、婚姻（戸籍）制度、国家であったのだ。制度が保障していたのは婚姻関係の安定と家族生活の平穏などではなく、婚姻秩序の安定と国家支配の確立だったのである。

当時、血液鑑定はおよそ二〇万～二五万円といわれていた。それでもABO方式＋αの鑑定だから結果はパーセントで表される。予期した結果が現れない場合もある。定期収入のない三人にとって、決してバカにならない金額である。いや、それ以上に当事者にとって結論は自明の鑑定である。ばかばかしい出費であるといわざるをえない。三人は悩んだ末、鑑定を拒否。戸籍記載をそのままに、訴えを取り下げた（その後、思い直し、戸籍訂正を済ませている）。

そうなのである。戸籍というのは真実を記録する帳簿ではない。政府にとって都合のよい事象を記録する。そのことは親子関係に限ったものではなく、制度の随所に見ることができる。ぼくはそのことを非難しているわけではない。政府にとって都合のよいことが同時に生活者の人権、あるいは幸せにプラスになるのであればそれをよしとする。ぼくが腹を立てるのは制度がそうなっていないからである。しかも、それをどこまでも真実であるかのように装い、人々を追い立てるからである。

M田くんとI田さんはその後、別々な人生を歩んでいる。ぼくは「男の子育てを考える会」から離脱したが、会に残った親友は少なくない。M田くんとぼくのつきあいは、延々と今も続いている。ちなみにI田さんはぼくのデビュー作『ビギナーズシリーズ　戸籍』の校正を引き受けてくれた。なみなみならぬ気の入れようで、普通なら気づかない誤りにも訂正を入れていただき、大いに救われている。

I田さんはなかまと「差別と自立を考える女たちの会（仮称）」を結成。この問題（一方的な任意認知や夫にだけ許されている嫡出否認の訴えのおかしさを含む）のほか離婚や未婚の話など、不合理で矛盾だらけの戸籍問題に取り組むことになる。

メンズ・リブ再考

最初のメンズ・リブのグループだった男井戸端会議は正式な解散表明はなかったが、こうして姿を消した。結成から三年少々の活動期間だったといえる。その間、立場や考え方の違いもあって、議論がうまくかみ合ったとはいえない。しかし、議論の整理を急がなかったことがグループの特徴だったといえるだろう。

もちろんメンズ・リブを掲げるグループはその後も誕生したし、いまもある。上野千鶴子にいわせれば「男はみんな登山電車（平場ではゆがんでいる）」だという。でも「山なんか登らされるのはごめんだ」と考える男がいる限り、メンズ・リブは必要とされるだろう。しかし、登れ！の大合唱があるなか、登るのを拒む登山電車は多くない。

リブの運動側面には社会への参入要求が含まれている（拒まれれば勝手に参入する、との意欲を含む）が、メンズ・リブには社会からの撤退というファクターが含まれる。現実社会との折り合いがつけられない男を「男のくせに」と叩くことは問題だし、叩かれることのないスペース（居場所）が確保されるのも必要なことだ。しかし問題なのは、社会からの撤退という志向が強すぎれば、彼ら自身がそうした仲間を救う力を持てなくなる場合が多いことだ。運動が持続するためにはこの問題をクリアーしなければならないのだ。

それでも「ゆっくりずむ」といった考え方が登場したり、競争に勝つことを目標とする「スポーツ（SPORT）」ではなく、競わない運動を目指す岡崎勝の「トロプス（TROPS）」運動などの成果も生まれている。家庭科の男女共修をすすめる会は共修を実現して解散しているし、前述の男性保育者連盟も男性保育士が公認されて消滅している。「性同一性障害（障害とするのはおかしいが）」という心と体との違和感ある状態の社会的承認などを含め、ゲイやニュー・ハーフといった存在も社会的に受け入れられつつある。少しずつではあるけれど、変化は起きているのである。

男も女も育児時間を！連絡会（育児連、結成は一九八〇年）の成果も少しずつ現れているし、行政も母親教室に父親の参加を認めるようになり、出産への父親の立会い・協力（ラマーズ法など）が珍しくなくなった。しかし、男子厨房に入ろう会などに目立つことだが、男の料理や男の食材、男の道具などとジェンダーを強調する方向も見え隠れしているので、注意しなくてはならないだろう。

孤独で寡黙なレザー・スーツのナナハン・ライダー、なにが自慢だったのか「鼻華高男」などという名刺を配り歩くスレンダーボーイ、やさしさの塊のような医者のたまご……。井戸端会議にはいろんな男が参加してきた。毎日のように繁華街でナンパをくりかえす性解放男（O部くん）は、いつも決まった彼女と連れ立っての参加だった。その彼は新宿の大ガード下で、やくざに腹を刺されて還らぬ人となった。

いつもにこやかだが、精密な社会批判と議論とを好むすぐれた頭脳の持ち主（T内くん）は、その後ニューヨークに渡って、エンジニアリング関係の翻訳業で身を立てた。彼は、アメリカ・

フロリダで起こったゲイ・パレードの運動（かつてブラック・パワーが行ったデモンストレーションをまね、フロリダからカリフォルニアまでの長期パレードを敢行した）に参加。アメリカのゲイ・コミュニティーに関する情報を送ってくれた。

『女・エロス』一二号

取り組みは関西のほうが圧倒していた。関東の年金制度研究はほとんど進まなかったのである。その理由がいまならよくわかる。めちゃくちゃな制度であったため、社会保険庁はわざとわかりにくい情報を流していた。それに年金制度などというひとつの体系はない。権力との対抗上もあって、職種ごとにつぎはぎで出来上がっている。こうした形成過程は必然的なもので、法政大学でビスマルクの社会保険制度を勉強していたぼくには別に驚きはない。

問題は戸籍だった。こんなにも早く関西グループ（すでに「グループせきらん（籍乱）」を名乗っていた）が問題の核心を手に入れ、雑誌一冊を丸ごと編集してしまうとは思いもよらなかった。戸籍アドバイザーとしての面目は丸つぶれなのである。唯一、戸籍そのものの制度解説のページで疑問が生まれ、中島通子弁護士にも答えが出せないことがあった。そこで、このページへの赤入れを頼まれたのである。

「いいですよ」と応えたのだが、問題はその後に生じた。編集委員会としては律儀にも手を借りた以上、ぼくの名前を記さなければならない、と考えた。でも『女・エロス』はそれまで完全に女だけで雑誌を発行してきたのである。男の名は、この雑誌が築いてきたポリシーを歪めることになる。「なるほど、そのとおりかもしれない」ぼくもそう思った。だから「名前なんか記さなくてもいいですよ」と答えた。

『女エロス』12号と、「戸籍」の中扉
（中島道子は通子の誤り）

編集委員会と「せきらん」の間で議論が重ねられたようだ。その結果、ぼくの名は目次には出ず、本文のなかに、協力者として中島通子と併記されることになった。ぼくにとっては敬愛する雑誌、導き手でもあるリブの理論誌『女・エロス』にぼくの名が刻まれた、これにはけっこう感動している。

一九七九年四月二九日、『女・エロス』一二号（一九七九年三月）の合評会が大阪・森の宮の「市立労働会館」で開かれた。ここでの出来事については『〈くに〉を超えた人びと』（社会評論社、一九九七年）に詳述されているので、それを読んで欲しい。ここでは『女・エロス』一三号（一九七九年九月）に「せきらん」の深江誠子が合評会の様子を寄せている。その部分を再録しておこう。

「合評会は、私達、主催者側の予想をはるかに超え

『女エロス』合評会
中央奥・筆者　左端２人目・深江誠子

た総勢八〇人近くの参加者……が集い、会場は、その熱気でむせかえるようであった。……（四時までの予定が）途中の休憩も入れて九時までの長時間討論であったのに、時間はあっという間に過ぎ去った感があり、参加者各人が、まだまだ話し足りない想いを抱いての散会であった。……参加各人の婚姻届拒否のしたたかな闘いぶりに、私達グループせきらんが、特集を組んだことに恥ずかしさを覚えたほどだった」

三井寺合宿

合評会の三ヵ月後、滋賀の三井寺で「せきらん」主宰の戸籍合宿が開かれた。山寺の中腹にある宿坊の一角だったのだと思う。寺でしかお目にかかれない畳敷きの大広間が会場であった。参加者は七〇～八〇人だったろう。それでも部屋の隅っこでの話し合い、といった感じになってしまう大広間である。合評会で話し足りない連中が、友達を引き連れて再結集したような合宿だった。

このとき、男の参加者はぼくを含めて五人（でも、ひとりのイメージがどうしても浮かばない）。合評会では二人だったのだから、倍以上に増えたわけだ。合評会での男の参加者はぼくのほか、京都精華大学教員のキム・ミョンガン。後に『ビッグコミック・スピリッツ』（小学館）で「恋愛の基礎」を連載した文化人類学者である。彼はどういうわけか合評会と三井寺合宿とを混同していて、ぼくと初めて会ったのは「どこかのお寺。男の参加者はふたりだけ」などと言っているので、これは修正しておく。

男がふたりだけだったのは大阪での合評会。三井寺でのぼくらは再会で、ほかにも男の参加者がいたのである。うち、二人は東京の広告代理店の社員で、仕事とは別にメンズ・リブの主張の色濃い『尼寺新聞』というのを発行していた。

日活ロマンポルノのシリーズの中に「桃尻娘シリーズ」というのがあって、ふたりともそのファンだと称していて、ぼくはよくわからなかったが、後年、そのシリーズを見る機会があった。全シリーズを観たわけではないので、なんともいえないが、たしかに女たちがリードする明るいSEXという、新しい視点が捉えられていたように思う。

彼らはその後、〈私生子〉差別をなくす会に参加。広告屋さんならではの前向きな提案をいろいろしてくれたものである。でも二人は相次いで退職してふるさとに帰ることとなり、なんとも残念なことであった。代表のF田ジュンジくんは竹下王国・島根県に帰って、中海の干拓・宍道湖の淡水化に反対。竹下登に開発を断念させ、竹下を環境保護・「ふるさと創生」へと舵を切らせる端緒になっている。

ミョンガンとはその後、彼の京都での活動を支援し、毎日新聞社の講堂や精華大学の彼の授業の中で戸籍の講演をおこなっている。在日外国人の指紋押捺廃止闘争では極めて緊密な連携をとった。ジュンジにはその後、島根における地方分権の危うさを教授されたり、ぼくが支援した冤罪事件（皇居ロケット弾事件）の主犯とされたN藤くん（無罪確定）のふるさとだったため、Nくん支援の関係で出会ったりしている。

三井寺では戸籍をめぐって女たちの結束が図られたのであるが、男たちもそれなりの結束を持ち、次の時代の運動に図らずも影響を与えるものになっていたのである。最近も別な運動で松江に寄ったが、湖畔に下りて宍道湖の水を口に含んでみた。淡い海水というやつは、しみじみと甘いものであった。

運動以前の出来事

婚外子差別と闘う、というのはすさまじいことなのである。紙の上で平等や人権を語ることとはまったくちがうのである。父のない子の暮らしは厳しい。生活を維持するためには母親の全力投球が必要になる。母親が疲れると子どもが危機になる。だから支援に行かなければならない。行くと行政が母を精神病棟に預けたり、子を児童相談所の施設に容れたりしているのである。「それはちがう」と、なんど交渉に出向いたことか。あまりの大変さに、精神に異常をきたしているのはぼくなのではないか、と思うほどであった。みんなでいっしょに闘おう、というぼくの思いはあっけなく崩れ、孤立無援の「お助けマン」になってしまうのである。彼女たちを救うべきなのは司法や行政であって、ぼくではない。それなのに、司法や行政は敵対こそすれ、なかなか手は差し伸べない。驚くべきことである。

ある晩、連れ合いに電話が入った。「受話器のむこうがなんかへんなの、行ってくる」とタクシーで電話主のもとに急行した。彼女の勘は当たっていて、リスト・カットだった。が、ともかく一命を取り留めた。妻子ある男との間で妊娠したが、ぼくらの支援に頼って生むことを決意。男の反対にあった。そのショックと流産。その上にこの事実（探偵を雇って、妊娠→流産の証拠を集めていた）を雇用主に明かして退職を迫る（こんな娘を雇っていていいのか、と雇用主を脅すつもりでいた）義父がいた。

義父は地元の暴力団の元締めで、枯れてきた母に代わって娘の彼女を所望していたのである。職場を退職させれば郷里に戻るしかない、というのがこの男の計算であった。よほどの精神力の持ち主でなければ死にたいと思うのは当然だ。若かったぼくは彼女の郷里、千葉県野田市に乗り込んだ。古くからの同僚とふたりでの突撃である。

「おまえらに何の権利がある」と叫んだその男は、木刀（ではなく仕込み刀だと思う。が、木刀風に振るった）を振り回し、部屋中を暴れまわった。脅しである。怖かったがぼくらは冷静に「座りなさい、話しましょう」をくりかえした。男は「おまえら、俺を怒らせて、無事に野田を出られると思うなよ」といった。なるほど、野田は陸の孤島、川と運河に挟まれた孤立地帯だった。野田線・野田駅を押さえている彼はこの地の天皇なのである。

恐怖はあったが、彼にも怯えがあったことをぼくらは見逃していない。利益を超えて人のために働こうとする思想とはなんなのか、新左翼運動とはなんなのか。彼にはそれが読めなかった。暴力団よりも大きななにかを感じていたのだろう。だからいかにも弱そうなぼくらの前にとうとう座ったのである。「調査資料をよこしなさい。掛かった費用はこちらで負担します」と、これがその日の決着であった。

彼はひとつミスを犯した。自分の権威を地元選出の衆議院議員に頼ったのである。議員との親密さを誇ってみせたのである。次の日、ぼくはこの議員に電話を入れた。『週刊大衆』記者の名はここでも効力を発揮した。議員は彼の名を知っていた。だから、あわてた秘書たちは彼の名を支援者リストから抹消した。その成果であろう。彼は調査資料をぼくに返却したが、その費用を請求してきてはいない。

民法改正試案

法制審議会民法部会が一九七九年七月一七日「民法改正要綱試案」を発表した。焦点は相続分の改正で、それまで三分の一だった配偶者の相続分を二分の一に引き上げるとともに、嫡出子と嫡出でない子の相続分（従来は二対一）を同等にする、という「中間試案」である。年内に「最終答申」をまとめ、八〇年の通常国会での成立を目指す、というのである。

前段はいわゆる「妻の座の向上」に応えようとするもので、後段は「子の平等（非嫡出差別の廃止）」を目指すもの。古い人間関係の発想では、妻の権利と「私生子」の権利とは、法律家の間でも「相容れない永遠のジレンマ」（青山道夫）とされていた。この発想の前提には夫の財産を妻と「妾」が奪い合う、という構図がある。妻（女）が働き、彼女の財産を子どもたちにどう分けるか、という発想は完全に抜け落ちている。

前段は旧来の発想を支えるもの、後段は新しい人権感覚（平等要請）を受けたもの。「試案」はある種の折衷案なのである。旧来の発想で具体的に見てみると、夫の財産が六〇あったとして、改正前は妻が二〇、子は四〇を人数で分ける。妻の子が二人、「妾」の子が一人とした場合、妻の子はそれぞれ一六、「妾」の子は八となる。これを「試案」で改めれば妻は三〇、妻の子と「妾」の子はそれぞれ一〇。妻の子は、妻（母）の死後、相続分が還流してくるので、具体的数字では微小な変化に過ぎないのだ。

ぼく自身は相続制度に疑問を持っている（実際、相続を正当化できる有効な学説はない）。だから、具体的な相続分（だれが得をし、だれが損するか）にあまり興味がなかったといっていい。でも、嫡出と非嫡出の差別がなくなる、ということは人権上、重要なことだった。戸籍・住民票の差別を一掃するためにも、民法上の差別を許してはならないと考えていた。

また「試案」は戸籍上の身分だけで決する形式的な相続分ではなく、相続に値する実質（被相続人に対する貢献度）を「寄与分」という形で積極的に評価しようとしている。それは戸籍上の身分や相続制度そのものを揺るがしていく一歩である、と考えた。「試案」がそのまま「改正案」となり、成立することを望んだのである（夫婦財産制の導入には反対だったが）。

ところが、自由民主党はもちろん、革新を標榜する野党・社会党までもが、前段賛成、後段反対。マスコミ各誌は「中間試案」が出た直後から、「このままでは成立不可能」「最終答申で後段は見送られる見通し」と報じた。とんでもないことである。そうなれば差別は強化される。もう一度、旧来の図式で考えれば、妻の三〇は変わらないが、残りの三〇を妻の子はそれぞれ一二、「妾」の子はその半分の六となる。

その他のハンディーを負って生きざるを得ない子が、ますます差別される世の中。ぼくはそれが許せなかった。ライターだったので、敷居は高くない。社会党の政策審議局に「後段反対」の理由を聞きにいった。すると「党としては試案受け入れだったのですが、婦人部が反対で、後段は見送りにせざるを得ない」ということだった。共産党にも同様の歯切れの悪さがあり、ぼくはここに戦後の婦人運動の限界を見た。

女性運動ではなく婦人運動、すなわち夫を持つ妻の権利拡張運動だったのである。しかし、妻という女の権利は妻でない女の権利と対立する。この構造を変えない限り、婚外子差別を一掃するわけにはいかないのだ。ぼくは社会党の女性運動に影響を与えるいくつかの団体に、発想を変えるよう要求した。そのひとつが前述した「侵略＝差別と闘うアジア婦人会議」である。そこから、女性運動に影響を与える女たちを紹介してもらった。

会いに行って、婚外子差別の廃止を訴えた。みな、理解してくれたが、それでも大きな組織が動くには時間がかかる。ぼくの説得は時すでに遅し、だったのである。ぼくはその後、たくさんの女性団体から民法改正への対応を間違えた、との反省と謝罪の弁を受け取った。ぼくは婚外子差別と真向かって初めて、この国の婦人団体は女性団体に脱皮したのだと考えている。

なくす会の発足

男の子育てを考える会編『男の子育て考Ⅳ』（現代書館、一九七八年）にぼくは「『婚姻＝家族』制度の外で」というレポートを寄せている（一九四ページ、アーカイブ編所収）。そのころから、男の子育てを考える会には相当、関わりを強めている。男の子育てを考える会の存在と活動とを高く評価してきたのである。

しかしぼくにとって、子育ては「考える」レベルではなく、だれのためにどう生きるか、行動するのかのレベルにあった。ぼくにとっては、父親のいない、身寄りのない子どもたちが差別なく生きられるための条件作り、である。とりわけ、婚外子の相続分が改悪されそうな状況にある。「考える会」以前からの知り合い（星建男）と喫茶店のテーブルを囲んだとき、「ぼくはこれを許すことができない。改悪ときちんと取り組みたいので、男の子育ての会はしばらく休会したい」と申し出た。

すると星くんは「それはだめですよ。ぼくたちだって婚外子差別には憂慮している。佐藤さんが闘いの方向を示してくれるのならみんなで応援しますよ。いっしょにやりましょうよ」というのである。テーブルを囲んでいた「考える会」の全員が、星くんの提案に賛成した。ぼくは国会の流れと闘うに当たって、心強い仲間に支えられることになったのである。

『交流』への連載やパンフレット、ティーチインの影響で、出生届けの続柄記載を拒否するひとが現れ始めていた。今後現れるかもしれない困難を覚悟してでも婚外子差別と闘おうとする人たち（一九七八年の時点で東京都中野区E藤さん＝後述、千葉県船橋市、宮城県仙台市）である。ぼくは民法改正に対する意思表示を、この人たちの支援に結びつけたいと考えた。

旗揚げがいつだったのか、残念ながらぼくの記録にはない。というのも、最初の呼びかけは「男の子育てを考える会」によって行われたからである。その集まりで新たな名称を持つ組織が必要だ、ということになった。「〈私生子〉差別・戸籍制度と闘う会（民法九〇〇条改正の国会上程をきっかけに）」といった複雑な会名が議論に上ったが、「〈私生子〉差別をなくす会」でいいのではないか、という意見が有力になった。

この会を受けて〈私生子〉差別をなくす会結成にむけた会合が当方の自宅（調布市国領）で開かれた。一九七九年一一月一〇日のことである。総勢二六人（内女性八人）、当方の住居はあふれかえって、立錐の余地もなかった。男女比を見てもわかるように、〈私生子〉差別をなくす会は、男の子育てを考える会をベースに出発したのである。会は一一月二四日の私生子差別撤廃シンポジウム（中野区荒井沼袋地域センター）の場で正式に発足するが、このときの出席者は三五人。内、女性は二三人で、早くも男女比が逆転している。

会は当初、民法九〇〇条の改正による婚外子差別撤廃を求める署名活動や、関係議員への請願運動に軸足を置いた。しかし、法案の行方はすでに眼に見えており、マスコミの予告どおり法制審議会の最終答申は前段を維持しながらも、後段を切り捨てた（審議会への抗議文を出している）。夫婦財産制は見送られた（婚姻中に形成された財産を自動的に共有財産とするもの。ヨーロッパ発のこの制度を日本にも、という女性法律家が多かったが、カップル主義は女性を拘束するとして、制度を持っていた欧米が続々廃止した結果である）が、婚外子差別を強化する法律案は一九八〇年四月一五日、全会一致で可決成立してしまった（抗議声明を出している。後に掲載）のである。

シンポジウムの反省から

〈私生子〉差別をなくす会が発足した一一月二四日のシンポジウム以降の、「なくす会」一五年の記録は克明に残されている。また、八〇年五月二〇日に創刊された機関紙『無籍苦籍《むしゃくしゃ》』によって、活動や主張は公表されている。それらについては、またいずれ、まとめる機会が訪れるやも知れない。だからその点に関して本書では触れない。ここで触れておかなければならないことは、シンポジウム当日のことである。

もう、この会は男の子育てを考える会の手を離れていた。男なしに子育てすることを余儀なくされた女たち、それを覚悟してでも子を産もうとしている女たち、男の援助を意識することなく子を産みたいと考える女たち……。会場を埋めたのはそうした女たちであったのだ。ところが会場の議論を制したのは少数の男たちであった。

将来の理想の男女関係を、エンゲルスの主張や江守五男の理論を引いて説明してみせようとしたのである。あるいはまた鳥類の番《つがい》は終生の一夫一婦制だ（こんな事実はまったくない）、などという似非生物学（生態学）を得意気に開陳してみせる者もあった。シンポジウムは理想の家族像を求めて集まったのではなく、今ある差別、現実の不条理を打開するために集まったものなのに、である。

一部の男たちの高邁な、現実からは空転する議論が意味するものは、男に頼らずに子育てする女に対する不快感の表明＝批判である。でもぼくは彼らの意図を批判するのではなく、理論の間違いだけを「それってちがうと思いますよ」と釘を刺すにとどめた（ぼくはエンゲルスや江守の理論の誤りを指摘できたし＝この内容はぼくのホームページで閲覧可能、鳥類の実際の生態は違うという新しい研究を知っていた。しかし、エンゲルスや鳥類の議論に乗ることはこのシンポを貧しくするものと考えて、それ以上の発言を控えていた）のだ。

でも、そのことによって、現実の差別を問題にしようとしていた女たちの発言機会を完全に奪ってしまった。もっと端的に「それって、母一人で子育てしてはいけないって意味なのか」と突っ込んでおくべきだったのだ。その結果、差別を糾弾したいと集まった現実の声を、差別のない社会を理想とする教科書風の理論（そこに差別が隠されている）が押しつぶしてしまったのである。

散会後、ぼくの連れ合いを含め、会の参加者から反発の声が挙がった。批判文書も提出された。うかつだったと思うのである。男井戸端会議では久しくこうした場面に遭遇することはなかった。だから警戒を怠っていたのである。だが、新左翼学生運動上がりの男たちはよくこうした議論に落ち込む。それを重々知りながら、こうした発言をあらかじめ制御できなかったことは、ぼくの責任に属することだった。

会は民法改正をめぐって集まったわけではない。改正が実現しようとしまいと、現実にある婚外子差別の実態を告発し、繋がっていこうとする息の長い運動としてスタートしたものである。だから、この失態を見過ごすわけには行かなかった。ぼくは一週間後の一二月一日、出席者各位に対して「個人的反省」を表明した。

考える会からの脱会

たとえ夫婦の間でも、男が子育てを積極的に担うことの意味は大きい。もちろん男女平等、夫婦平等の価値観を実質的に保障することになるし、男が男らしく育てられる過程で、失ったものがどれほど大きなものであったかを確認することで、本当の自分を発見する道にも繋がる。だから夫の子育て、父親の子育てにも反対ではない。大いに実践していただきたいものだと思う。

しかし、なのである。「男の子育て」が市民権を得るために、あるいは夫の子育て参加、父親の子育てに対する自覚を促すために、「男の子育て参加が夫婦円満の秘訣」とか「家族を支える絆」といわれると、これには違和感を禁じえない。子育てという豊かな創造物を、結婚や家族を支える制度的枠組みに押し込んでしまうからである。

だが、行政の要請に応えて、講演する「男の子育てを考える会」の一部メンバーは、会の有用性を強調するために、こうした発言を強めていた。「子は鎹《かすがい》」という言葉があるが、「子を鎹にする（目的化する）」夫婦や家族はどこか気持ちが悪い。と同時に夫婦家族を前提とする幸福感の強調や、夫婦家族の維持を絶対とする価値観は、婚外子差別と闘う運動とは相容れない。

というよりも、夫婦家族の維持を絶対とする価値観（日本的「家」制度）こそが、婚外子差別を生み出した、と考えるぼくはこの発想には立てない。夫や父親の育児役割を強調すればするほど、夫や父親を持たずに子育てする単親の母を窮地に追い込む。これでは婚外子差別と闘うことはできないのである。

現状の「男の子育てを考える会」は、「男の」ではなく「夫の」、「父親の」に変質してしまっているのではないか。一九八〇年の初春、ぼくはそのように主張して「考える会」からの離脱を表明した。「夫の」でも「父親の」でもない子育てを追及してきた星くんは、ぼくの主張を完璧に理解してくれていた。「ぼくもわかるから、いっしょにやろう」といってくれた。でも、このような意思疎通が、他のメンバー間にどれだけあっただろうか。どうもそれはおぼつかない。「考える会」としては夫の子育てに燃える男も、父親の子育てに邁進する男も貴重なメンバーであるにはちがいない。それはやむを得ないことなのだ。

ぼくは夫婦保育、家庭保育、植木鉢家庭の問題点や限界を感じていたし、それを超える人間関係のあり方（コレクティブやコミューン）を探っていた。「なくす会」はこうして「考える会」と袂を分かったのである。とはいえ、「考える会」の主要メンバーが、その後も「なくす会」の歩みを支援し続けてくれたことに、感謝しておきたい。

第一次の児扶連

その年の暮れ（八〇年一二月）、ぼくは「なくす会」で出会ったY田さんから電話をもらった。母子家庭の暮らしを支える「児童扶養手当」から、婚外の母子を切り捨てる動きが出てきたのである。財政再建に焦る大蔵省が福祉切捨ての最初のターゲットに選んだのが非婚母子。七九年、大蔵省は児童扶養手当法を改め、手当の支給対象から非婚母子をはずすよう指示。厚生省がこれに応えようとする動きが出たのである。ぼくはY田さんらとともに「児童扶養手当の切捨てを許さない連絡会（第一次の児扶連）」を結成した（連絡先はI原・K崎）。

これを許せば非婚母子が経済的に追い込まれるのはもちろん、婚外子差別が正当化されてしまう（非婚母子が死別や離別と切り離されてしまえば、戸籍や住民票上の差別記載が行政上不可欠なものになってしまう）。〈私生子〉差別をなくす会のメンバーはほとんどが同時に第一次児扶連に参加した。なくす会はすでに不定期機関紙『無籍苦籍《むしゃくしゃ》』の発行を開始しているので、第一次児扶連の活動はトレースしている。

福祉の切捨てに対しては、強い批判の声が各地から挙がった。運動の成果だったのだろう。「倫理問題を理由に財政が介入するのは行き過ぎ」という、時の厚生大臣・園田直のツルの一声で、切捨ての動きは停止した。非婚母子の切捨て論は自民党サイドの「手当が非婚を助長する」という道徳論と大蔵省などの「非婚の増加が負担増を招く」という財政論から語られてきていた。これに対して園田厚相は、基本的人権の観点から一喝して見せたのである。

　広島には「児童扶養手当を一八歳に引き上げる会」などがあって、児童扶養手当の運動は継続されていたのだが、東京では流れ解散。ところが八四年四月、再び、手当の大幅削減と抱き合わせて、非婚母子を切ろうとする動きが厚生省サイドから持ち上がった（大蔵省の大枠での削減要請に、厚生省側が非婚母子をいけにえにした）。児扶連の再建に動いたのはY田さんやI原さんたち。第二次児扶連の結成である。

　厚生省への抗議文や賛同者への呼びかけ文など、文面のアドバイスに乗っていたのは社会評論社の吉清一江さん。『女・エロス』の編集者だった人だ。当時ぼくは吉清さんと指紋押捺反対運動のバイブルと呼ばれるようになる『ひとさし指の自由』（ひとさし指の自由編集委員会編、社会評論社、一九八四年）の出張校正で板橋（凸版印刷）に詰めていた。そこにひっきりなしに電話が入ってきたのを覚えている。

　第二次児扶連は非婚母子の切捨てこそ防ぐことができたが、支給条件の大幅な切捨てを許してしまう。この経緯をまとめたのが「急がれる福祉理念の再構築」（一三二ページ、アーカイブ編に所収）である。運動の力が弱まればどこまでも切り捨てられかねない母子福祉の現実。もう児扶連の解散はありえなかった。ぼくは指紋押捺廃止運動に相当なエネルギーを要したため、以後の児扶連は〈私生子〉差別をなくす会の女性メンバーに託すことになった。そのひとりが赤石千衣子さんで、以後、彼女は児扶連を中心に活動していくことになる。

　児扶連はその後「しんぐるまざあず・ふぉーらむ」と改称して、現在に至っている。

第5章

したたかに、しなやかに、生きていく

――指紋闘争はその後、すっかり男の運動のように見えるのだが、闘いの始まりはそうではなかった。主要な場面に女たちが立っていなければ成り立たない運動だった。――

『週刊サンケイ』性白書

一九八〇年一二月のはじめ、ぼくは新宿のとあるスナックにいた。ホモ・セクシュアルの解放を訴えていた『薔薇族』の編集長・伊藤文学が主宰する出会いのためのスペースである。このスペースをぼくは『週刊サンケイ』(一九八一年一月二九日号)で、こう表現している。

「その店の客は真っ二つに分かれていた。半分はいかにも学生で、まだ高校生ほどにしか見えぬ者もいる。彼らは互いにスズメのようにしゃべっては笑い転げている。

残りの半分は、働き盛りをすぎ、安定した余裕を感じさせる中年。ドッカと腰を下ろし、言葉もなくグラスを傾けている。目だけがときどき若者たちの上をはうだけだ」。

ぼくが『週刊サンケイ』短期連載ドキュメント「ニッポン性白書」にかかわった契機は不明である。月刊『創』の編集者から、ライターに転じたY永妙香がペンスタに持ちこんだ話しであったと思う。この短期連載で、ぼくは「夫婦交換(スワッピング)」と「ゲイ」、「レズビアン」の三篇を引き受けた。

ぼくは編集者から取材源をいただいて、安直なレポートを出すようなライターではない。いただいたテーマを独自に掘り下げようと思うのである。知り合ったゲイの男の体験ヒストリーを追うために、ぼくは単身、二分割された客層のまん中にはまり込んでしまった。所在のないぼくを救ったのはテーブルの中央に置かれている数冊のノート。来客が綴った来店ノートである。

ぼくはノートのページを繰るたびに息を呑んだ。あまりにも細やかな心情の吐露、デリケートな思いのひだ。恋人に対する思いのたけを、競うように綴っている。表現の豊かさを含めて、驚嘆すべきノートであった。こんなに表情豊かな文章を、こんなにもささくれ立った雰囲気の店のなかで、いったい誰が書くのだろうか。まだ、丸文字も知られていなかった。パターン化した絵文字もない。でも、文字はまちがいなく女文字、それもクセを強調した美しいものが多かった。ハートや花びらマークが文書中にあふれている。が、ぼくの驚きはそのような外見ではない。自分の皮膚感覚としか言いようのない、すぐれた身体反応、体感といったものが、連綿と書き綴られているその中身であった。たしかに魅力的ではあるものの、たまらないうっとうしさをも感じてしまう。「そんなことに、そこまでこだわって、どうするんだい」といった苛立ちに近い。

女の子のように育てられながらも、男の子のように育つしかなかったぼくの立ち位置といってもいいかもしれない。ぼくはやはり、彼らの感性とは遠い隔たり、越えられない壁を感じた。でも、それが性差である以上に、個体差であることを教えてくれたことは大きい。いろんな人がいる、いろんな人がいてもいい。それである。

「佐藤さん、あなたがうらやましい。あなたのインタビューには、みんな素直に応じてくれる。その理由がわかるような気がする」。この企画を『サンケイ』に持ちこんだ編集プロダクションの代表がぼくをそう評した。彼はその後、少女雑誌『ポップティーン』の編集長となって、少女コミック規制のターゲットになりながらも、抵抗し続けた人物である。

「ゲイ」編で、ぼくのレポートの中心人物になってくれた男、彼もぼくをこう評した。

「あなたは不思議な人ですね。あなたがストレートであることはすぐわかりますが、ホモ・バーにいてもじゃまにならない。そんな人、滅多にいませんよ。あなたなら、ぼくの友だち、みんなに紹介できる」。そうした評価はありがたいのだが、ぼくには到底及ばぬ感性の世界があることを見せつけられ、メンズ・リブを考える上での限界を自覚せざるを得なかった。

フェミニスト・セラピー

ドキュメント「ニッポン性白書」を別な観点で追っていたY永が、六本木のセックス・カウンセラーと懇意になった。「フェミニスト・セラピー」という、自立する女のためのカウンセリングが日本に入ってくる一、二年まえのことである。アメリカ仕込みの女性セラピストで、女の性を解放したい、と考えていたようだ。

Y永が「その先生が会いたがっている」というので、彼女とともに、先生の〝治療院〟で開かれている集会に参加した。院に足を一歩踏み入れた瞬間に、ぼくはショックを受けた。教訓めいた張り紙が所狭しと掲示されているのである。ぼくはここの先生自身が解放されていないのではないか、と考えた。もっとリラックスしたものが必要だ、と思ったものである。

このスペースでリラックスしていたのはY永とぼくだけだったと思う。セラピストの彼女はそれを見抜いていた。次に、先生から呼ばれて治療院に出向いたとき、Y永はいなかった。呼ばれたのはぼくひとりだったのだ。

「わたしのクライアントたちに、佐藤さんを引き合わせたかったの」というのだ。「男は脅威である」という刷り込みから、クライアントを解放する、ぼくはその標本、題材として呼ばれたのだった。この奇妙なワークショップに、ぼくは月一回、三度ほどつきあった。ぼくがいるだけで何かが解放されるのならそれだけでよしとするほかはない。ぼくとしては、彼女たちの心の闇に近づいてみたかった。

いろんな質問があった。「マスターベーションはどんなふうにするの?」「マスターベーションをする女をどう思うの?」「バージンをどう考えるの?」「やっぱりバージンがいい?」「挿入のないセックスってあると思う?」「セックスなしの男女関係って長続きすると思う?」……、ぼくとしては素直に応えるしかなかった。「手を触ってもいい?」「目を閉じてくれる?」、いわれるがまま、ぼくは彼女たちの要求に応えた。

部屋の隅で、黒ずくめのコスチュームをまとって埋もれるようにしていた長髪の女が、突然、端座してぼくを見据えた。「お願い、メガネをはずして」。この要求は驚きだった。ぼくはメガネをかけ始めた中学二年生以来、意識してメガネのない顔をさらしたことがなかった(コンタクトを使っていた一時期を除く)からだ。メガネをはずすと、ぼくから相手の表情が読めない。一方的な視線にわが身をさらすことになる。

「なぜか、とても怖い」と、いいながらも、ぼくは彼女の要求に応えた。部屋全体がザワッとなったが、彼女との間に走った電撃の印象のほうが圧倒的だ。彼女の名はその後、インディーズ系の女性監督映画の字幕翻訳者としてたびたび眼にした。

ずっと後年になって、ぼくの前に現れた彼女は、「あのときはありがとうございました。感謝しています」といって、連れ合いを紹介してくれた。都立大学の教員であるという。いい男であった。ぼくはただ一言「よかったね」と、目配せするような挨拶を交わした。在日である彼女は、ぼくのその後の国籍法改正運動、指紋押捺廃止運動を見届けてくれていた。

『戸籍』出版と反響

前述したように〈私生子〉差別をなくす会は民法相続分の改正に抗議声明を出したが、これはいつも政策対象であるか研究対象でしかなかった婚外子とその親たち、すなわち当事者たちが主体となって挙げた歴史上初めての声だった。政策的、制度的に作り出された恣意的な差別であるにもかかわらず、本人（親）の自覚と努力によって避けるべき（あるいは避けうる）差別であるとされているため、抗議の声を挙げにくい構造を持っているからである。

しかしひとたび挙がった当事者の声は無視しにくい。声明は『法学セミナー』や『ジュリスト』などの専門誌にも紹介され、一般誌の取材要請も相次いだ。ぼくは戸籍が持つ差別構造全体を示すことで、婚外子差別の撤廃に対する注目度を上げたいと考えていた。だが、そのためにも当事者の声が大事なので、戸籍に関する本はぜひ「なくす会」でつくりたいと考えていた。

しかし、当初のなくす会は「考える会」との関係をひきずったままで、戸籍問題に関して高まった期待に応える余力を持っていなかった。非婚出産、子連れ離婚……。戸籍制度が用意した従来の人生は大きく踏み越えられようとしていた。にもかかわらず社会の変化に対応できる書物がなかった。

ある日、現代書館のオーナー・菊地さんから「友人の離婚相談に乗ってくれ」といわれて飯田橋の喫茶店で待ち合わせた。ぼくはすでに「男の子育てを考える会編」の『現代子育て考Ⅳ』（現代書館、一九七八年）に『婚姻＝家族』制度の外で」というレポートを寄せている（一九四ページ、アーカイブ編所収）。同社の社員・金岩さんは「考える会」のメンバー（集会託児を考える会のメンバーでもあったと思う）で、ぼくが戸籍制度に詳しいことを菊地さんに教示したのは彼であった。

相談に乗ってあげた友人が帰ったあと、突然、菊地さんが「戸籍問題を本にはできないか」と言い出した。それも、当時話題になっていたイラスト入りの思想書シリーズ（翻訳版・FOR BEGINNERS）で、「日本オリジナル版のシリーズ一作目にしたい」というのである。

戸籍は地味で、細かな制度はやさしく書いてもわかりにくい。ぼくは戸籍差別に堪えかねて役所を辞めたようなものだが、戸籍問題を訴えることの困難さを承知していた。フリーライターの道を選んだのも、その日のために文章力を身につける訓練期間に他ならなかった。イラストとのコラボレーション、この提案は新たな表現の分野だが、挑んでみる価値があった。

イラストレーターはこれを機に政治漫画の地平を切り開いた貝原浩画伯である。ぼくが書いた文章にイラストをつける。イラストに応じて文章に手を入れる。その往復作業を、向かい合って何日にも渡ってやり続けた。菊地編集長も終始同席していた。その結果、当初の文書は六割ぐらいに圧縮され、読みやすいものになった。戸籍に関する初めての本が読みやすい本に仕上がった

日本テレビ朝の人気番組「ルックルックこんにちは」に出演。『戸籍』出版の背景を語った（81年12月）。司会は沢田亜矢子（右端）。『戸籍』を取り上げたのは沢田さんの強い希望だった。この2年半後、沢田さんは出産のため司会を降板。非婚の母となっている。

こと、そのことは非常に意味のあることである。

ビギナーズ・シリーズ『戸籍』の第一版の発行は一九八一年一〇月二五日。反響はすさまじく、あらゆる意味で記念すべき出版物になった。この本は思想書か、それとも解説書か。イラスト本でも思想書といえるのか、ちがうのか……。大学の図書館がもめたようだ。『戸籍』が思想書と判定されると同時に、ビギナーズ・シリーズを改めて全冊導入した図書館もあったと聞く。

ある日、教科書会社の編集者が訪ねてきた。「簡潔な文章に驚いている」というのだ。「その秘訣はなにか」というのである。コラボレーションである。それも卓球のように文章と絵とを打ち返しあう必要がある。瞬時に問題を理解するセンスと作品に仕上げるスピードが求められる。貝原浩画伯は得がたき相棒だったのである。彼とでなければ、こんな本は絶対に作れなかったと思っている。

反響はゲイグループから

戸籍制度というのは個人情報の登録制度である。しかしそれがプライバシーや人権に対する配慮なしに築かれると、個人に対する差別・抑圧の道具に化す。一見、自然的な差異の無作為・中立的登録に見えても、総合的で多様な個人（人格）を要素に分解してカテゴライズし、普遍的なものとして記録・登録するということは、その作業自体がすでにある種の暴力である。ましてや社会的、政治的要請に基づく人為的区別は差別に裏打ちされたものであり、その登録は差別への加担、差別を助長する制度であるといわざるを得ない。個人情報保護の観点からは、あってはならない制度なのである。

『戸籍』は具体的な記載の中身に踏み込んで、部落差別、外国人差別、女性差別、婚外子差別、障害者差別などの存在を指摘してみせた。もちろん、おのおの差別には固有の歴史的、社会的淵源があるのであって、戸籍の記載上の差別を廃止したところで、差別の現実や淵源が解決されるわけではない。しかし、戸籍支配というものは明らかにこれらの差別を利用し、その上に乗った制度なのである。したがって戸籍は差別の存在に支えられた制度、放置すれば差別を拡大していく制度である。ここからは固有の差別とは異なる差別のからくり一般、差別の政治的意味というものがあぶりだされる。

『戸籍』出版の反響は、こうした差別のからくりを考える契機になる。ぼくはそれに期待していた。ところが、『戸籍』は予期しないグループの支持を受けた。もちろん、戸籍制度が彼らの人生の前に立ちはだかっているのは承知の上である。その当事者とはゲイのグループであった。当時、グループは活発で、新宿だけでも三つか四つが存在した。二丁目に近いゲイバーの店主をリーダーとするグループ、代々木の集会場で月一の例会を持つグループ。戸籍に関心を持つのは主催者周辺と、当時流行していたゲイをファンとする若い女性たちだった。

『戸籍』がセクシュアル・マイノリティーに対して言及している部分はごくわずかである。ところがゲイ・グループはこの部分に強く共鳴した。セクシュアル・マイノリティーという固有の差別、戸籍はここにも大きく関与している。一般会員の関心は女性との偽装結婚。恋人とは養子縁組をする。暮らしにくい場合にはカリフォルニアに移住する、というのが理想的なパターンであった。つまり戸籍制度を利用して生き抜こうとするもので、戸籍制度を変えようとするものではない。「これではダメだ」というのがリーダーで、ぼくに対する講演依頼もこの観点からのものだった。ただ、制度の改革はあまりにも遠い話で、一般会員が目指したのはやっぱり理解ある女性との偽装結婚である。

ぼくはゲイ・グループの講演要請に応じるなかで、差別のからくりを解き明かすよりも、セクシュアル・マイノリティーが置かれた固有の差別、具体的な現実を学ばされることになる。そのため、ぼくはさながら戸籍問題アドバイザー、戸籍相談ボランティアであった。こうした経験の成果が『婦人民主新聞（現在の「ふぇみん」）』に寄せた「結婚できるか？　同性どうし」（連載「結婚」第二一回、一九八三年一〇月二八日。本書二三一ページ、アーカイブ編所収）である。

当時、ゲイはある種の流行現象を呈していて、彼らの周りには若い女性ファンが取り巻いていた。講演の会場はどこでも半数がこうした女性（会員の三分の二ほどが彼女たち。機関紙のイラストなどは彼女たちの手によるものだった）だった。彼女たちは講演後の質問でも、二次会の会場でも、ぼくに不思議な印象を与えた。非常にナイーブで、もの静かな、ていねいな語り口なのだが、積極的で、質問も発言も途絶えない。多くの問題意識を内に秘めているのである。

その彼女たちがあまり屈託なく口にするのが「強制異性愛」への不満、反発、批判だった。強制異性愛、つまり「異性を愛し、異性と結婚しなければならない」という強制、この社会のシステム（制度）に取り込むための、さまざまな罠、仕掛けに対する批判である。この社会の根幹に触れる問題を、とても気楽に、とてもしなやかに話し合い、笑いあう彼女たちを見るにつけ、なにかが大きく変わりつつあることを予感した。

これまで若い女性の前に君臨してきた結婚制度、戸籍制度が権威を失い、相対化してきたこと。その結果、その奥に隠されていたさまざまなからくりが明るみに出されてきたこと、これである。彼女たちの遠くを見とおす澄んだ批判眼に、耐えられる中身を持った結婚制度、戸籍制度は再建不可能だろう。ぼくは戸籍制度の解体に自信を深めた。

幻となった子育て本

「七〇年安保」をはさむ一〇年間は直接行動のための助走期間であったのか、深い思索と激しい議論の時代だった。リブはその一部を引き継ぎ、一部を脱ぎ捨てた。団塊の世代はビギナーズ・シリーズのような思想書に反発しながらも受け入れていく。空転する思想が嫌いだったぼくは、行動に役立つ解説書(手引書)として『戸籍』を書いた。

『戸籍』出版後、最初に依頼された出版物は「男のための子育てガイド」だった。ぼくは半年でこれを書き上げ、依頼出版社に持参した。担当編集者はぼくの原稿を見るなり「なんだねこれは、ただのハウツー本ではないか。ぼくが期待したのはきみの思想だよ。男が子育てを決意する、その行動原理なんだよ」。唖然としながらも気を取り直し、ぼくはこう反論した。「事前に詰めておかなかったのは残念ですが、これから大事なのは行動原理ではありません。行動のための手引きです。ぼくには立派な思想なんてないんです」。

あっ! 言いすぎた。これでは折り合う余地がなくなってしまう。そう思いながらも、やむをえないと考えた。ぼくには子育てのための思想原理などないのだ。そんなものから出発したくはないのだ。ようこそ妊婦さんから始まって、母子手帳や母親教室、当時としては斬新だったラマーズ法の紹介、病院や医院の案内。ミルクビンの形状の解説や、母乳のストックの仕方。おぶい紐では恥ずかしい男のためのベビーラック・カタログ(当時、すべてが輸入品だった)。市販の離乳食の解説と手の加え方、市販品から卒業して子どものための名コックになっていく道、医療補助や三歳児検診、保育園の探し方、作り方、預け方……。

子育ての補助者ではなく共同者、あるいは主体者になるためには情報が圧倒的に不足していた。経験がない、情報がない。ほとんどの男はこれを口実に身を引くのである。情報はある。だから経験を積め。なににつけても負けず嫌いなキミにできないことはない。登山電車よ、がんばれ（ま、これは冗談だが）。と、言いたかった。

男の子育て参加に熱心で、父親教室を開いている国立京都小児病院にも取材している。教室担当の熱心な女医がぼくの言葉をさえぎる。「そこまではいえません。理事会でも学会でも潰されます。かろうじて主張できるのは補助者としての役割です」。そこにも明確な理念（男女平等のビジョン等）はなかった。補助者として必要なノウハウの伝授であった。ぼくは原稿に京都小児病院を取り巻く理事会や学会の姿勢に対する批判をも組み込んでいる。でも、そんなことよりも大事なのは、子育ての主体者として必要な情報の提供であった。

そのため、この本は陽の目を見なかった。妙な妥協をするよりも、そのほうがよかったのである。一九八四年には村瀬春樹の『怪傑！ハウスハズバンド』（晶文社）が登場し、八七年には男の子育てを考える会によって『男の育児書』（現代書館）が出版されている。どちらも考え方とノウハウとが織りなす読み物となっている。行動を出発点にしている点で、共感できる名著といえる。ぼくの発想はやや早すぎたのである。

国籍法改正運動

いわゆる革新系婦人運動が婚外子差別に対する姿勢を転換することで女性解放運動に接近したことはすでに述べた。この転換に大きな役割を果たしたのは一九七七年に発足したアジアの女たちの会ではなかったか。ぼくはそう考えている。婚外子差別を廃する民法改正案を支持するよう、ぼくはこの会にも申し入れを行っていたのだが、申し入れを受け止めるばかりではなく、ともにこの問題と取り組もうとし始めたのがこのグループであった。

いつのことであったか記憶にはないが、七九年の年末か八〇年の初頭である。ぼくはこの会議から電話をもらい「内輪の学習会だけれど、戸籍について話にきてくれないか」というのである。ふたつ返事でOKしたのは当然である。場所は千駄ヶ谷に近いマンションの一室(思えばここも新宿区で、会の事務局が置かれていた)で、参加者は十数人。会の代表である松井やよりはこの日、海外取材とかで留守だった。

学習会を仕切っていたのは五島昌子、土井たか子の筆頭秘書で社会党の女性議員全員に大きな影響力を持っていた人である。メンバーは精鋭で、だれもがぼくの『婦人公論』での主張を読み、賛同している様子だった。したがって、婚外子差別から入る戸籍の話は通りがよく、相当理解してもらっているという手ごたえを感じた。それ以後、ぼくは革新系の女性たちに闘いの方向を疑われることはピタリとなくなった。

婚外子差別を残したまま「妻の座向上」をうたって成立した民法改正(一九八〇年五月)は保守系議員の手柄にすぎず、革新系の議員にとっては敗北だったのではないか。と、そんなムードが女性議員や法律家の間に漂うようになってきた。この転換は実に大きなことだった。それからしばらく後のことである。ぼくは先の学習会で議論のまとめ役を果たしていた石田玲子(『思想の科学』八一年二月号に「氏・戸籍・国籍を問う——女と外国人の視点から」を寄せている)から案内状をいただいた。「国籍」研究会の例会案内である。この研究会は土井たか子の政策ブレーンとして現実に国籍法改正を目指しているという。代表は愛知大学教授の生方直吉であった。

八三年暮のことである。その会から近々、土井たか子監修による『国籍を考える』という本を出すことになっている。その読み合わせをするので、戸籍の立場から意見をお願いできないか、という申し入れだった。本はすでに見本刷りができていて、最終チェックの段階にあった。だから読書会とおなじである。意見というより、読後の感想に過ぎない。でも、その席でぼくは、踏み込んだ発言をしてしまった。「法改正のための本ですね。でも国籍を考えるというのなら物足りない。書き手全員が父系血統主義から両系制への転換を主張するだけ。血統主義をやめ、生地主義を導入する、という提起があってもいいはずだ」と発言したのである。

ことは手直しなどというものではない。時すでに遅し、なのである。「そうですね。日本の風土からいって血統主義は動かせない、という法務省の要求に無批判に応えてしまった」だれかがそういってうな垂れた。厳しい表情をしていたのは星野澄子だった。「問題は本にとどまらない。もうこの方向で国籍法改正論議が動き始めているんです」。唖然としたのはぼくのほうである。社会党提案の改正案に、自民党が乗るという。そのための素案提出が土井さんに託されていたのである。

「生地主義への転換が無理でも、純粋血統主義をやめ、部分的に生地主義の原理を取り入れるべきです。そうしなければ沖縄の無国籍児問題は解決しない」。ぼくのこの主張に沖縄問題に取り組む金城清子（後の『女性法学』の著者）が賛同した。法改正の手続きを進めていた社会党内部が動揺し始めたのである。法改正においても、時すでに遅し、であった。代案を出す時間的余裕はなく、改正案は国会スケジュールに乗って動き始めていた。一九八四年、国籍法は改正されたが、素案を作った社会党は結局反対に回った。八五年、両系制に変わった国籍法が施行された、その舞台裏での騒ぎである。

余談だが、ぼくは後日、この会の石田さんから土井たか子の秘書にならないかとのお誘いを受けた。多少魅力はあったが、ぼくには戸籍の問題があった。それに、外国人登録法（指紋押捺問題も急速に盛り上がりつつあった。お断りするほかはなかったのである。この会には「国際結婚を考える会」の清水千恵子も加わっていた。ドキュメンタリー映画「指紋押捺拒否」の監督・呉徳洙のつれあいである。その他、指紋問題で力添えをいただいた有吉克彦、田中宏、大沼保昭のほか内海愛子、ヤンソン由美子、テレウゼ好子、中村尚司などもメンバーであった。

指紋押捺拒否運動

戸籍と外国人登録というのは裏表というのか、切っても切れない関係にある。日本人しか戸籍に入れないために外国人登録が必要になるのだし、外国人には戸籍のような血統血縁支配ができないために、劣らぬ厳格な支配が求められ、その結果、指紋制度が導入されたという歴史的な経緯もある。役所においても相互補完的な業務であるので、隣接した係で、ダブってくる業務もある。

役所をやめ、戸籍の研究をしていたぼくも、外国人登録法の改正までは疎く、旧職場の外国人登録担当者から随時情報を得ていたのである。詳しくは当方の『〈くに〉を越えた人々』（社会評論社、一九九七年）などに譲るが、ぼくが指紋押捺拒否の第一報を知ったのは一九八一年一月一三日のことだった。「読売新聞」西部本社版（九州版）を見た友人が連絡をくれたのである。

在日コリアンの日本語読みに抗議して、NHKを訴えた「一円訴訟」（一円の損害賠償を求めた）で知られる崔昌華《チェ・チャンファ》とその娘、善愛《ソンヘ》・善恵《ソンエ》の拒否である。ぼくは前年の夏、日本国籍確認訴訟の取材で北九州の崔昌華に会っていた。その際、押捺拒否のような事態が起きる可能性と、そのときは支援しなければならないだろうことを覚悟していた。

北九州に続いた拒否者は京都（キム・ミョンガン）、大阪（〈私生子〉差別をなくす会の友会＝当初は関西支部を名乗ろうとしていた「婚外子差別と闘う会」の在日メンバー、朴愛子《パク・エジャ》・鄭和江《チョン・ファガン》）、岡山、名古屋、神奈川の有志たちだった。なかでも婚差会の二人はわが子を日本国籍にはしたくない、という信念から、日本人夫との非婚（事実婚）を貫いていた。したがって子どもは婚外子である。ぼくがこの問題で全国を駆け回らなければならなくなったのは必然的なことだった。幼い子を抱える彼女たちが駆け回ることは不可能だったからである（リブ＝女性の立場から指紋押捺拒否を闘い、歌い、語ってくれたのは大阪のシンガーソング・ライター、梁容子《ヤン・ヨーコ・ヨンジャ》であった）。

そのころ、押捺拒否第一号は東京にいる、ということがわかってきた。韓国居留民団の新宿支部機関紙が第一号を報じたのである。第一号は新宿の韓宗碩《ハン・ジョンソク》だった。一九八〇年九月、韓さんは新宿区役所の外国人登録窓口で、拒否を宣告した。応対した職員は、わが古巣の外国人登録担当者だった。もちろん彼には公務員としての守秘義務がある。韓さんのことは彼からではなく、外から集めるほかなかった。

韓さんとの出会いは一九八二年九月一日。繋いでくれたのは関東大震災時に朝鮮人虐殺が起きたことを直視しようと、崔さんが毎年主催していた集会である。その席上で韓さんも挨拶をした。ぼくらはその場で、支援団体の結成を約した。「韓さん一家の指紋押捺拒否を支える会」である。

このころ〈私生子〉差別をなくす会はすでに出生届の際、嫡出子か嫡出でない子かを届けさせる「父母との続き柄」欄の記載を拒否する窓口闘争を開始していた。指紋押捺拒否とレベルは違う（社会に与える衝撃力と制裁の重さ）が、質的にはよく似た取組みである。戸籍法と外国人登録法はここでも相互補完的な制度なのである。「支える会」代表に指名されたがぼくは即座に辞退した。「また、あいつか」という法務省の過剰反発を避けなければならないからである。代表には日本基督教団の牧師・徳永五郎（反日武装戦線の救援で知られる人なので「また、あいつか」ではどっちもどっち、といったところ。前述、皇居ロケット弾事件の救援をぼくが引き受けたのは徳永さんの依頼による）が就任した。

ぼくらがびっくりしたのは韓さんが制裁を覚悟していなかったことだ。「正義は勝つ」を信じ、無罪を確信していたことだ。裁判で情状を汲んだ判決を引き出す、といった支援は意味がないというのだ。これに応えるには、判決が出される前に法律を変える大きなうねりを作り出すほかはない。ぼくらは外国人登録法の抜本改正を求めて走り出すことになった（この間の経緯については『指紋拒否者が裁いたニッポン』、社会評論社、一九九〇年）。

また、条件闘争を許さない韓さんの裁判に向けての思いを引き受けてくれる弁護士を探すのにも苦労があった。いろいろ当たった結果、新美隆弁護士に引き受けてもらえたことは、その後の運動に大きな意味を持つことになる。裁判で、検察側証人として最初に立った新宿区役所の窓口担当N村さんは、もともとぼくの知り合いである。

彼は韓さんに押捺を説得した窓口職員なので、検察側立証には欠かせない人物だった。が、彼は弁護側の事前打ち合わせに出てきてくれた。そして公判当日、窓口担当者はだれも指紋照合技術を持っていないこと、窓口での同一人性の確認には役立たないことを証言してくれた。このことも運動の滑り出しにいい結果をもたらした。

運動の拡大に当たって、崔さんや徳永さんが牧師であったことと、ぼくが自治労の元組合員であったことが幸いした。運動は当初、女性解放とも接点を持ちながら広がっていったが、やがてこの視点は取り落とされていく。中央組織を持たないネットワーク的な反乱が、指紋制度の廃止を勝ち取ったという画期的な運動ではあったが、唯一の悔やみはその部分である。

婚外子差別と闘う会

一九八二年五月一九日、関西の「グループせきらん」が改組され、「婚外子差別と闘う会」になった。「せきらん（籍乱）」というセンセーショナルではあるが目標の曖昧な名称を捨て、婚外子差別を廃止するという具体的な目標を掲げることになったのである。当初は「〈私生子〉差別をなくす会・関西支部」を名乗りたい、との打診があったのだが、これからの運動に本部・支部関係は必要ないだろう、それぞれのグループがネットワークを維持すればいいのではないか、という考え方から別な団体名を名乗ってもらうことになった。その後、「婚外子差別と闘う会・福岡」などが生まれるが、基本的な発想はネットワークである。

当時の運動の中心は先にも書いたように「父母との続き柄欄」への記入を拒否する窓口闘争であった。一九八六年八月、〈私生子〉差別をなくす会はそのための手引書「たのしい出生届の出し方」を発行。おなじ目的で婚外子差別と闘う会（婚差会）も八七年五月、「出生届のミニガイドブック」を発行している。婚差会のパンフレットはネットワークの表明としてこう「付記」している。

――この出生届に異議を申し立てる運動は、七五年に東京で始まりました。私達は、現在の「婚外子差別と闘う会」の前身である「グループせきらん」のころから、東京のグループと交流しながらやってきました。現在、東京のグループは「〈私生子〉差別をなくす会」として、幅広い活動をしています――

婚外子差別だけでグループを維持するのが困難な地方では、夫婦別姓を考える会の内部に婚外子問題と取り組むセクションを抱えた。会のリーダー格は婚外子問題に熱心で、夫婦別姓と婚外子差別の撤廃は対立する運動とはいえない。札幌、仙台、神戸などの取り組みがそれである。ゆるいネットワークということでいえば児童扶養手当、障害福祉年金関連のグループ、国際婚外子、シングル・ネットのグループなどとも結ばれていった。

これらの問題の要にあるのが結婚制度である。ゲイの項でも触れたが、当時、『婦人民主新聞（現在の「ふぇみん」）』が問題の核心をえぐる「結婚」をリレー式で連載していた。その一〇回目以降の執筆をぼくに依頼してきた。最初の原稿が掲載されたのは八二年の一一月二六日号である。以後、八三年の一二月二三日号まで、都合一四回にわたる連載となった。ここで内容に踏み込む余地はない（同紙には縮刷版がある）が、タイトルだけを掲げておこう。

「届出結婚行進曲」「戸籍が生まれた背景」「戸籍窓口で見えたこと」「戸籍に振り回されて」「制度を越えた女たち」「制度以前の婚姻契約は」「国籍法改正運動の死角」「部落差別と戸籍制度」「国際結婚で揺らぐ〝氏〟」「戸籍に頼る結婚の空しさ」「結婚できるか？　同性どうし」「婚外子差別と行政訴訟」「結婚と売春紙一重」である。

〈私生子〉と「嫡」という字

この文の中で、ぼくは「私生子」という用語を無前提に使っている。また、山カッコつきながら、会の名前でも〈私生子〉を名乗っている。この件に関して〈私生子〉差別をなくす会の機関紙『無籍苦籍』の創刊号（一九八〇年五月二〇日）に寄せた文章があるので、以下、この文章を紹介しておく。当時、婚外子という用語はまだ一般的になっていなかった。

――会が〈私生子〉を名乗ったとき「やっとなくなった差別語をなぜ持ち出す」との批判があった。〝非嫡出子〟にしろ、というのだ。しかし、会は法律用語で規定されている法的な差別だけをなくそうとしているのではない。現にある日常的、社会的差別の一掃をも願っている。そして、この差別は〝私生子差別〟として現れている。現にある差別にフタをし、わかりにくくすればいいというのでは「寝た子を起こすな」の論法とおなじである。

ところで〝嫡〟の字が登場したのは大宝律令。唐の制度を導入したときから。旧字は〝嫡〟または〝嫡〟で、委嘱とか嘱託とかでわかるように、女がだれか（夫だ）に属し、主体性を預けてしまうことを意味する。ここから正妻とか、正妻が産んだ子という字義が派生してくる。〈私生子〉の反対語は〈公生子〉。だれかがいった。「えっ、気持ち悪い。それなら〈私生子〉のほうがよほど自由でいい」と。戦後（正確には戦中の一九四二年）〈私生子〉を差別語として追放したこの国は、その代用に、「嫡出」という、より差別的な用語を導入したことになる。

そして出版一周年

八二年一一月二七日、ぼくは人の勧めによって「『戸籍』出版一周年記念報告集会」を信濃町の「学生キリスト教友愛会館」で開催した。呼びかけ文のタイトルは「籍のない世界を願って」。「何よりもうれしいのは出版をキッカケに全国でさまざまな運動が進展したこと。明日を開くための皆さま方の闘いが『戸籍』を生んだのである以上、『戸籍』後の状況をご報告して筆者の謝意をお伝えするのが大切だと信じます」と呼びかけた。

集まってくれた人たちは総勢六〇人。参加者名簿を見ると、当時気づかなかった人たちの名が散見できる。それまで面識もなく、来てくれた人たちである。その後、婚外子差別と闘う裁判で活躍してくれている榊原富士子弁護士の名もあった。いま、この文章を書くまで気づかなかったことである。いまも「女性と天皇制研究会」で運動場面を共有する「SOSHIREN女《わたし》のからだから」の大橋由香子（当時の名刺には「日本読書新聞」記者とある）、輝く女神の時代を描いてみせる作家の水上洋子などの名もある。

運動の広がりというのは、こういうものなのだろう。戸籍そのものを問題にして結成されたグループが戸籍住基労働者交流会である。東京都各区の戸籍担当者が集まって始めた研究会で、その発足が『戸籍』の出版とちょうど重なった。そのため、ぼくもそのメンバーとして活動することになる。このグループは部落差別や在日外国人差別の運動との繋がりが強かった。出席者のなかにはこの関係で出会った人たちも少なくなかった。

一周年記念で、ぼくは久しぶりにギターの弾き語りをやった。『女・エロス』の表紙を飾ったイラストは、リブのシンガーソング・ライターで、てらだまりこの作品である。彼女の持ち歌のひとつが「マリー・ファラー」で、きれいな歌い出しが暗転する印象深い歌である。ドイツで起きた子殺しに題材を求めた歌詞。一六歳の小間使いが婚外子を産み、追い詰められて子を殺してしまう事件である。

ぼくはその事件に胸をえぐられ、何曲かの歌を書いた。そのうちの二曲と、指紋押捺を拒否して逮捕されたリブのシンガーソング・ライター、梁容子《ヤン・ヨーコ・ヨンジャ》の持ち歌「ひとさし指の歌」を歌った。指紋闘争はその後、すっかり男の運動のように見えるのだが、闘いの始まりはそうではなかった。

飛び入りのため、歌を中断している筆者

主要な場面に女たちが立っていなければ成り立たない運動だった。ぼくは彼女たちの支援のためにも、指紋押捺反対運動に力を注ぐようになるのである。

在日外国人に対する差別、これもまた、戸籍問題であった。戸籍住基労働者交流会は指紋押捺反対運動が各区に燃え広がっていくなか、それら地域運動の担い手として散っていった。ネットワークである。

ぼくの歌二曲

「ボクにとって、あの七〇年を支えた心象風景は『自由の女神』と題するドラクロアの絵画でした。女神の率いる反乱軍は一八七三年、フランス革命となって実を結びます。教会簿が焼かれ、人々は籍という鎖から脱出。歴史を男たちが握って以来、絶えてなかった『嫡出子と非嫡出子の平等』が宣言されたのです。ボクはドラクロアの絵よりも、革命を創出した女たち自身とその主張、その生き方に興味を覚えるようになりました。それは日本の初期リブとも、よく似ているのです。籍を考えるにあたって、二つのフェミニズムに感謝し、彼女らの思いが最終的に実現する日がくることを願って、こんな歌をつくってみました。聴いてください」、これが一周年記念の当日に配布した曲目解説のヘッダーだ。

以下、わが歌の歌詞を掲載しておこう。

★フローラ・トリスタン

フローラ　あなたはなにを　なにを見たのか
パリで生まれたスペイン貴族　不自由知らずの毎日だった
きれいな娘とうわさされ　誇りも高い少女
やさしすぎる心と　強すぎる意志を持った少女
突然の父の死と　祖国の戦が　あなたのさだめを変えた
突然の父の死と　祖国の戦が　フローラ　あなたを変えた

フローラ　あなたはなにを　なにを見たのか
パリの裏町　屋根裏部屋で　マッチのラベルをせっせと作る
私生の子どもとののしられ　恋を奪われた娘
からだを売る女と　物乞いを友に持った娘
両親の怠った結婚届が　あなたのさだめを変えた

両親の怠った結婚届が　フローラあなたを変えた

一八二九年　夫を捨て　ペルーで激しい恋
一八三五年　世界の女の団結を叫び
一八三七年　離婚法のための国会請願
そして一八三八年　夫にピストルで狙撃される
一八四〇年　ロンドンの場末で階級対立を発見
一八四三年　全世界の男女労働者に団結を訴える

フローラ　あなたはなにを　フローラ　なにを見たのか
ディジョンの街角　リヨン　マルセイユ　人の自由を説いて歩く
無関心装う労働者　尾行を続けるポリス
飲んだくれを慰め　不身持ち女を守る天使
突然倒れたボルドーの辻裏　真冬の酒場に涙
革命の薪を燃やしておくれと　フローラ　あなたは叫ぶ
フローラ　あなたはなにも　フローラ　なにも見なかった　なにも見なかった

それから四年後の一八四七年　フランス二月革命勃発

この年の末　マルクス・エンゲルスによる「共産党宣言」が書かれた
フローラ　あなたはなにを　フローラ　なにを見たのか　なにを見たのか

★ポーリヌ・デ・フィーユ（パリはいまや）

はるか遠きバスチーユ　バスチーユに送られた
ポーリヌはあなたのシスター　ポーリヌは母であり娘
自分をこよなく愛し　自由を求めたのが罪なのか
人々よ目を開き　そして聞け　人々よ立ち上がり　そして打て
パリは　パリはいまや　血にまみれ　身を潜めて生きるだけの町
パリは　パリは歴史のこの惨さに　ただすさまじき沈黙を守るのみ

ぼくはいったいだれだろう

国際勝共連合の原理研究会といえば、よく知られた右翼理論派である。そのホームページでぼくを「筋金入りのマルキスト」と評している。でも、ぼくはマルキストであったことは一度もない。ぼくはどちらかといえば複雑系なのである。この章を「ぼくはいったいだれだろう」などという曖昧な言葉で閉めてしまうのは許されないのかもしれない。そこで、もう少し書き込んでおくことにしよう。

ぼくはもともとJ・Pサルトルやキルケゴール、M・ブーバーといった実存主義をベースにした社会主義思想で青春時代の自己を確立してきた（反歴史主義的認識論である構造主義や歴史主義的認識論であるマルクス主義には高い関心を持っていたし、両者の論争なども心得ている）。だからマルクスの考えは尊敬するが、自称マルキストが主張することには違和を感じていた。ちょっと飛躍するが、階級理論からリブを批判するマルキストが多い。でも、それは誤りであると思っている。マルクスならリブを支持したはずである。

階級闘争の発見はマルクスではなく、女性解放闘争の旗手、フロラ（歌詞ではフローラ）・トリスタンである。マルクスは彼女の発見に共鳴し、彼女を擁護。女性解放の旗を振る彼女に、仲介者を通じて会いに行こうとさえしていたのである。マルクスのこの心情を理解できない思想家（日本のマルキスト。ヨーロッパにこんなマルキストはいないようだ）と、ぼくとはちがう。

ここで注目すべきことはフロラが私生子であったということだろう。彼女は家族制度が作り出す矛盾（身分差別）の解消と階級闘争の必要性の両面を同時に見据えていた、ということである（ヨーロッパのマルクス主義フェミニズムは家族制度に着目しているが、私生子問題の位置づけは薄学であるボクとしては不明としかいえない）。ぼくはマルキストではないが、マルクスの理論構成には共鳴を超えたものを感じているし、フロラを支持したマルクスをなによりも愛している。

一周年の当日、配布した資料の中に、フロラとポーリーヌのプロフィールを納めておいた。ふたりはいずれ、フェミニズムの広まりとともに脚光を浴びてくるのではないかと期待していたが、日本にそうした流れはやってこなかった。そこで以下、当時のぼくのつたない文章、彼女たちのプロフィールをそのまま掲載しておこう。

フロラ・トリスタン（一八〇三―四四）

生涯については歌の中で触れているので省きます。ただ、思想傾向としては初期フェミニズムの中でももっとも注目すべき女だといえ、多くの著作を残しています。とりわけ重要なのは空想的社会主義の代表のようにいわれるシャルル・フーリエと科学的社会主義の祖カール・マルクスとを、橋渡しする位置に彼女の思想があったと思われること。しかもそれが女性解放・性解放を包み込んでいることだ。近年、この点での研究がフランスのフェミニストの間で高まっているので、興味深い事実が明かされるかもしれない。

一八三五年、彼女はフーリエに会い、影響を受けている。三八年、『賎民巡歴記』を書き、女性と奴隷の解放を訴えて以来、小説『メフィス』、ロンドン旅行後は『ロンドン散歩』『労働者連合』を書いている。女性の団結、労働者の団結を国を越えて訴えた点は評価も高く、コンシデランの政治宣言に受け継がれ、そこからエンゲルスの『共産党綱領』、マルクスの『共産党宣言』に流れ込んだらしい。

『ドイツ・イデオロギー』の中にも彼女の名前が登場する。マルクス、エンゲルスの文献に女性の名が登場するのは稀有なこと。しかも彼女を道徳的な角度から批判する勢力に対し、彼女を弁護・支持している。実際マルクスは彼女に会いに行こうと考えていたことがある。もっとも彼女の真髄は言葉や理論を越えた行動、徹底した活動家だったことにある。この点ではマルクスも頭が上がるまい。私はマルクスがヘーゲル左派からサヨナラし、〝二重の転倒〟をやってのけた遠因にフロラらの活動があったと信じている。

☆この期をもっと知るための参考文献

黒木義典『フロラ・トリスタン』（青山社）、L・アドレール『黎明期のフェミニスム』（人文書院）、志村明子「一九世紀前半フランス空想社会主義における女性解放思想」（花園大学『研究紀要』）

ポーリーヌ・ロラン（一八〇五―五二）

フェミニズムの成立史を語るとき、サン＝シモン主義、とりわけアンファンタンによる宗教的性解放（女性メシア待望論とエロスの復権）運動を抜かすことはできない。また、アンファンタンの運動を語るとき、自由恋愛の教義に全霊を捧げ、最も激しく生き切った女、ポーリーヌ（歌詞ではポーリヌ）を抜かすことはできない。彼女こそフランス七月革命の落とし子だった。

ポーリーヌは一八〇五年、ファレーズで生まれた。七月革命の熱気を手にしようと三一年にパリに出、サン＝シモン主義に投じる。妊娠後も非婚を貫き、ついには三人の子の母となる。ジョルジュ・サンドの『ルヴュー・アンデパンダント』紙に「トマス・モア」「女性の歴史」などを執筆。一時、病に臥せり、失意の中にあったが、再起。四八年に女性クラブの代表になってプロレタリア女性の結集に努め、ジャンヌ・ドロワンとともに女工たちの機関紙『女性の意見』を発行。協同組合づくりと労働組合連合の結成に成功する。

一八五〇年五月、影響力の増大を恐れた権力の陰謀によって、ジャンヌら五人が逮捕・起訴されたが、ポーリーヌの起訴理由は「三人の未婚の母という形で、結婚に抗議した科」というひどいものだった。裁判でポーリーヌは「マダム」と呼んだ裁判長をどなりつけた。

「私はフィーユ（未婚女性）です。結婚はしていません」。このときは六ヶ月で出獄。しかし、すぐにクーデター容疑で軍事法廷に引き出され、正式な裁判もないままに重罪扱いのサン・ラザール監獄へ。その後、アルジェリアのサン・グレゴアール砦→ボン・バストール尼僧院→セチフとたらいまわしにされ、一八五二年の末に釈放となる。護送船でマルセーユに帰る途路に他界。一二月一六日のできこと、リネンの服一枚とズックだけの姿だった。

歌は悲報を知ったヴィクトル・ユゴーが亡命先のジャージ島から献呈した詩に、佐藤が手を加えたものです。

星くん追悼忘年会

♪　歩こう　歩こう　男たち　　女や子どもと　手をとって
♪　歩こう　歩こう　男たち　　自然とともに　手をつなぎ
『男の行進曲』詞・曲　ぼけまる

すがすがしい表情のポートレートの横に、「追悼　星　建男　2009年6月26日」の文字とぼけまるさんの歌が添えられている。二五年にも亘って出し続けている個人誌『ひと　それぞれに』の第五一号（二〇〇九年前半号）だ。記事の中には「マイケル　ジャクソンが亡くなった時刻にボクの★が逝っちまった」とある。

「『協力者から、共同の主体者へ』という一枚のチラシ……、兄貴との出会いはこうして始まった。『集会』に参加した中の一〇人ほどの『おとこ』たちを中心に、七七年秋に『おとこの子育てを考える会』が発足した」と（公式発足は七八年四月）。そうだったのか。ぼけさんと星くんは千駄ヶ谷区民会館での集会で始めて顔をあわせたのだったか。あらためて往時をふり返る。

ぼけさんが谷保（国立）にお店を開いたのは一九九一年一一月。たべ・のみ・スペース「かけこみ亭」だ。以来、『考える会』はここを忘年会の会場にしてきたようだ。そして二〇〇九年一二月二〇日、この日は「かけこみ亭」での星建男・追悼忘年会。かけこみ亭にはオープン時の協力を含め、たくさんの思い出を積み上げてきているが、「男の子育ての会」の忘年会には初参加である。

JR南武線谷保、隣に新駅ができたものの、この駅は一八年、たたずまいをほとんど変えていない。南口の駅前ロータリーを横切って、記憶の底に沈んでいる花屋を探した。やや離れたマーケットの入り口にその店はあった。品数が少ないので選ぶまでもない。一輪の白ばらを手に取った。店番は隅に小さくなっているおばあさん。リボンをかけて、と頼むのには気が引けた。でも一輪でなければならない。リボンも必要だ。

願いを伝えると、おばあさんは思いのほかの大声で人を呼ぶ。奥から出てきたのは孫だろうか。上背のある三十前の壮年だ。青と白、二色のリボンを重ねて、花輪のやや下あたりに星型の結び目を作ってくれた。不器用そうな手つきだったが、仕上がりはとても美しい。いうまでもなく、星くんの遺影に捧げるための花だ。

かけこみ亭にはすでに一五、六人が集まっていて、しめやかというよりは和やかな雰囲気。見知った顔もちらほら。ぼくらが始めた出生届の窓口闘争に最初に呼応。中野区で闘ってくれたE藤さんカップルに会えたことは予想外の喜びだった。追悼忘年会は、星くんが始めた（ほとんどの作品が彼の脚本）おとこを見つめ直す寸劇「オットコ一座」が残した膨大な公演記録を編集したフィルムの上映からスタートした。笑いいっぱいの寸劇だが、参加者の多くが出演者。失敗シーンなどもあって会場は爆笑の渦となった。

本稿は一九七一年ごろから『戸籍』出版の一年後、一九八二年までのアンソロジーである。したがってそれ以降の男たちの運動には言及していない。しかし、おとこの男自身からの問い直しはむしろ、その後本格化したといっていい。なかでも男の子育てを考える会が果たした、あるいは同会の「オットコ一座」の出前公演が果たした役割の大きさははかりしれない。それぞれが仕事を持つなか、全国を駆け回り、二〇〇回を越す公演を重ねた。

九一年には関西で「メンズリブ」が機関紙『メンズ・ネットワーク』をスタートさせ、九五年には大阪で「メンズセンター」が旗揚げ。関西発の運動が全国に広がりを見せ始め、二〇〇〇年には東京でも「男のあり方を問う会」が発足。『男から男へ』を発行している。そんな中、味沢道明、水野阿修羅、伊藤公雄、伊田広行、セクシャル・マイノリティーでは平野広朗、蔦森樹など、多くの「男性論」の論客も登場している。

なかには目を見張るほどの切れ味を見せる論考もあるが、問題はやはり「論」ではないだろう。外から切って見せることも大切かもしれないが、中から矛盾を引きずりつつ、しなやかにしたたかに生きつづけてみせること。日々のそのありようこそが大事なのだとしみじみ思う。上記の人たちはみな、いきざまそのものが主張と分離していないようである。

終生それを貫いて見せてくれたのが星建男、キミではないかとあらためて思う。ぼくの先行きだって、もう知れたものではないが、ぼけまるさんが抱きついてきて涙顔で訴える。「したたかに生き残ろうぜ。頑固じいさんになったっていいじゃないか」。ぼけさんが飲みながらギターを抱えた。こうなると長くなる。ゆっくりといろんなことが思いめぐらせられる、うれしい晩だ。

ウーマンリブがやってきた

アーカイブ編

「未婚の父」は闘うゾ！

元新宿区役所戸籍吏　佐藤文明

解説　筆者が婚外子差別との闘いを宣言した最初の文書で、リブ新宿センターから依頼を受け、一九七四年一二月二〇日頃に書き上げたもの。掲載紙はリブニュース『この道ひとすじ』一五号（一九七五年二月一〇日発行）。「マン・リブのページ、特別手記！」となっている。原文は『リブ新宿センター資料集成①』（リブ新宿センター資料保存会編、インパクト出版会、二〇〇八年）中にあり。以下は、自称の変更を除き、ほぼ原文どおり。

「なんでうちの子は長女って呼べないいんですか」

「どうしてあの子とわたしとは籍が別々なんですか」こんな質問に答えるのがかつての筆者の仕事だった。新宿区役所の戸籍係。婚姻だとか、出生だとか、書類によって人間を切りきざんでいくオッソロシイ職業だ。

「だって、あなた、その子を生んだとき結婚してなかったでしょう」〝ケッコン〟という、ありとあらゆるものをとりつくろい、飾りたててしまう魔法の言葉。その言葉がひきつった舌の先からこぼれ出るとき、筆者は自分を限りなく嫌悪した。

「法律や規則ではそうなっていますから」

国家意思の代行人でしかない筆者の伝家の宝刀だ。そこにしか筆者の逃げ道はない。いわゆる私生子に対する戸籍上の差別に、憤るべき母が、かえって自分を責めて背を丸める。いわく、「そうですか……」

それで終わりだった。いつだってそれで終わりだった。

結婚？

その筆者にやがて子ができる。ボクの子？もちろん！　でもちがう。筆者は子どもを所有しない。

「結婚しないなら子はオロセって医者に言われたんで頭にきちゃった。いやです、生みます、って叫んじゃったわ」そういってアイツが〝未婚の母〟になることを決意したとき、筆者の前で世界は一瞬輝いた。――バカなことだよ。世界は一瞬たりとも抑圧の手を休めたりなんぞしなかったのに。生まれちゃいけない子が生まれてくれれば、次はそいつを追い出しにかかる。権力の手順とはそんなもんで、これが私生子差別というやつだ（未婚の父なんていっちゃいられん）。

だけど〝親の因果が子に報い〟なんて冗談じゃないぜ。なにが因果だ！　権力の手でつくられた因果応報のサダメなどに、だれがあまんじてばかりいられるものか。

子への抑圧・差別とは、実はわれわれ自身への手カセ、足カセ。子の差別からの解放を要求するわれわれを、権力は間接的に殺そうとする。

「あんたたちはいいさ。でも子どもがかわいそうだよ」親切ごかしに忠告するエセ・ヒューマニストの群れ。その言葉はわれわれの生き様を〝ケッコン〟へと、家庭へと封じ込め、国家はそれを家族もろとも掬い上げ、管理する。

子は家庭に所有され、抑圧されて再び〝ケッコン〟への道を強要されるのだ。このタクラマレた連鎖を、いつかだれかが断たねばならない。

男の一存

本音を吐いちまえば、〝未婚の母〟〝私生の子〟という、この差別と抑圧の直下にある社会的身分を生きなければならないアイツと子どものことを思うとき、筆者は〝ケッコン〟でもなんでもヤッチマオか、と考えた。ところが、その瞬間、筆者はまたしてもタタキのめされてしまったのだ。

戸籍や住民票は男の一存でどのようにでもとりつくろうことができるのだ。女や子どもはここでも受身。男が〝してやる〟のをただ待つだけなのだ。そんなアホな！

それなのに筆者はそこへ逃げようとした。しかし、その延長線上には女や子どもの解放はおろか、男の解放もまた、ないのである。

「子どものために偽装結婚でもするか」

筆者はアイツの意思を確かめた。

「イヤ！」それがアイツの答えだった。

男の一存とは無縁に、父母のイキザマとは無縁に、子の人生は独立していなければならない。親の生き方の違いによって子が差別されるのを許してはならない。

〝未婚の父〟を意識的に選んだとき、筆者は真に子の側に身を寄せる。すべての子どもたちと男とのカカワリを求めて、筆者は子どもに対する所有権を放棄する。

と同時に、差別社会を作り上げ、その存続を許した先住者のひとりとしての責任から、子に対する差別と闘う。それはもう〝父として〟でもない。


道は遠くても……

カッコイイ結論。子にとっちゃいい迷惑かもしれない。でも、そこにしか、筆者と子の真の出会いなんてありっこないんだ。


ことに筆者は、かつて戸籍係として多くの子を処分してきた張本人。

戸籍記載上の私生子差別との闘い、これはまた権力意思の代行という自己矛盾の中で苦悩し、胃をメタメタにした筆者の過去に対する怨念の闘いでもあるんだ。

権力に売り渡してきた頭脳を、筆者はいまから取り戻す。戸籍上、住民票上のいわゆる私生子差別はすべて打倒できる。それどころか、いま騒がれている特別養子制度の問題や、なお残る民法、戸籍法上の女性差別などなど、解体することだってできるのだ。

しょせん戸籍はタテマエにしかすぎない。紙っぺらによって、生きた人間が処分されてたまるものか。いや、紙っぺらによって人間が支配できるなんて思い上がった権力の幻想は、ブチコワサナキャだめなんだよ。

われわれは、権力の実像と闘うと同時に、この幻想とも闘うべきだと思う。幻想も野放しにしておくと実像になる。これがまた、戸籍の、「家制度」の歴史だったじゃないか。

そして今度は「家族制度」だ。夫婦と子、ワンセットの所有関係だけが権力お気に入りの管理単位だというわけだ。戸籍はそれを身分上から強制する世界で唯一の制度なのだ。この国に生まれた不幸はここにもある。

私生子差別を押しつける戸籍制度を解体する一歩として、われわれはこの六月、役所と裁判所に対して、呼称上の差別に関する不服申し立ての訴えを起こす。

現行の戸籍と住民票は、私生子の続柄上の呼称を婚姻夫婦から生まれた子（嫡出子）と差別している。

「どうしてそんな必要があるのか」という、素朴な質問からわれわれは出発する。そして行ける限り遠くまで。子の、家族制度からの解放を勝ちとるまで。

ビラ

私生子差別と闘い戸籍制度の解体を目指すために

解説　〈私生子〉差別をなくす会発足以前に、筆者が発行した個人ビラは都合四枚。一号は一九七五年三月一四日、二号は四月二八日発行で、同日、渋谷区役所に提出した要請文をそのままビラにしている。つまりこれはビラというよりも婚外子差別に抗議する要請文そのものである。

三号は五月一〇日、リブ・センターでのティーチ・インにむけて発行したもの。このほかに資料五枚を用意したのだが、本書では省略する。四号は七月はじめに発行したのだが、これも省略する。

第2号本文（対渋谷区役所「要請」文全文。一九七五年四月二八日提出、渋谷区役所文書課同日受付）

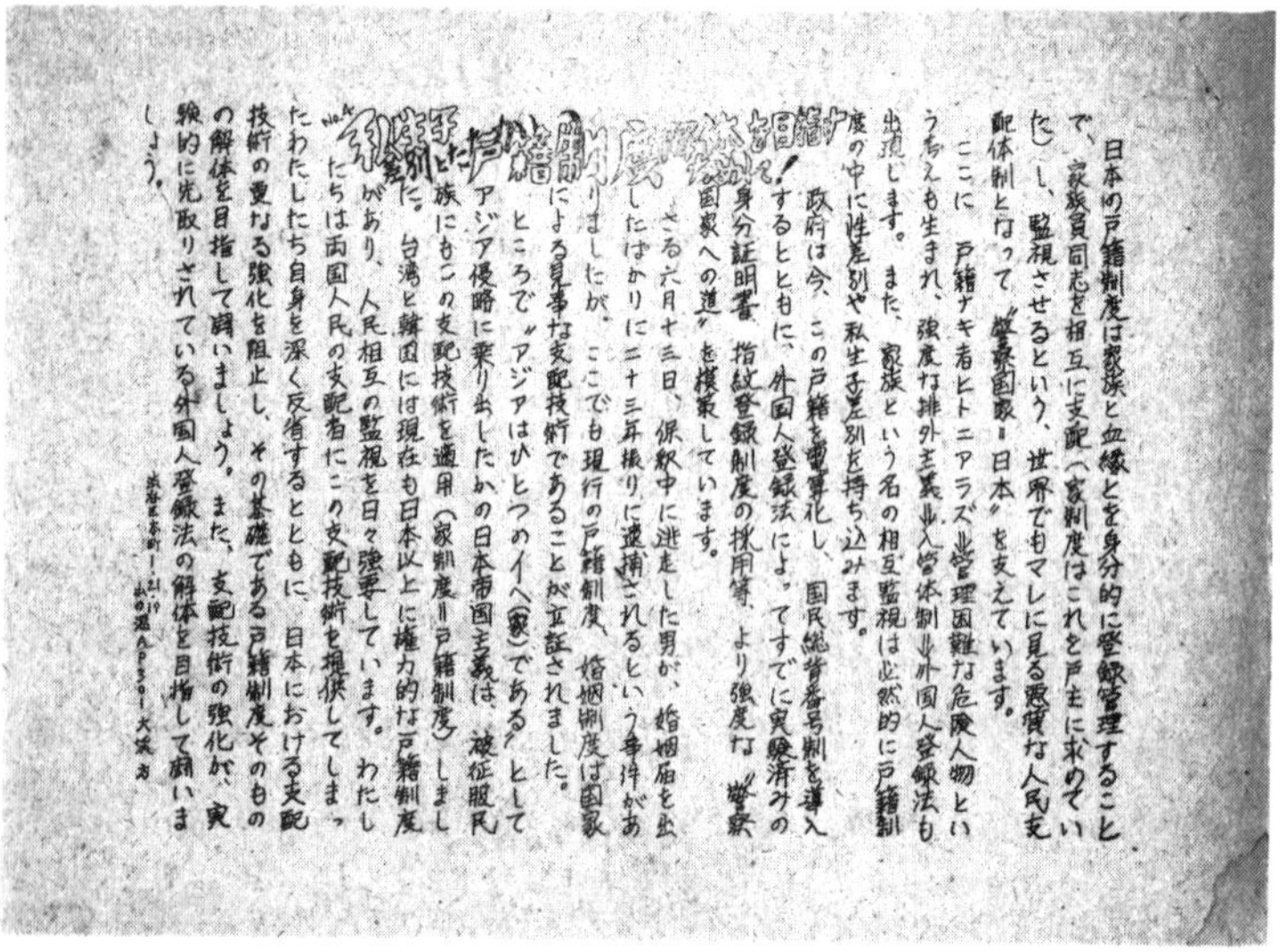

No.4 私生子差別とたたかい戸籍制度解体を目指そう！

日本の戸籍制度は家族と血縁とを身分的に登録管理することで、家族員同志を相互に支配（家制度はこれを戸主に求めていた）し、監視させるという、世界でもマレに見る悪質な人民支配体制となって〝警察国家＝日本〟を支えています。

ここに　戸籍ナキ者ヒトニアラズ⇒管理困難な危険人物という考えも生まれ、強度な排外主義⇒入管体制⇒外国人登録法も出現します。また、家族という名の相互監視は必然的に戸籍制度の中に性差別や私生子差別を持ち込みます。

政府は今、この戸籍を電算化し、国民総背番号制を導入するとともに、外国人登録法によってすでに実験済みの身分証明書、指紋登録制度の採用等、より強度な〝警察国家への道〟を模索しています。

さる六月十三日、保釈中に逃走した男が、婚姻届を出したばかりに二十三年振りに逮捕されるという事件がありましたが、ここでも現行の戸籍制度、婚姻制度は国家による見事な支配技術であることが立証されました。

ところで〝アジアはひとつのイエ（家）である〟としてアジア侵略に乗り出したかの日本帝国主義は、被征服民族にもこの支配技術を適用（家制度＝戸籍制度）しました。台湾と韓国には現在も日本以上に権力的な戸籍制度があり、人民相互の監視を日々強要しています。わたしたちは両国人民の支配者にこの支配技術を提供してしまったわたしたち自身を深く反省するとともに、日本における支配技術の更なる強化を阻止し、その基礎である戸籍制度そのものの解体を目指して闘いましょう。また、支配技術の強化が、実験的に先取りされている外国人登録法の解体を目指して闘いましょう。

渋谷区本町1-21-19 山の道AP301 大矢方

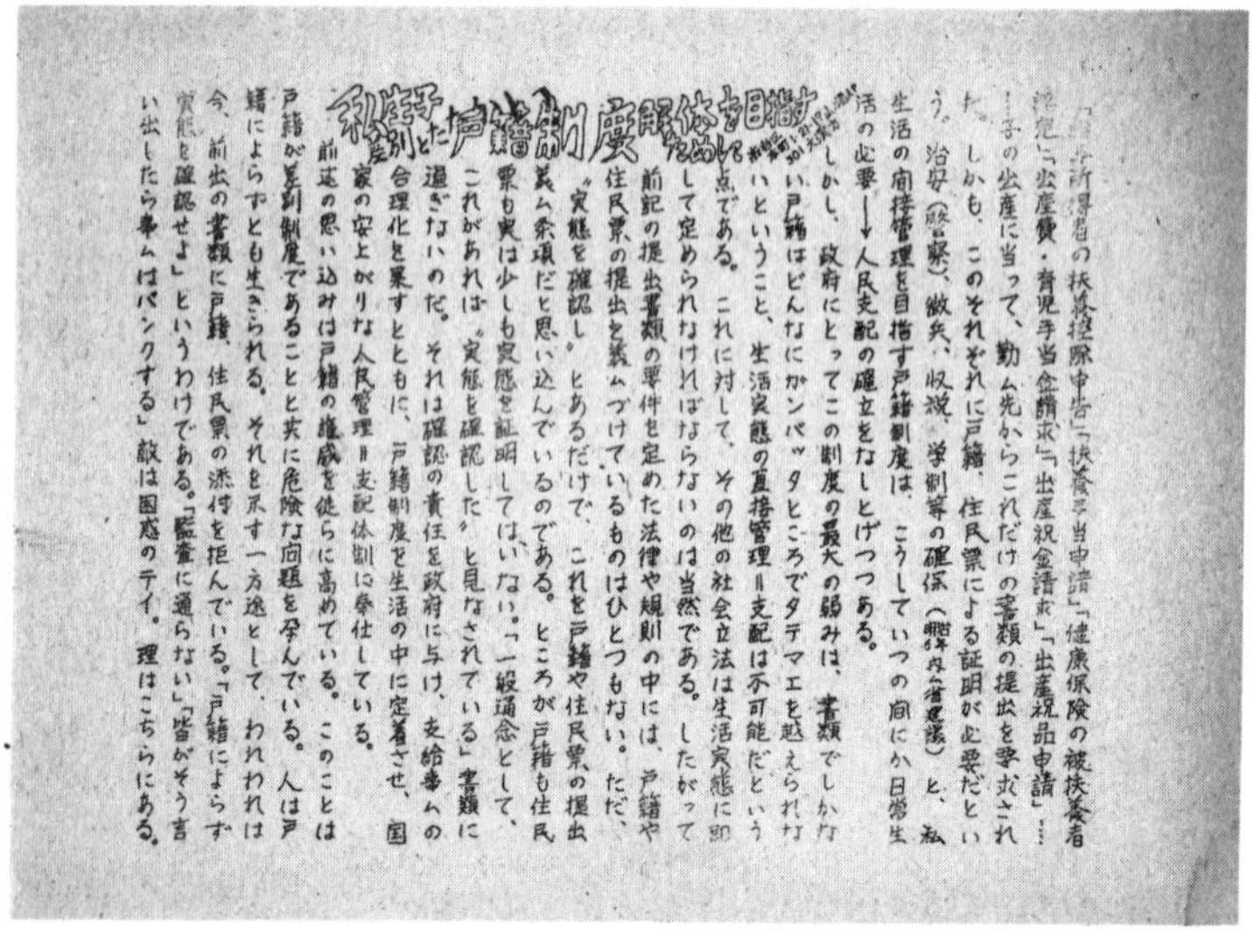

私生子差別とたたかい戸籍制度解体を目指すために

「所得税の扶養控除申告」「扶養手当申請」「健康保険の被扶養者認定」「出産費・育児手当金請求」「出産祝金請求」「出産祝品申請」……子の出産に当って、勤ム先からこれだけの書類の提出を要求された。しかも、このそれぞれに戸籍、住民票による証明が必要だという。

治安（警察）、徴兵、収税、学制等の確保（明治政府の布告）と、私生活の間接管理を目指す戸籍制度は、こうしていつの間にか日常生活の必要→人民支配の確立をなしとげつつある。

しかし、政府にとってこの制度の最大の弱みは、書類でしかない戸籍はどんなにガンバッタところでタテマエを越えられないということ、生活実態の直接管理＝支配は不可能だという点である。これに対して、その他の社会立法は生活実態に即して定められなければならないのは当然である。したがって前記の提出書類の要件を定めた法律や規則の中には、戸籍や住民票の提出を義ムづけているものはひとつもない。ただ、〝実態を確認し〟とあるだけで、これを戸籍や住民票の提出義ム条項だと思い込んでいるのである。ところが戸籍も住民票も実は少しも実態を証明してはいない。「一般通念として、これがあれば〝実態を確認した〟と見なされている」書類に過ぎないのだ。それは確認の責任を政府に与け、支給事ムの合理化を果すとともに、戸籍制度を生活の中に定着させ、国家の安上がりな人民管理＝支配体制に奉仕している。

前述の思い込みは戸籍の権威を徒らに高めている。このことは戸籍が差別制度であることと共に危険な問題を孕んでいる。人は戸籍によらずとも生きられる。それを示す一方途として、われわれは今、前出の書類に戸籍、住民票の添付を拒んでいる。「戸籍によらず実態を確認せよ」というわけである。「監査に通らない」「皆がそう言い出したら事ムはパンクする」敵は困惑のテイ。理はこちらにある。

〈戸籍取り扱い上の婚外子に対する差別撤廃に関する要請〉

われわれは現行の戸籍制度のいちいちに疑問を呈するものである。ことに、戸籍上の夫婦―家族保護中心主義は「家制度」の遺制の色濃く、個人の尊厳と家族の保護とは相入れない、として一貫して人間の尊厳を守り抜いた憲法二四条の精神（戦後の憲法国会において、〃ただし、家族についてはこれを尊重する〃の一文を付加せんとする修正案は、上記の理由で否決された）を脅かすものである。ことに「私生子優遇と婚姻尊重とは親族法における永久のジレンマである（「家族法論」）」との青山道夫教授の指摘を待つまでもなく、戸籍制度の婚姻外子に対する差別には目にあまるものがある。われわれは親の生き方の相違が、子の身分の差異を規定するようなことがあってはならないと考える。したがって、婚姻外子に対する戸籍取り扱い上の差別は一刻も早く、なくさなければならない。戸籍を担当するすべての職員は、差別行政を自ら執行するの愚を犯さぬためにも、あらゆる手段を用い、すみやかに差別撤廃の行動に立ち上がられんことを切に願う。このことは最近の特別養子制度制定の動きや、子殺しの問題とも少なからぬ関係があることを充分に考察してみるべきである。

われわれはまず、出生の届書中の「父母との続き柄欄」を告発する。嫡出子と嫡出でない子の別の届出は、戸籍法四九条により義務づけられているが、これは法的効果の違いを身分化するものであり、慎重に嫡出子の定義を避けた民法第七七二条の2の精神に反している。より詳しく見るならば、戸籍簿中における父母との続き柄欄の記載を容易にするために設けられたこの欄は、嫡出でない子を差別するために法的根拠のない届出（嫡出子中、性別ごとにその出生順位を届けさせる）を課している。また、何をもって〃父母との続き柄〃とするか、行政慣例と通達の積み重ねよって一方的に形成されてきた今日の続柄呼称は、概念的見地からみても不適切（長男とか女とかの呼称は〃兄弟との続柄〃

や〝性別〟ではあっても、決して〝父母との続柄〟とはいえない）であるばかりではなく、この呼称が嫡男単独相続制の遺制であることを鑑みれば、これは憲法一四条の重大な侵犯である。われわれは子の嫡出性を、その続柄によって明らかにするいかなる必要もないと考える。

われわれは戸籍制度が抱えるさまざまな差別性に対し、行政当局に全面的な再考を促すべく、あえて「父母との続き柄」欄記載（同日付○○○○出生届出に関し）を拒否する。このことは戸籍制度の持つ差別性のほんの一部であることを知ってほしいと考える。われわれは、この欄の持つ差別性の問題を考えることを抜きに、出生届が受理され、戸籍簿が処理されてしまうことを望まない。それは自らが差別者となるか被差別者になるかを選択することにほかならない。だが、すべての国民は平等でなければならないこと、繰り返すまでもないことなのである。われわれに第三の道は残されていないのか。……渋谷区長にあっては……上記の問題を提起し、関係機関の猛省を促すべく働きかけることを要請する。

泣くということ

茂木文明

解説　メンズ・リブのグループ「東京おとこ井戸端会議」が一九七五年六月一五日に発行したパンフレット『男の友（VOL1）』に寄せた筆者の論考。「茂木文明」は筆者のペンネームで、当時よく使っていたもの。

　この文章は『女から女たちへ』の共同編集者であった溝口明代、三木草子、佐伯洋子が編集した『資料　日本ウーマン・リブ史』第三巻（松香堂書店、一九九五年）に収録されている。おなじペ一ジにおなじパンフレットのコラム「知ってるかい」が搭載されているが、これも筆者の文章。別なペ一ジには〈私生子〉差別をなくす会の機関紙『無籍苦籍』創刊号も搭載されているが、こちらには佐藤文明の名がある。

〝涙はオンナの武器〟なるほど、そんな場面にボクもずいぶん出くわした。そのたびにボクが感じたものはふたりの間に開いている相互理解を阻む溝の深さだった。

　なんでそんなことで泣くんだろう

……なにか遠い星の世界で起こった不可解な儀式でも眺めているような錯覚に陥った。そんなとき、多分立派な男であれば、慰めの言葉のひとつでもかけてやるのが筋なのかもしれない。でも、ボクは決して立派じゃないから、同じカナシミを共有しようとして同情もできず、茫としているしかなかったのだ。

〝泣くなよ、泣いたってボクにはわからない〟何度その言葉がボクの口から出たことか。しかし、泣いている本人にも分からないからこそ泣くのだということはボクも知っている。原因があっても対策がないから泣くのだということはボクも知っている。

　そんなとき、オトコはどうしなければいけないのか。対策などなくてもあると思い込んで、強引に方針を打ち出すのだ。自分に信じ込ませさえすれば涙なんか出ない。感性系の頭脳を思索系の頭脳によって支配すること、それが泣かないためのテクニックだ。

オンナが涙を武器とすれば、オトコは泣かないテクニックを身につける。こうしてオトコとオンナは限りなく引き裂かれていくのだ。オトコが方針を打ち出し、オンナが従う芝居をつづけながら。

「オトコは母親の死に目以外には泣くもんじゃない」と、泣き虫だったボクをたしなめたチチを覚えている。チチはけっして権力的な男とはいえなかったから、この言葉がどれほどボクに影響を与えたかは定かではない。

いま、ボクはチチの言葉どおり、〝泣かない――泣けない〟オトコになった。多分、ハハの死に目にも、ボクは泣くことがないだろうと感じている。

いつの日からかボクは、泣きたいときに泣かなかったために〝泣くことのできないボク〟になってしまった。いまのボクにはイカリやクヤシサはあっても、カナシミはないのだ。ボクは男であるがためにカナシミを奪われた（ちなみに同情や共感の涙、悔し涙を奪われたわけではない。涙もろさは子どものときのままである）。

いま、ボクは失われた自分を取り戻し、自分らしさを取り返したいと感じている。「泣くことが女々しい」なら、ボクはその「女々しさ」を手に入れたい。それはボクのものでもあったのだ。

〝泣く〟とは何か？　なんと解決困難な疑問だろうか。解放社会にあっても人間はなお泣く（ナキワメクとはちがう）だろうか。

ボクは、泣虫だった頃の、あの泣くことのツラサを覚えている。ノドが引きつるあの苦しみを覚えている。あれは確かに何かに耐え、表現したい何かを抑えている状態だ。表現さえ見つからない状態だ。

だから、おそらく「泣かない――泣く必要がない」ということは自分の表現が自然に外に流れ出している証拠であり、それだけ自分が自由に生きていることの現れだろう。だけど「泣けない」ということはどうなのだろう。ボクは男であるがために「泣けなく」なった自分、情況とは無関係に「泣けない」自分を怪しむ。

〝泣き上戸〟というやつがある。酒を飲むと悲痛な顔をして泣き出すテアイだ。でも、ボクは不思議なことに酒を飲まずに泣ける男を見たことがない。男は、酒なしに〝オトコ〟を捨てることが、できないということか。とすれば男とは、あまりにもミジメな、あまりにもサビシイ生物ではないか。「涙を見せてはいけない」立場に追い込まれ、そこからの脱出さえもできない哀れな生物ではないか。

ボクはいつから「泣かなく」なり、そして「泣けなく」なったのか。オトコらしさから自分を切り離したという欲求から、ボクはそんなことも考えてみた。そしたらどうだ。「泣かなく」なる前に、すでにボクは「ナキワメケ」なくなっていたではないか。トリミダセなくなっていたではないか。ボクの心に穿たれた傷は深い。あまりにも深すぎる。

オンナがオンナらしくあることを拒む以上に、オトコがオトコらしくあることを拒むことのほうが遥かにシンドイのではないか……。いま、ボクはそんなことを思っている。泣くことを禁じられた自分をウトマシク思っている。

泣きたいときには泣く、なぜそれができないのだ。少なくとも、この社会はカナシミを不要にするような解放社会ではない。なのに、〝男〟というだけで、この自然な感性を奪われているということは重大なことだ。

ボクはいまムショウに泣きたいと思っている。泣くことのできぬ〝男〟から解放されたいと思っている。押しつけられたオトコらしさから逃げ出したいと思っている。

でも、「女々しく」泣けるオンナの涙がどこまで自然なのか、ということをボクは疑う。常に涙で先手を取り、ボクに〝泣いてなんかいられない〟と思わせるオンナの涙をボクは疑う。

ボクのマン・リブはオンナらしさをも手にしたい、という欲求ではない。もっと自然なボク、解放されたボクを見つけたい、という欲求である。それはもうオトコらしさでもオンナらしさでもない。一切の〝らしさ〟の押しつけを超えて、ボクはあなたと出会いたいのだ。

そのためにも、〝泣ける、ということ〟は無視できない。カナシミの共有が可能な自分を、ボクはいま、開きたいと欲している。その上で、カナシミの不要な世界を欲している。

「婚姻＝家族」制度の外で

解説 新左翼活動家が親の世代になり、子どもの保育を模索する季節が始まった。共同保育を中心に子育てを考える現代書館のシリーズ企画『現代子育て考』（同編集委員会編）Ⅰ～Ⅲが出版され、そのⅣとして編纂されたのが「男の子育てを考える会」編の『男と子育て』（一九七八年）だ。シリーズⅤは再び「現代子育て考」編集委員会編。一九七七年一一月、「男の子育てを考えるシンポジュウム（スローガンは「協力者から共同の主体者へ」）」（主催・同実行委員会）が、開催されたが、マスコミの報道にも助けられ、三〇人程度と考えていたシンポの参加者は一二〇人（当方は参加せず）。この盛況を背景に、練られた企画である。当方には、現代書館の社員で「男の子育てを考える会」メンバーの金岩宏二から執筆依頼があった。文中※部分は本書所収にあたっての補記分。

ツレアイから子を産む決意を聞かされたのは七四年一〇月。それまでにもいろいろ考えてきたし、子どもたちとのかかわりを持ったりもしてきた（集会託児を引き受けたり、ママさん教室の間、子どもたちを遊ばせるバイト＝相模湖ピクニックランドや保育園の遠足バスの添乗員もやった）んで、さほど慌てることはなかった。半分恐いが、半分楽しみな、くるべきものがやってきたたと受けとめた。

出産が二、三年前だったら、たぶん、もっとドタバタしただろう。思想的にも混乱し、生活もどうなっていたか分からない。いわゆる市民社会の〝生活〟というものに腹の底から憎しみを持っていたボクだから、突然、自分の〝生活〟なんて始められるわけもない。

この間、どんなことをし、何を考えたのかには触れまい。ただ、家族制度を徹底的に批判する以上、子どもの問題については人一倍考えざるを得なかった。そんななか、リブ運動に出会ったことは大きかった。制度の外で子と生きる、その自信みたいなものを与えられたような気がする。

制度のこと、出産準備のこと……子が生まれることを知ってからも、わりに醒めた目で生活のことを考えた。ツレアイもけっこうクールだった。〝未婚（当時、非婚という言葉はなかった）の母〟の置かれた立場、〝私生子（当時、私生児と呼ぶのが普通だった）差別〟などをふたりで勉強した。

新婚さんのような顔をして不動産屋を回ったり……、納得はいかなかったが、楽しくもあった。そういう顔をすると、この社会、けっこう優しいんだなぁと思うのだ。いろいろ心配してくれる。この、よけいなお節介がクセモノだったりするのである。

近所の肉屋で、アイツは「オクサンって呼ばれた」と腹を立てた。しかし、肉屋のオッサンから見ればほかに呼びようもないなあ。まさかお嬢さんでもあるまいし――うまくできた世の中は、あまりキリキリしても壊せない。じっくり長期戦を構えよう。

〝育児書〟なるものは一切読まなかった。常識という麻酔薬がてんこ盛りの、このテのものはクセモノだ。ボクらの実践で、新しい育児書を書き下ろしてやる、そんな自信も持っていた。出産にあたってはちょっとした医学書に目を通したぐらいだ。闘う者には陰の支援者がある。小児科学会の第一人者がわざわざボクに会いにきてくれ、大学病院のベッドが、万一のために備えられた。

出産の一ヵ月前からボクは仕事をやめた。フリーのライターだからやれる芸当だが、その後一年、育児はボクが引き受ける。〝育児書〟なし、に不安がなかったわけじゃない。オジイチャン（もっともこいつは役立たずらしい）オバアチャンの経験を受け継ぐこともできないのだから。ボクらは親とも完全に切れたところで子を産もうと決意していた。

アイツが出産に立ち会えというんで、そいつはいいと同意した。そうなると病院はダメ（それだけじゃなく、流れ作業も気に食わないが）。自宅出産も考えたが、結局は産院の助産婦さん（新宿の保健婦さんから紹介していただいた渋谷の人）に頼むことにした。これは大いに成功だった。出産後一週間の入院中、お産婆さんの育児方も見習うことができたからだ（というよりも一生懸命手ほどきをしてくれた）。ミルクのやり方はもちろんオムツの当て方、風呂の温度の見方、入れ方。ガーゼなどの使い方……、実践指導してくれたのがうれしかった。

出産の瞬間をカメラに収めたボク。申し出たときはケゲンそうな顔をしていたお産婆さん。いざとなったら彼女のほうが夢中で「長い経験の中でも最高の出来」、とばかりに写真を欲しがった。

さて、ボクがある共同保育所の保父として、週一回、ローテーションに加わり出したのも考え方の問題ばかりじゃない。〝育児書〟の代わりといっては変だが、仲間から仲間へと伝えられる育児体験。核家族の多い東京では、彼らが古い家族制度に絡め取られないためにも、そんな場が必要なのだ。そしてボクも必要とした。

共同保育所にはいろんな齢の子どもがいる。いろんな考えのおとながいる。ボクにはそれがとてもうれしかった。考え方の問題で、内部はかなりギクシャクしていたけれど、ボクは意外に平然としていた。思想にはうるさいひとと思われていたボクが、あんなギクシャクした中で、悠長に構えているものだから、不安を呼んだのかもしれない。かえって誤解されもした。「あんたって、怒ったことがないんでしょう」……ちがうのである。子育てをめぐって、これだけの人が関与すればギクシャクして当然なのだ。整然と進むほうが恐ろしい。ボクはギクシャクを適度に楽しんでいたのである。

唯一の保父だったが、あまり性別を意識しなかった。自然にやっていた。というより見ようとも見まね、性差を意識する余裕もなかった、というのが正直なところだろう。だからそれが、作られた〝男の仕種〟を意図せずに持ち込んでいたことはたしかだろう。しかし、いわゆる〝男らしさ〟の尻尾は、リブとかかわることで多少切り落とせたと思っている。人格のど真ん中に居座っているやつはとても払い切れるものじゃあないが……。

〝男も子育てを〟という保育所に靴ベラがない。気づいたのはボクであること、やはり男なのだろうか。もっとも、靴ベラを必要とするスクウェアーな男は、最初から対象外だったのかもしれない。いろんな問題を抱え、それだけに可能性も秘めていた保育所だった。一年半で頓挫してしまったが、そこにかかわった者たちは、その後もいろんな場で子どもの問題を考え、それぞれに実践している（子どもの預けあいネットワーク「アンファンテ」を組織したK田さんもそのひとり）。素晴らしいエネルギーに満ちていたわけで、それを思うと残念だが、そうであったからこそ「あのね」は難かしかったのかも知れない。

子どもを持ってボクは弱くなった。と同時にいろんな矛盾を自分のものとして感じられるようになった。子を連れて街を行くことは、ボク自身を非能率的な者にする。歩道橋はにわかに高くなり、軽やかに信号を無視しては横断していた甲州街道の車は、突如、恐怖の奔流となる。ラッシュは子の活動を制限し、ボクを脅かす。乱暴な男に「なんだよ」と食ってかかったボクが、スゴスゴ避けてしまう。

ここまでしゃべったら保母のYさんから反駁された。

「あたしは子を産んでなお強くなった。それまで黙っていたことでも、今じゃいう」

〝女は弱し、されど母は強し〟なんて言葉をそのまま認めるんじゃないが、どこか違う。なるほどな、と思うのだ。〝男は強し、されど父は弱し〟とすれば、男は別に強くなんかないのだ。ただ、他者との関係を無視し、弱者を切捨て、能率的な生産者として幅をきかせているにすぎない。きっと、そうでない男もいるはずなのだ。

騒音、振動、排気ガス……、そして子どもから一時も目が離せない敵意に満ちた環境。都市とはかくも恐ろしいものだった。言葉ではよく知っていたこと。その廃絶を叫んでいたボク。しかし、その頃のボクが見ていた都市とはプラスチックな都市だった。それが一変し、あちこちで牙をむき、黒々と穴を開け、奇怪な気流が渦巻く驚異の都市になった。風景が鮮やかに変わってしまった。

大量のオムツを乾すために、それまで穴倉のようなアパートに潜むことで自分の落着きを保ってきたボクが、飢えたように太陽の光を求めるようになった。まばゆい太陽の恵みと、その果実。自然主義者じゃないから、もうすこし論理的に受け止めはするが、ともあれエコロジーの大切さを身をもって感じる。そしてまた、我々が奪われてきたものが、いかに大きなものだったかを、あらためて感じる。健康で文化的な生活とはおよそ遠い、この都市の中で、安アパートの犇《ひしめ》く街の中で、たくさんのひとたちが子育てをやっている。その一人ひとりの憾《うら》みが伝わってくる。誰がこんな街を作り出し、誰がこんな街に子どもらを閉じ込めた。ボクの憤りはますます拡大し、ますます先鋭化する。こんな国を作ったやつらを決して許さない。

とはいえボクも、こんなプラスチック都市に、これほどたくさんの子どもが生きているなんて、それまで思ってもいなかった。日照もおぼつかないアパートのあちこちの窓辺で、オムツが翻っているなんて気づきもしなかった。気になったのは女性の下着(は冗談だが)、か、祭日の日の丸ぐらいのものだ。都市はそれ自体、犯罪的なのだ。では、田舎は……。これもまた犯罪的なのだ。自然の中で解き放たれるべき人々が、家族制度の中に閉じられる。村落共同体の硬直した観念の中に従えられる。

いじめっ子が怖くて登校拒否

なにやらとりとめもないことを書いてきた。いったいなにをいいたいのか。自分でもよくわからない。いろんなところで書いてきた。その中で言えなかったことをぶつけているような気がする。と同時に、今の状況の中で、ボクがなにを求められているのかもよくわからなくなってきている。だから、その答えとしてもギコチない。〝男の子育て〟という問題提起があるとすれば、いまのボクにとって〝男〟とは何かが不明だし、〝育て〟とは何かが不解である。少し前には分かっていたような気がする。新聞のインタビューなんかにも答えていた。それが今ではダメなのだ。

このテーマと再度出会うために、ボクは父を考えることが多くなった。父は男の子育ての実践者であり、ボクはその批判者だった。そしてこの思いが、ボクの家族制度に対する徹底した呪詛につながっている。

〝戦後民主主義〟――なにか時候にかかりそうな言葉だが、反動の嵐が吹き荒れる昨今、ボクはこの言葉を大切にしたい。単なる絵空ごとではない。夢を託し、必死に追求した生活者がいたのだ。夢はその後、国家の裏切りに合う。とはいえ、あえない崩壊。夢自体に欠陥があったんじゃないのか。

ボクの両親は武器と名のつく一切のオモチャを手にすることを許さなかった。闘いに狩り出される〝男の道〟を歩ませることを望まなかった。優しい〝女のような〟子になることを願った。小学校時代のあだ名はシスターボーイ。ボクはそれを蔑称ではなく、尊称であると思い込むほど社会関係にうとかった。ボク自身も〝女のように〟優しい子になることを理想としていた。

母はボクの出産を前に、同居していた父の父、つまりおじいさんを家から追い出した。わずか一間先のたばこを喫うにも「おい、キミコ（母の名）、タバコをとってくれ」――ボクを孕みながら、子が家父長的な空気を吸うぐらいなら、離婚してもいいと闘った母に感謝している。今のボクとしては、結婚そのものが〝家〟的ではないかとナジリたくなるのだが、時代を正確に読み取ろうとしている最近では、ナジルどころか感激である。

おなじことは父にもいえる。彼は母を支援し、長男としての責務を放棄。親戚中を敵に回した。それだけじゃあない。三交代という劣悪な勤務下にあって、彼は全力で〝男の子育て〟を担った。ボクを背負って会社に行った。保育園に通い始めたボクに、すてきなお弁当を作ってくれた。くやしいがボクはオヤジほどの努力をしていない。だが、この違いは多分、ボクが彼のあの時代ほどに民主主義の未来を信じていなかったことにあるんじゃないだろうか。

思うところがあって、父母のことを語るなんてめったにないボク。それを絶とうとするボク。しかし、歴史的発展という時代性を考えると、あいつら二人はたいしたものだ。だからボクはもう一歩先を行きたい。多くの子がそうであるように、子は親を超えて先に進みたいと思うものだ。だからアイツ（ボクらの子）もボクらを越えて進んでいい。ボクらの思いを超えて解放されていい。ハナチ（放）とは、ボクらを超えたアイツを認めようとして名づけた、先住者の勝手な思い込みだ。ボクがなお、フレキシブルな感性を持っていたらアイツを追う。なんでこんなことをいうのか。それはボクの両親にボクらを追ってほしいと願っているからだ。親に妥協するなんて言葉はいらない。時代の変遷にミートすべきなのは親たちなのだ（自己の決意の中で硬直する父に比し、母はすごい。どこまでもボクを追ってくる、リアルに新しい時代を吸収してくる。それは〝母〟だからなのか）。

親は古い。変わらんよ。だから安心させるために形だけは整えた（結婚した）、という弁解をボクは許したくない。そんなものはうまくできた世の中に屈服したにすぎない。ボクの両親の闘い（三〇年以上も前のことだ）の水準にも達していない。

ともあれここで、わが父の〝男の子育て〟批判をやっておこう。

〝子育て〟をすればいいという問題ではない。そんなことは当たりまえのこと。あくまでも内容だ。それも理想の突き出しなんかじゃなく、現実を踏まえた上でどうするかということ。つまり、どう闘い、何を変えるかだ。父は闘いを中途放棄（中途までは評価している）した。そして他人とはいがみ合わないという〝理想〟ばかりをボクに押しつけてきた
優しければそれでいいのか。とんでもない。ボクはイジメッコが怖くて登校を拒否した。いとしい仲間を守ってやることもできなかった。泣くボクに、父は何も答えてくれなかった。闘いの手段を与えてくれなかった。シスターボーイが、闘いの手段を手にするために、どんなに苦労したか、父にはわかるまい。病弱でやせっぽちのボクが、クラス一のわんぱくと取っ組み合った、あの革命を父は知らない。ボクは少しずつ、優しい〝女の子のような〟子ではなくなった。それは女たちが闘いに立ち上がり始めた、あの輝きにも似ている。ボクは「男なんかたいしたことない」と思った。

日の丸を背に、生徒たちを一糸乱れぬ統制下に置こうとした先生に闘いを挑んだとき、ボクは父の願いを現実の場で闘って見せた。ところがその先生、ボクの闘いを封じるために、父の生活態度の立派さ（?）を引き合いに出した。やめくれ、もういい！

ということで、そんな話はおしまいにしよう。家族制度とは何か。ボクが嫌悪し、徹底的にぶち壊そうとするものは何か。それを少し話してみたい。

子を愛しすぎたくはない

よく、自分の子は○○にするんだ、という願望がある。ここには、〃する〃という一方的な力と、〃自分の子〃という所有意識とがある。私有物の自由な処分、つまり私的所有である。こいつがどうもよくない。

父は自分から闘いをやめてしまった。生産管理闘争というある種の労働者共同体を産み出そうと激闘したが、力およばず、闘わぬことを選んだのである。その結果として、現実から遊離した理想を子に賭けた。そして、この押しつけを可能にするわが家というものをこよなく愛し、大切にした。外でどうにもならぬ夢を、内で実現しようとした。私的所有の空間こそ、父の幻想にとって都合のよいものはなかった。家族とはそれを許す。つまり、彼が社会へと問題を突き出すことをやめさせる、社会にとっての安全弁としての役割を持っている。

敗戦直前の大空襲の中で焼け出され、炊事場を共有しつつ、なんとか生き抜いてきた地域社会（ボクはそこで生まれた）、それが、朝鮮戦争の特需景気の中で、あっという間にマイホームに分解されてしまったのも、その辺の事情に原因があると思っている。「狭いながらも楽しいわが家……」、という歌謡曲は戦前のものらしいが、ラジオから流れてくるこの歌をボクが鮮明に覚えていることから、戦後のあるとき、この曲がもてはやされたのだろう。

何もできない男どもが、何かをしようと願うとき、核家族こそ楽なものはない。それは小さな天下だ（「家庭は男の城」ともいう）。子の恨みも知らないで……。

そして五、六年後、住宅公団は２ＤＫのアパートの大量建設に着手する。男には表札のかけられる玄関さえあればいいのさ。女には小さなキッチンと洗濯物が干せるベランダさえあればいいのさ……。

共有空間の全くない、個室の密集（僕の友人は当時、共有空間を最大限に生かした公共住宅の設計をテーマにしていた）。あんな団地をいったい誰が設計したんだ。

〃自分の子〃をいとしいと思うなら、すべての子の解放を願うべきだ。〝育てたい〟と思うなら、子の人格を認め、彼とどう関わるかを考えるべきだ。そのためには、子の人格を認めぬこの私的所有社会と、そしてこの国の家族制度と闘わなければならない。

ハナチが生まれ、戸籍闘争を開始した。〝私生子差別〟を押しつける住民票記載方法に対しても、訴訟を起こした。ツレアイとボクとは共同申立て人。渋谷の「決定」はツレアイの申し立てを棄却。ボクのそれを却下して、ボクらの間を断ち切ってきた。ツレアイは訴訟当事者の〝母〟である。しかし形式的に〝父〟であることを拒否するボクは赤の他人。申し立ての資格もないという。予想はしていた。なぜなら、申立書の中で、ボクは実質的な〝父〟であることをも拒否。共同保育者であることを臭わせるだけで、共同申立人になったからだ。

「ボクらの関係は普通の家庭と変わらない。それなのになぜ差別を……」という要求は簡単だ。でも、それでは、〝普通の家庭と変わっている者達は差別してもいい〟ということになってしまう。〝父〟を持たぬ子を差別してしまう。しかし、その子を差別するいわれもまたない。

そしてもうひとつ。無認可共同保育所の保父をして気づいたこと。それは子どもたちとボクとが法的には赤の他人にすぎないことだった。しかし、子にかかる差別に対し、保育者は闘う権利を持つべきだ。それなくして、責任ある保育が行えるはずもない。もっと広く見るなら、子と関わろうとする者は、子にかかる差別と闘う権利を持っている。それなくして子の人格を認め、守っていくことはできない。

〝私生子差別〟と闘うに当たって〝父〟は必要ない。〝父〟を超えなければ闘えない。ボクらの戸籍闘争は〝私生子差別〟の撤廃を主眼としつつ〝男の子育て〟や〝保育全体の問題〟に広がってしまった。ボクらは私生子差別を正当とする棄却「決定」と闘うのはもちろん、ボクの申し立を〝資格なし〟とする却下「決定」とも闘わなければならない。一九七六年、東京都に出した「審査請求書」には、この点も盛り込んである。

訴訟は、ボクらの関係を日々、生活の中で見直すのに役立っている。〝父〟などという身分はどうでもいい。身分を拒否したボクは、日々〝子育て〟する進行形の中でしか、子と結ぶものを持たない。それがすべてじゃないか。進行形のない男を〝父〟などと呼び、のさばらせておくとロクなことはない。

〝子育て〟というのもおこがましい。〝子育ち〟を介助する先住者にすぎない。子どもらとともに、のびのびと生きあいたいと願っているのにすぎない。

先の共同保育所は「女と子、男がともに生きあえる場」を求めていた。素晴らしいスローガンだと思う。そして現実に、生きあえる関係が、家族を越えていくことを願っている。

ボクは、最近の心情とひどく矛盾するのだが、ハナチを愛しすぎたくはない。でも。共有する時間はなににも増して大きい。ボクらの感情は時間に従う。子を持つ男と、そんなことを話した。家庭という共有時間を持つ限り、仕方ないんだ、と。でもそれは〝父〟の愛なんかじゃないんだ、と。共有時間は制度を支える根であるとともに、制度を越えていく鍵だと思う。この社会の交通の高まりは、いずれ家族を解体するだろう。ボクはその到来を内心焦りつつ、ノンビリと待つ。〝子育て〟が家族の枠を飛び出すのは多分、もっと早いだろう。いや、とうに始まっているかも知れない。

オムツとミルクビンはとっておこう

ハナチは七ヶ月になるころ、箱根に旅行した。育児をしながらの旅はシンドイものだ。芦ノ湖畔で食事をしたときだ。その食堂でミルクをとかすお湯をもらおうとしたら、ちゃんとヤカンに沸いている。その前に、各メーカーのミルクがゾロッと並んでいるのだ。観光地のちっぽけな食堂が資本家とは言わない。でも彼らが、プラス・ワンのサービスに気をつかっているのには驚いた。なにかなし、後ろめたさがあって隅っこで取り替えるオムツ。この店ならそんな遠慮はいらない。案の定、ニコニコしながら「女の子なの？」と声をかけてきた。旅行中、こんな強い味方に出会ったことはない。仲間たちと出かけた旅なのに……。

ひょっとすると、この都市の各地に、子連れがゾロゾロ出没すれば、資本はそれに応えざるを得なくなるんじゃないか。そんな気がする。あの共同保育所でやったベビーカー闘争が、鉄道から、デパートからケゲンな目で見られはしたものの、露骨な抵抗に出会わなかったように、それは力関係で決まるだろう。資本は損益分岐点のギリギリまで認めるはずだ。現状では、そこまでボクらの側が攻め切っていない。ギリギリの分岐点が不満なら、資本を倒すしかない。ボクらはそこまで望んでいい。この頃、地方を旅するたびに思う。この町には老人が多い。顔が生きいきしている……。

以前だったら、美人が多いとか、ファッションが遅れているとか、そんな目で見ていたものだ。子を連れた親の顔が一番輝いているのはやっぱり東京周辺だ。これは間違いなくニュー・ファミリーの影響だろう。

男は、子を育てることの楽しさをもっと知っていい。と同時に、育児の本質は圧倒的なシンドサであることをも知るべきだ。ボクもそれが理念や感情の問題である以前に、肉体の問題なのだと知らされた。どこまでも時間を食い潰され疲労がたまっていく。必死に手で洗ってみたオムツ。ボクの実験は四カ月で頓挫する。腕は棒になる。腰は張る。コインランドリーはボクを腰痛から解放した。コツーンと投げ込む一〇〇円玉。ボクの労働は一〇〇円ほどの価値もなかったのか。家事労働とはなんなのだ。最初の

元箱根で帰りのバスを待つ
（76・11・24）（ラックはドイツ製）

一投には、いいしれぬくやしさがあった。

また、これだけ目的意識を持ってやってもストレスがたまる。時々はパチンコでもやって、ウサ晴らしをやらないと続かないのだ。週一回の保父役は、今思えば、かなり精神的なプラスになっていたようだ。社会的存在者（?）であるボク。一間のアパートで、子と向きあい続けるだけでは〝子育て〟にどんな価値があろうとも耐えられない。ボクは子殺しをせねばならなかった女たちを理解する。

〝子育て〟は社会によって担われなければならない。かくいう社会にはボクらも含まれる。そのために何をしていったらいいんだろうか。その家族制度の外に何かを作り出していくことと、その創出を阻む諸制度と闘っていくことと、両面からのアプローチが必要なんだろう。

次第に、どこにもあるマイホームと変わらなくなっていくボクらの関係。つまり、ボクとツレアイとハナチとは、これからどこへ向かって歩むのだろうか。

ハナチを預け手と預かり手の分業、つまり保育園に入れざるを得なかったのはボクラの負けだった。しかし、ボクが預かってみても始まらない。〝子育て〟の社会化には少しも寄与しないからである。ある保育園は「保育に欠ける家庭」という、現行の児童福祉法の条文を皮肉って、「集団に欠ける家庭」を入園条件にしていた。今日、都会の子はすべて集団に欠ける。天気のいい日曜日、神田や池袋の路上で遊ぶ子を見てみるがいい。

そしてまたフリーであるというボクの特権。しかし、それもまた完全に能力主義、競争社会の原理が支配する場である。ダメ人間といわれるのはいっこうに構わないのだけれど、飢えてしまうのは困る。何年も仕事を放り出しておくわけにはいかないのである。

渋谷から調布に、保育園が移った。渋谷には〝集団に欠ける子〟のために、という前向きのムードがあった。ところが、調布は〝保育に欠ける子〟のために、という雰囲気に塗りこめられていた。これは両地の経済的な地域差だと思う。なんとかしなければ、という思いもつのるのだ。
「こんな型が作れたら、ハナチを預けなくてすむのに。やめさせられるのに……」ボクとツレアイとの話しに、突然ハナチが割り込んできた。「イヤ！ 保育園やめたくない」そうだった。もうひとつの人格を無視してしまってはならない。

※補記 でも、ボクらはラッキーだった。おなじ団地内に開設された保育園は経済的には厳しいものがあったにしても思想的には豊かだった。日本の保育運動の草分け（母子寮の草分けでもある）、四谷の「双葉幼稚園」だったのである。羽仁一族（羽仁元子、五郎、進、など）が経営する双葉学園の分園で、自然な育ち（のびやかな成長）を応援するハンガリーの保育理論（シュタイナー教育）を大切にしていた（『青鞜』平塚らいてうとの関係も濃密だった）。

ハナチの担任は羽仁（結子）先生。卒園式の父母代表挨拶はボクだった。ハナチは小学校卒業時にも、羽仁先生から自然との共生に関する素晴らしい本をプレゼントされていた。

保育園に娘を預けている裁判所の司法官はボクの本（『戸籍』）を感動して読んでくれた。芸術家を父に持つ娘は、就職する（東京都職員）までボクと懇意にしてくれたし、東京がいやで八丈島までいってしまったことも知っている。

同じクラスの娘を持つ耳の不自由な母に対しては在園中から、父母会などでの身振りでの通訳と、筆記による解説を引き受けた。これこそが保育の社会化なのである。その娘は今でもボクと仲好しだ（この文書を書いた当時は、二葉くすのき保育園を起点にこうした素敵な展開が起こるとは予想できなかった）。

ハナチも三歳を過ぎ、育児のシンドサはだいぶ減った。〝ノド元過ぎれば熱さを忘れる〟とか。二人目などまったく考えていない（一人目にかけた膨大なエネルギーを、二人目に保証することができないからだ）ボクらだが、オムツとミルクビンはとっておこうと思っている。誰がきてもいいように……。少なくともデパートのベビーコーナーや、箱根の食堂には負けたくない。
家族制度の外に！　それはもっとドタバタした問題を含む。男と女の関係が互いに平等であるかどうか、多角関係をどう考えるか。いろんなひとと会って、考えるたびに頭の中は錯綜する。本当に大変な問題なのだ。子をひとりで育てる女の存在、一年の三分の二を海で過ごす男の存在。都市家族の解体と、出稼ぎ農村家族の崩壊……。その背後に潜む経済システム。戸籍と取り組みながら、ボクはこれらの現実を考えていこうと思っている。最も弱い部分を切り捨ててしまわないように注意しながら、家族制度をブチ壊すためにボクは何をしたらいいのか。解決はまだまだ遠い。

声明文
抗議声明

解説　一九七九年七月、法制審議会は「妻の座向上」のための民法相続分を見直す「中間試案」を発表。最終答申を待つまでもなく、マスコミその他の関係者は、婚外子の相続分を平等にする案は答申から削除される、との見通しを表明した。「妻の座向上」とは結びつかず、反対が多いというのがその理由だった。〈私生子〉差別をなくす会は、婚外子差別の撤廃が実現するよう要望する署名運動を開始。しかし、超ミニ集団の活動には限界があり、半年後の最終答申までには一〇〇〇筆を集めることもできなかった（紹介議員の見通しも立たなかった）。答申には予想どおり、婚外子差別の撤廃は盛り込まれていなかったのである。そこでとった手段が「抗議声明」の発表である。この事実は法律の専門誌『ジュリスト』にも報じられ、『法学セミナー』(一九八〇年六月号)には、全文が掲載されている(労働情報誌『新地平』五月号も)。婚外子差別の撤廃が再び法制審議会の答申になったのは一九九六年のこと。答申をうけて改正法案まで検討されたのに、政権与党の右派勢力の反対によって、上程は見送られたままだ。

わたしたち〈私生子〉差別をなくす会は一九八〇年二月二五日付の相続に関する法制審答申に断固反対するものである。

記

昨年七月一七日、法制審議会民法部会身分法小委員会が「民法改正要綱試案」を決定。
①、配偶者の相続分を厚くすること
②、寄与分制度を新設すること
③、〝非嫡出子〟の相続分を〝嫡出子〟と同等にすること
を骨子とした民法改正案である。

「試案」は国民の論議を喚起し、公正な判断を仰ぐことをうたってはいた。しかし、現実は③の当事者(非嫡出子自身)に一度たりとも意見を求めることなく、公共新聞もまた、これを黙殺した。それどころか「試案」提出直後に、①を評価するあまり③を時期尚早として切り捨てる論評を掲載した新聞さえある。当事者の声を集めることこそ、公共新聞第一の責務であるはずではないか。これを怠ったことに、わたしたちは強い憤りと不信を覚える。

①、②についてはは婚姻制度・相続制度内部の問題であり、わたしたちは直接の関心を持たない。現行の相続制度が持てる者を保護し、反面で社会福祉の充実を妨げているものであること。そして婚姻制度が実に相続制度の手足でしかないことを知っているからである。しかし、予想される高齢化社会に対し、福祉を切りすて、家族に肩がわりさせて乗り切ろうと企てる国家政策に呼応。女性を家庭に引き戻そうとする「家族制度強化策」にタイムリーに応えたものとして、①、②の改正案登場も無視できない。自民党の「家庭基盤充実策」をうけて、八〇年二月八日、政府から出された「家庭基盤充実のため

の基本的施策の取りまとめ」を見ても、福祉の充実には後向き。もっぱら家庭とボランティアに頼ろうとする姿勢が見て取れる。寝たきり老人の介護のほぼ一〇〇%が家族の手で、その九〇%が女性の手でおこなわれている現実（前出「……取りまとめ」）を改善していくどころか、むしろこれを強めていく政策ばかりが全面に打ち出されているのである。

①を「妻の座の向上」とうけとめるむきもあるが、これを相続において保護しようというのでは、妻の夫への従属を強め、妻に終生の忠誠を押しつけるだけの結果に終わる。妻の、あるいは共同生活者の協働分は配偶者の死後、相続において発生するものではなく、日々当然の権利として名義がどうあれ発生し、潜在的に所有しているものである。したがって離婚時はもちろん、共同生活中にも、自由に処分することが可能なはず。少なくとも、共同生活者の一方にこれが可能で、他方が相続時まで延期されることは不合理極まりない。これが女性一般の権利の向上などというのはおよそまやかしである。

また一部の向上にもならないだろう。

また②は家庭裁判所の裁定などの場で実態として求められ、応えられつつあった寄与分（この言葉自体、相続を前提としたもので不満だが）を被相続人への寄与に限定。本来なら労働対価求償権として当然に広く開かれるべき人の労働に対する評価を戸籍上の家族（家族制度）に下属するものにおとしめた。本来なら〝内縁の妻〟をも含め、戸籍を越えた共同生活者にも対等に開かれるべきである。また、夫の父に対する寄与という、最も多い社会実態をも無視。切り捨てることで「試案」は進行する現実を破壊して、旧弊な家族制度の枠内で問題を処理している。

人の尊厳や平等は「家族制度強化策」に応えたところで実現されはしない。家族制度の枠を超え、ひとりひとりの人格を認めあうところから出発する。

「ただし家族についてはこれを尊重する」という憲法二四条修正案が制憲国会で否決されたのも、まさに現行憲法の基本原則、民主主義の基本理念が上記の立場を鮮明にしていたからである。

だが「試案」はこの憲法の基本原則を踏みにじった。とりわけ、本年一月二九日、③を時期尚早として見送った点にこのことはよく表われている。反対意見はこうである。「法律論はともかく、日本人の道徳観には合わない」（自民党政調審議会）「わが国においては、一夫一婦制の維持と非嫡出子の保護とは相いれないとする感情もある」（法務省に対する自民党の対応つまり憲法さえ守られていない社会下にあって、感情論を優先。逃げ切りを図る一部反動勢力に「試案」は屈してしまったとしかいいようがない。この勢力が日本〝古来〟の「家制度」復活を策す一派であることはいうまでもない。

加うるに、わたしたちはここでいう道徳観なるものも認めない。これはまず「非嫡出子は、従来、妾の子と考えられてきた。しかし、最近はあまり妾の話は聞かなくなった」（一橋大学教授・島津一郎）というような社会の変化した実態をおよそとらえていない。次に、制度を守るために子の差別を肯定するような道徳観をこそ疑う。結局彼等は古い「家制度」下における差別的な道徳観を持ち出すことで、現行の差別制度を維持。これを超えて生きようとする者に挑戦しようとしているにすぎない。しかし現行制度が差別に裏打ちされている以上、わたしたちはこれを越えて生き続けるだろう。

およそ親の生き方の違いで子が差別されるいわれはない。また、自分の子を差別したいと望む親もいないだろう。とりわけ、女性が相続財産を所有する今日、〝嫡出の子〟と〝嫡出でない子〟を同時に持つ母が自己の財産を二対一に分けたいなどと、本気で望むものだろうか。現行民法九〇〇条四項が両者を差別。相続分を二対一にしていることは重大な憲法（法の下の平等）違反なのだ。

③は時期尚早どころか、現行憲法成立以来三三年。この間、不当に差別をうけてきたすべての〝非嫡出子〟に対し、民法制定者および政府は賠償責任を負っているとさえいえる。これは人権の問題であって、党利党略や国家政策上のタイミング、すなわち時期の問題ではないので

ある。だが法制審議会は人権の問題を政治に売り渡し、この二月二五日、法務大臣に答申した。これは〝非嫡出子〟差別を解消していこうとする世界の潮流に対しても背を向ける行為だといわなければならない。

こと相続分に限らず〝非嫡出子〟に対する社会的差別は大きなものがある。戸籍、住民票、健康保険等の不要な記載差別をはじめ、就学、就職におけるいわれなき差別扱いまで、実態は目にあまるものがある。この現実を黙殺した法制審やマスコミは実態上の差別を支える理論上の根拠が民法九〇〇条にあることを知るべきだ。たとえば戸籍記載上の差別はこの条項の存在によって正当化される。現行民法の〝非嫡出子〟差別は決して財産相続上の差別を押しつけているだけのものではない。民法上の差別を頂点として、すそ野は身近な生活、日々の暮らしをも脅かしている。悪法は、そしてその立案者と協力者は当然にこの社会的現実に対する責任を負わなければならない。

③を見送り、①、②を答申した法制審は違憲立法である現行民法の差別を拡大、上塗りした。婚姻制度下にある配偶者の相続分を厚くすることは、ひるがえって婚姻外にある子の相続分を低下させ、社会的弱者をさらに無権利状態におとしこむ。また、相続分が配偶者から還流すると期待される〝嫡出子〟とそうでない〝非嫡出子〟との格差はますます拡大する。

法制審は時代に逆行し、人の尊厳を無視。差別を助長して憲法を踏みにじる「答申」をおこなった。わたしたちはこの「答申」に反対。断固抗議し、猛省を求めるものである。今回の「答申」をすみやかに撤回。③の実現に全力をあげるよう申し入れる。それが新しい時代にあって、人々の豊かな人間関係を保証するものだと信じるからである。

さらに、①に伴う配偶者の相続税優遇策（三月一〇日税制調査会了承）も、持てる者への優遇でしかない上、贈与税と相続税の差をますます拡大。生活者の思いや現実を無視して死後まで連れ添わす強制力になるだけである。この税制改悪に対しても、あわせて反対の意思を表明する。

一九八〇年三月一六日

〈私生子〉差別をなくす会

戸籍制度・私生子差別をなくすために（抜粋）

解説　一九七九年一一月、プラサード出版から『いのちのレポート1980』が発行された。これは「やさしいかくめいシリーズ②」と銘を打たれたもので、サブタイトルは『出産・子育て・そして性をひらく』。

ここで佐藤は佐伯洋子・菅原秀・末永蒼生と「なぜ人間関係に制度があるのか？　戸籍・家族制度の本質をさぐる」と題する座談会を行っている。

この座談会の資料として佐藤のパンフ『戸籍制度・私生子差別をなくすために』の抜粋版が掲載された。このパンフは月刊ミニコミ誌『交流』に一九七七年九月から七九年一二月まで連載した二つのレポートを一冊にしたもの。発行は『交流』編集委員会で、その後、〈私生子〉差別をなくす会・グループせきらん（籍乱）が共同発行している。

戸籍制度の解体を目指すために

〝人並み〟に追い込む力

血＝氏と土地＝本籍で個人を支配する戸籍は、必然的に同和地区出身者を区別し、差別する役割を果たしてきた。部落解放同盟の闘いが戸籍制度にも向かうのは当然のことである。そしてここ数年、少しずつではあるが確実に成果を挙げつつある。

私達が戸籍に支配されていることを感じるのは、単に国家が個人個人の動向を把握しており逮捕、徴兵さえいつでもできる状態にあるからだけではない。就学、就職、結婚、出産など、戸籍を必要とするあらゆる場面で、私達の家庭状況が雇用者や近親者、周辺の人々の前にさらされるからである。そしてこれらの人々は自分の差別観をもって私達を見張り、不当な扱いさえやめようとしない。

だから、こうした差別と闘うことができない以上、せめて〝戸籍だけは人並みにとりつくろう〟必要がでてくる。そして〝とりつくろう〟ことのできない人々を少数者にし、〝人並み〟ではない人として差別する側に回わる。

戸籍はこうして日々、私達の生活を〝人並み〟に追い込む支配力として立ち現われる。生活の支配力が現われる頂点こそ、結婚である。

ここでは結婚制度に対する批判を自明のこととし、あらためて説くことはしない。また、この制度が追い込もうとする〝人並み〟とは何かも、あらためて説く必要はないだろう。ただ、一言つけ加えるなら、戸籍制度は〝近代的家族観〟が持つ〝人並み〟意識を支えるだけではなく、〝前近代的家族観＝「家」意識〟を支える役割をも現実に果たしていることは忘れられない。

たとえば〝近代的家族観〟からすれば結婚に親がクチバシを挟むことはできない。ところが戸籍は親族を集合的に支配し、相互監視させる

ので、

「娘がどこの馬の骨ともわからない男と結ばれるのは親のメンツにかかわる。親の戸籍まで汚されるのはかなわない」

「どうしてもというなら、まずオレの戸籍を出てからにしろ」

という趣旨のことを言われた人がいる。彼女の父親は、戸籍を盾に、娘の結婚が父と無縁ではなく、クチバシを挟む権利があることを主張。娘の生活に圧力をかける手段を手にした。

　私のところに寄せられた手紙の中にも、数ヵ所のティーチインで語られたことの中にも、この種の問題は少なくない。悪名高き「家」制度は、今日も戸籍制度に支えられて生き延びている。

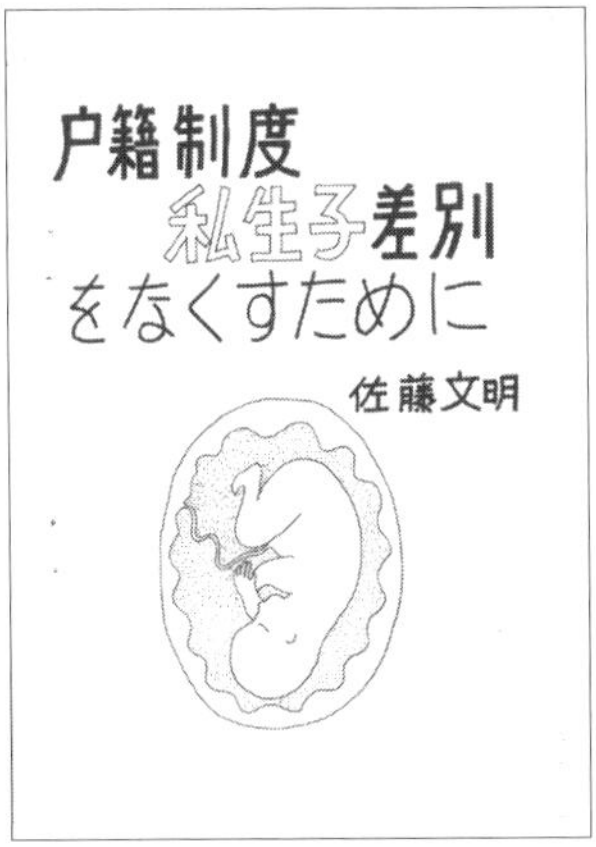

　ところで、私達が未婚（非婚と呼ぶべきだという人がいる。私も賛成）で、子を産む場合、〝人並み〟の社会はどんな反応をするだろうか。不道徳だの性の紊乱などとの反応は論外だ。彼らはただ、〝生まれるべき子〟を殺せといっているに過ぎない。あるいは〝人並み〟でない子は育つな、と。
　一方、同情ごかしに「それじゃあ子どもがかわいそう。せめて戸籍にだけは入れてやれ」というテアイ。実にこのテアイが一番多いのだが、この発言こそ、反面教師として、戸籍がもつ犯罪性のすべてが語り尽くされている。この種の手紙もたくさん寄せられていて、そのいちいちを解説してみるのも面白いのだが、とてもその余裕がないので、ここではその典型について語る。ただ、先の〝同情ごかし〟は圧倒的に男に多いことは考察に値いする。この種の女を私はひとりしか知らない。そもそも、私が〝人並み〟でない世界に住んでいるからだろうか。

さて、「嫡出でない子」として差別される子どもはたしかに〝かわいそう〟かもしれない。だが、せめて戸籍だけは入れてやることで子どもは〝かわいそう〟ではなくなるのか。そうではない。子どもの幸、不幸は形式ではなく実体による。ところが、「せめて戸籍に……」という発言は実体から逃げる方便でしかない。その結果、彼は既存の形式を追認する。形式を欠いた子どもはかわいそうだと言い切ることで、〝人並み〟な世界に一票を投じる。ある子を形式によって救う（形式では救えないのだが）ことで、別な子を差別する。つまり、子を〝かわいそう〟にしているのは彼自身なのだ。

形式でしかない戸籍は、こうして実体になる。彼の発言は日常生活において無視できない圧力である。親を非難し、子を差別視し、現実に私達が生きにくい状況を作り出す。と同時に「せめて戸籍に」入れることで、戸籍制度はより多くの情報を手に入れ、〝人並み〟の世界による多数支配を実現する。

子にかかる差別がなければ戸籍に屈する必要はない。ところがそれでは戸籍による生活の支配は揺らぐ。つまり戸籍は差別によって支配を確実にする制度である。これが差別を止めることはない。したがって、子が〝かわいそう〟なら戸籍と闘うべきであって、戸籍に屈することとは正反対なのである。

ある始まり

ある時、高校進学に使う住民票をもらいに中学生の集団が役所の窓口を訪れた。互いに交付された住民票を見せあい、ロビーは屈託のない笑声でいっぱいだった。

「アッ、おかしい。俺、長男なのに弟が長男になっている」

役所の〝ミス〟を発見して中学生の集団が窓口を取り巻き、係員の説明を待っている。

「それは間違いじゃないんだ」

「なぜ？　だって俺は……」

くってかかるような詰問に万事は窮した。サラリと答えたほうがいいのかもしれない――係員の心は動揺した。なかば祈るような気持だった。

「だって、キミのお母さん、お父さんと結婚していないだろう」

さっきまでの騒ぎがウソのように静まった。

「ねえ、ねえ、あのひと何ていったの」

小声の説明が聞き取れなかった友達が彼をせっついた。そのとき、係員は彼の目に光るものを見た。この係員こそ私である。

もっとも、私の答えは合理的ものではない。私はすでにそのことを知っていた。

両親が未婚だとしても、子が続柄上で差別される理由にはならない。つまり必然性がない。

「結婚制度を守るために、婚外の子は差別、弾圧する。現行法はそうつくられているんだよ」

こう続ければ、いく分かは合理的な説明になるだろう。が、もちろんそんなことはいえなかった。役所の外でも、そして内でも権力を指弾して、一歩も引かない私だったはずなのに……。

一九六九年。それは権力に抗する素晴らしい運動が高揚していたころである。〝戸籍制度は国家支配の道具である〟ことの直感は私にもあった。そして私の職務が支配の末端で権力に奉仕するものであることも……。

職場の上階は公会堂になっている。ある時、ここで某左翼政治団体の集会が持たれた。役所への乱入を恐れた当局は、一階の防衛を命じた。機動隊が取り巻く中、私達が守らされたのは戸籍だった。

「最悪の場合でも戸籍だけは守れ」

至上命令に従いながらも私は思った。こんな紙っぺらの中に何があるんだ。支配者がしがみつく戸籍の秘密をあばいてやれ。以来、権力の手先としての仕事は最少限に（つまりすれすれのサボタージュ）、もっぱら戸籍に関する書類をひもといてみることになった。

七一年、またまた私を心理的に追い込む事態が訪れた。タテマエ上別々ではあっても戸籍と犯歴簿（犯罪人名簿と呼ぶひともいる）は一体になっている。事務量が少ないのであまり気にしていなかったのだが、戸籍の担当者は犯歴簿の整備も担当する。検察庁から犯歴通知が送られてくると、これを犯歴簿に記載する。そして、警察や検察の前科照会に応じるわけだ。

私の管内では月に、四、五枚。〝業務上過失傷害〟だの、〝風俗営業法違反〟などと書き入れる。

ところが七一年、この職務は一転して忙しいものとなった。〝公務執行妨害罪〟〝凶器準備集合罪〟懲役〇年、執行猶予〇年——書き込む私自身がイヤになってきた。一方では沖縄返還恩謝である。〝公職選挙法違反〟なんていうのを赤線で消す。

犯歴は刑期終了後五年で消え公民権も完全に回復する。前科を背負うべきではない。記録も抹消されるわけだ。ところが実際には赤線を引くだけ。犯歴は何の法的根拠もなく保存される。

何もかもがメチャクチャなのだ。一貫しているえることはただ、あらゆる紙っぺらが支配のためにはなりふりかまわず最大限利用されるという事実だけだ。

そんな中、先刻の涙に出くわした。あの子の目は私の脳裡に焼きついて今も消えない。

私は役所をやめた。もちろん戸籍の勉強はひきついだ。有効な闘いを組めなかった自分をくやみながらも、やはり闘いは見えてこなかった。何をしたらいいんだ。私の思いは社会構造全体へと拡散していった。女性差別、部落差別、フレーム・アップ……。

私が再び戸籍へと舞い戻ってくる契機となったのは、実に現実的なことであった。ツレアイに子が生まれるという。籍をどうするか。

なんということだ。差別に屈せず、闘いを選んだ瞬間に入り組んだ戸籍の本質が見えてきた。子の人格を否定し、大人の側が切り分けて配分する。ここに戸籍制度の核がある。

だから、私生子差別との闘いは戸籍制度の根底を揺さぶるものとなる。

「戸籍制度の婚外子に対する差別には目にあまるものがある。われわれは親の生き方の相違が子の身分の差異を規定するようなことがあってはならないと考える……」

一九七五年四月、「戸籍取り扱い上の婚外子に対する差別撤廃に関する要請」を渋谷区役所に提出。同年八月、住民票記載上の差別に異議申立てを起こした。翌年一月、同区はこれを却下、却下を不服として三月には都に対して審査請求を起こした。

家こそが主（あるじ）

「外国には戸籍がない」というとビックリする人がいる。国家がある以上、人民を記録し、支配するのは当たりまえ。だから戸籍がないはずはない、と思い込んでしまうわけだ。

なるほど、近代国家には人を登録支配する何らかの手段がある。しかし、それは戸籍ではない。たとえばイタリアやオランダには、住所地や建物を基礎にして、そこに所属する人々を記録する支配制度がある。だが、これは日本でいうところの住民登録制度である。ソ連の場合は出生の際、その子の身分証明書が交付される。しかしこれも個人を基礎にした、いわゆる身分証明制度である。

そしてすくなくとも、国民全員があまさず登録されている国といえば、以上のほか、ドイツ、スイスぐらい。他の国は全国民を単一の方法で登録支配する手段を持ってはいない。中世ヨーロッパでは、教会簿という支配手段が存在した。しかし、これも異教徒弾圧の手段にすぎないものだったので、〝異教徒〟は登録されなかった。ブルジョワ革命は教会簿を宗派の手から国家に移したが、資本主義の原理のひとつ、個人の自由による経済活動の推進ということと、土地や教会、または家族の内に個人を縛ることとは対立した。その結果、教会簿は欠点を補充するのではなく崩壊する方向に向かった。

かわって、人と人を結ぶ一切の関係を契約としてとらえようとする発想が生まれた。たとえばA社がB社に原料を売る契約を取り交わしたとする。この契約自体は自由契約であり、国家、あるいは競争相手が知るべきことがらではない。国はただ、一方が契約不履行をした場合、他方の訴えによって契約の存在を知り、一方を罰することによって契約の有効性を保証する。人と人との関係も、原則は同じで、国はただ契約書を保管する役目をおおせつかっているにすぎない。これが先進資本主義国の多くがとっている身分関係の保証法である。したがって、支配のためには別の登録を必要とする。

長くなるとまずいので、アメリカの場合を挙げておこう。この国には全国民を登録する制度がない。福祉年金をもらっている人は福祉年金台帳に登録されるが、もらっていない人はこの台帳では分からない。徴兵も申告制だった。知らん顔していれば、徴兵令状はこなかったのだ。だから申告させるためにいろいろな特典を与えてきた（現在の志願兵制度も基本はおなじ）。兵役義務を果たした者は無利子で国から借金できる、とか、市民権が奪われにくくなるとかがそれだ。あくまでも損得勘定で、絶対服従ではないわけだ。

全国民の動行を知る手段がないということは、国が長期計画を立てる場合に不便である。そこでアメリカは、人口動態調査法というもので人々の統計的な変化をつかんでいる。日本にも人口動態調査令があって、同じ役目を果たしているが、逆にいえばアメリカの登録支配手段はその程度しかない、ということだ（社会保障番号の利用が進んではいるが）。その上、日本には国勢調査法がある。支配は行き届いているわけだ。このギャップを埋めるために登場するのがコンピューターによる人民支配、総背番号制であり、そのデータを集めるため、今、アメリカ政府はやっきになっている。あらゆる台帳を統合しても、なお網にかからない人がいる。しかも市民運動によって、コンピューターによるデータの総合は禁止されてしまった。ここにアメリカの支配者の悩みがあるのだ。

ところが戸籍はこんな悩みをいっきょに解決してしまう。だから日本における国民総背番号制の導入は恐ろしいのだ。

それはともかく、本論に戻ろう。戸籍は諸外国の登録支配制度とどこが違い、その本質は何なのかという点である。

戸籍とはまず「戸」「籍」である。つまり、登録する対象は個人ではなく「戸」＝「家」なのである。そしてこの「家」とは現実的な建物ではなく、諸個人の身分関係、つまり妻であるとか子であるとかを、その代表者＝戸主（現在の筆頭者）との関係によって証す。さらには、その戸主は祖先との結びつき＝氏によってその地位を証される。いわば抽象的な産物なのである。わかりやすくいえば、「家」こそが絶対的な主人であって、この「家」は建物のように朽ち果てることがない。永遠に血＝氏の連続によって、不滅のものなのである。

そして戸主は、たまたまその一時代に、この「家」を継ぐ努めを果たしているに過ぎない。そして、その妻や子は戸主に従属することによってのみ、その「家」の成員、つまりは個人としての存在を認められる。寄るべき岸辺に漂いついた浮き草のようなものなのである。したがって個人には何の尊厳もない。個人はただ、「戸」に「籍」することによってのみ、社会的存在者になる。

つまり、個人が家を所有するのではなく、「家」が個人を所有するのである。

ここまでくれば、こうした発想がなぜ近代国家には存在しないか、外国には戸籍がないか、その理由がおぼろげながらわかってこよう。

「家」が成立するには、もちろん経済基盤の問題や特異な歴史性（万世一系の皇室支配神話に見るような）があった。戸籍が成立するためには島国であって、他民族との交流が少なかった、などの要因もある。移民国家や多民族国家では、永遠の血で国民を「籍」することはできないからである。

その意味からも、戸籍の成立は極めて偶然の条件によったともいえる。が、この偶然が、人民支配の手段としてめざましい力を持っていたということ、この不幸を戸籍のない国の人に理解してもらうことは難しい。きめ細かい支配が、「家」を基盤にすることでどれほど可能なのか。外国の支配者でさえその効果を疑っていた。

ただひとり、その効力を直感し、羨望した外国があった。ヒットラー・ナチスである。ドイツは日本の支配手段に感服し、ゲルマンの血の純血とユダヤ人追放の手段として家族手帳をこしらえた。国民を個人としてではなく家族としてとらえ、支配しようとしたのである。

家族手帳は今もドイツに残り、支配者にとって便利なことがしだいに欧米諸国にも認められつつある（同様に、庶民にとっては危険なものであることも認識されているが）。スイスが、そして自由を掲げて教会簿を焼いたあのフランスが、ドイツの後を追おうとしている。

戸籍は単なる封建制の遺制ではない。より大きな支配と搾取を願うあらゆる体制、あらゆる権力にとって魅惑的な制度なのである。したがって私達は、この制度の崩壊をただ待つのではなく、解体するために闘わなければならない。

（『交流』に連載された文章より要約）

結婚できるか？ 同性どうし

解説　『婦人民主新聞』一九八三年一〇月二八日号「連載シリーズ・結婚」第一〇回〜一三回まで、一四回分を佐藤が担当した。表題は第一一回分。

「私達はすべての戦争及びすべての差別に反対します」

昨年（一九八二年）のメーデー中央会場で〝アワーズ・ワークコミュニティ〟がこんなビラを配った。それがどうしたって？　いや、これは日本の男性ゲイが社会運動に始めて参加した記念すべきビラなのだ。

その一年前は〝ジャパン・ゲイ・センター〟というグループがゲイ新聞『チェンジ』を創刊。『薔薇族』に代表される日陰派ゲイに一線を引いた。だから社会運動への登場もさほどびっくりの事件ではないのだ。

『チェンジ』創刊号は日陰派ゲイの「できればストレートの女と結婚し、ダメならレズを見つけて偽装結婚しなさい」というとりつくろい路線に猛反発。こういっている。

「日本は結婚という大きな問題を欧米以上に持っています。そしてその問題を抜いてはゲイの人生を語ることはできません。……ゲイは結婚しない男達だと考えています。親をだましても、女をだましても、レズと偽装結婚してもいちばんつらいのは僕たちゲイなのです」

この鋭く、また正当な公然化路線が昨年の六月「日陰者は日陰に咲いてこそ美しい」とする、つか・こうへいのゲイジュツ感覚と衝突。といってもゲイたちに反論の場は開かれておらず、いつかの一方的な攻撃に終始したのだが、見る人から見れば彼の根深い差別意識があぶりだされた論争だった。

日陰派ゲイはそれまでコトあるごとに「日本には制度上でゲイ差別がない。だから運動も育ちにくい」と繰り返してきた。でも、それは彼らが〝日陰に咲けばいい〟と自分を抑えていた証拠。戸籍によって見張られた結婚という制度は、ゲイの差別どころか弾圧を日々行っている。この弾圧にビビッているから運動が育たないのだ。

本気で社会参加を求めればたちまち差別の嵐。それがこの国の結婚幻想、家庭幻想なのだ。

世界は今〝冬の時代〟だ。でも、そのなかで唯一、気を吐いているのがゲイ・ライツ運動。バイセクシュアル、非婚・同棲者、非嫡出子を持つ親、共同体生活者など、クリエーティブ・ライフの先頭に立って、人権の闘いを進めている。差別と闘う戦線の中で、かつてのブラック・パワーの役割を担っているといっていい。

一九八〇年、ブラック・パワーが燃え広がる契機になったショーを真似て〝ゲイ・フリーダム・バス〟がニューヨーク国連ビルからマイアミまで行進。おなじ頃、モスクワ・オリンピック開会式当日、イタリア人フランコニーが赤の広場でゲイ・ライツを叫んで逮捕されている。

アメリカのゲイ公然化路線はすごい成果を挙

げている。一九七二年テキサス州ヒューストンで男同士の結婚式が法的にも認められ、七九年にはカリフォルニアで男同士のカップルが法的に養子をとることとも。

八二年にはオークランドに独身女性のための精子銀行が開設されたが、これより前、子ども向けの月経解説書『ピリオド』を書いたレズビアンのカップルも、人工授精で子どもを設けている。

性差とは何なのかをとことん突き詰めていくと、あらゆる境界は怪しくなる。ところがどうやら法的な結婚だけが最後のトリデとして残るらしいのだ。それが今、人為的で不自然なものとして告発され始めた。

一九八〇年末、日本でも性転換した人の戸籍訂正が認められた（これはフロックで、戸籍窓口が誤って受理した結果であるらしい）。性が固定的なものではなく可変的なものだとすると、私たちの認識は変更が必要になる。たとえば性転換前に子がいた場合、〃父であると同時に妻である〃ような人が存在しうることになる。このとき、戸籍はいったいどうなるのだろうか。現状のままでは処理できない。が、しかし、この国ももう処理不能の矛盾を抱え込んでしまったのだ。

もっとも、同性間の結婚や同性カップルが養子をとることが認められるのはまだまだ先。戸籍制度が最大の壁になるだろう。実態よりも形式を重んじる戸籍制度、日陰派ゲイにはありがたい存在。けれど、公然派ゲイにとっては人権の根底を脅かす差別制度として立ち現れるのはまちがいない。

家族を変革する歌

解説　『自然食通信』一九八四年、九・一〇月合併号

　暮らしから衣食住を見直す、エコロジーのオピニオン的な雑誌であるが、この号は合併号であると同時に、特別号であった。『通信』周辺に関わる人たちに、自然食についての一言と、常々考えていることを自由に表明してもらおうというものである。当方の自然食についての寸評は「悪食を重ねつ、だれもが自然に自然食をとれる時がくることを」だった。（※は補記）

右傾化ドミノは家族から

　私が「政治・革新、日常・保守」という言葉を初めて耳にしたのは一九六八年のことだったと思う。「政治」と「日常」が対語として使われることの当否は問わないでおく。ここではただ、政治的主張や立場が革新的な人でも、日常の意識、生活態度は保守と少しも違わないことを自戒を込めて批判する言葉だと理解していただければいい。

　七〇年代に入って、女性解放運動が盛り上がってくると、この言葉は男たちの家父長的な態度を批判する場面でよく使われた。外で革命運動に血道をあげている男たちが、ひとたび家庭（生活拠点）に帰ると「おい、メシ」「おい、フロ」……。これでいったいなにが革命なのか、というわけである。

　だが、それ以前にはもっぱら違った場面で語られていたような気がする。

　たとえばベトナム戦争に反対しながら、軍需で潤う企業の手先となって産学協同の学園に学ぶことのおかしさ。水俣と闘いながら、公害タレ流し企業に尽くすことの過ち。あるいはまた、反戦論をブチながら、一杯入ると軍歌が出る、そんな意識構造までがおなじ言葉で問題にされた。軍歌や演歌がしばしば俎上にのぼり、口論

の元になったものだ。

私なども革新的、あるいは革命的政治論を生活とは遠いところでブツことのシラジラしさを非難。日常意識、生活態度の変革を伴うべきだと主張するくちだった。

街頭で突然、右翼のお兄さんに襲われる、そんなハプニングも覚悟の上で、髪をのばし、ジーンズをはいた。成立過程や時代的な意味、人々の現実の苦吟を読み取ればこそ、軍歌・演歌の理解もしたが、日常意識、生活態度の変革という点では反戦フォークの全面支持者だったといっていい。ロックはパトスが魅力だったが、日常に迫る繊細さは持っていなかった。

もっとも、フォークがどれだけ日常に迫れたかとなると、これは疑問。

「迫る」とは私にとって日常に還ることではなく、日常を変えることだったからだ。この両者の違いは、家族・家庭をどう評価するかで鮮明になってくる。これこそ日常性の核心だからである。

フォークは当初、家族、家庭の変革を内在していた。それが、日常意識や生活態度を重視するあまり、急速に現状肯定、現状賛美に転換していく。歌の世界における「日常・保守」への回帰は社会全体の「政治・保守」(右傾化)に対応している。重要なのはやはり、どれだけ「日常」に迫れるか、だったのだ。極言すれば、家族・家庭の変革を射程におさめられるかどうか、だったのだ。

家族・家庭の存在を疑いもせず、維持しようとする姿勢。この一点がまるでドミノのように他のあらゆる姿勢を次々に右傾化させていったような気がする。

フォークはロックよりも日常的繊細さを持っていた分、演歌っぽかった。フォークはやがて生活の中での忍耐を、美しいもの、暖かいものとして強いてきた。

敗北できない生身の現実

自身、フォークをかじる者として、最近、六六年から七五年にかけてのカレッジ・フォークからニュー・ミュージックに至る流れを改めて分析してみた。分析軸は①反戦・政治、②恋愛・別離、③性・家族・生活、の三つ。①はしだいに薄らいでいく一方。②は変わらぬ高い指標と、表現の深まりを指摘できる。注目すべきは③で、おそらくこれがフォークの一〇年をもっとも的確に捉えるものだろう。

分析の結果をここで評するだけの余裕はない。ただ、一時は（一九六九年）新宿西口広場を埋め尽くすフォーク・ゲリラ・シーンを展開してみせた若者のポテンシャルはもっと論及されてもいいはずだ。

さて、②は①と結びついたメッセージとして始まる。戦死、出稼ぎなどによる一家離散。教育ママなど、政治や社会システムに絡めとられた家族からの脱出……。そして、家族・生活関係の政治化、つまりは日常の変革を展望したのが岡林信康だ。

しかし、吉田拓郎に代表される日常の坦々とした事象を切り取る巧みな表現は、長所ゆえのモロさを持っていた。巧みさはまた、言葉のプロにも窓口を開き、マス商品を成立させる。国鉄（現ＪＲ）のディスカバー・ジャパン戦略に乗って、七一年にデビューした小柳ルミ子の「私の城下町」は、フォークの変質を予告した。翌年の「瀬戸の花嫁」はクライマックスの「花嫁」や拓郎の「結婚しようよ」とは明らかに違う。結婚の背景に「家」の影がズッシリと見えるのだ。

親たちの家族から自分たちの家族へ――フォークの旗手たちはこの転換を結婚というセレモニーの外でやってのけようと試みた。同棲が大きなテーマになったのだ。同棲生活の優しさと不安とを歌った「神田川」のヒットは七三年だ。

一方、商品としてのフォークはニュー・ミュージックに成長。故郷回帰や家族幻想を歌い上げ始める。時代の語り部であるはずのシンガーソング・ライターもこの潮流に巻き込まれた。グレープのさだまさしは「僕にまかせて下さい」や「無縁坂」で、これを率先した。泣かせのポイントは演歌と寸分たがわない。復古的かつ家父長的核心を神秘的修辞でくるんだものだ。七九年の「関白宣言」が有名だが、私には七五年の「朝刊」のほうがもっと悪質だと感じられる。こうしてフォークは日常に迫ることに失敗。政治離れだけを実現して日常に回帰した。家族・家庭への疑いは七五年以降、中島みゆきなど女性シンガーソング・ライターにかろうじて受け継がれる。男たちの多くはオヤジの再評価に走って、失速した。

しかしなお、一時ではあれ、性・家族・生活へのチャレンジが存在したことは記憶しておくべきだろう。最近、七〇年安保を振り返る企画が目につくが、なぜかこの点は欠落している。

だが、日常との対決は政治的敗北とは違い、形に残る。かつて「退路を断て」といって逃亡を拒んだ政治リーダーがいつの間にか逃げ出した。しかし、家族制度の外で地球に存在を開始した子どもたちはそうもいかない。たとえ政治リーダーがどう日常回帰しようと、フォークソングがどう失速しようと、敗北するわけにはいかない生身の現実なのだ。そう、彼らにとって七〇年は今も続いている。闘いは日常の中に存在している。

〝未婚の母〟支援こそ焦点

一九七七年、大蔵省は離婚・未婚・遺棄などによる〝生別母子〟に支給してきた児童扶養手当から「未婚を切る」方針を提示。「子の平等に反する」と反撃した厚生省も、八二年には支給対象者にプライバシーのカケラもない「調書」の提出を課し、八四年二月にはとうとう「未婚の母切捨て」を含む全面改悪案を打ち出すに至っている(成立の結果、母子福祉は年金制度から不当に除外された)。

※ご存知だろうが、年金の加入は義務制で二〇歳になったら支払いが強制される。支給は老齢年金・遺族(かつては寡婦)年金・障害年金・母子年金などだったのだが、母子年金が制度から除外されたのである。寡婦年金は配偶者の死亡によって男女ともに支給されるものとなったが、配偶者がいない者が支給を受けることはありえない。なのに納付額(支払い)は同じなのだ。この弱者差別を放置したまま、年金制度の再構築などを議論して

いるひとたちのお粗末加減には、ほとほとあきれる。

全国各地で女たちの反撃が組織され、主張が展開されたので、改悪の問題点についてご存知の方も多かろう。「未婚を切る」という攻撃は「未婚」ばかりか、すべての女や日常の変革に挑んだ〝七〇年〟に対する攻撃なのだということともご理解いただけるだろうか。

※厚生省ですら、これを差別だと言い切ったのに、昨近の年金問題での議論を聞く限り、この問題に配慮した発言はどこからも聞こえない。おそらく制度設計の異様さ（保険金を支払うことのない配偶者が異様に優遇されている）など理解しているものはだれもいないのだろう。

改悪の最大の狙いは「非婚」の圧殺を通して、給付を縮減すること。そして性・家族・生活のタガを締め直し、人々の暮らし、とりわけ女の日常をコントロールすることにある。と同時に、生活には忍耐が必要なのだということを、すべての人に見せしめようとしているのだ。

七〇年を政治的には乗り切った政府だが、日常ではまだ勝利を収め切ってはいない。これが性・家族・生活の領域だ。

※最大の課題は当時も少子高齢化にあった。婚外子差別をなくすことで少子化現象を乗り切った欧米とは異なり、日本では年金などの手当てを要する婚外子を排除し、人々を結婚に追い込む方策に出たのである。が、これは少子化を急速に進める結果となった。

児童扶養手当の改悪策動に前後して、少女雑誌規制の問題が起こったが、これも〝七〇年〟を終わらせる、詰め将棋の一手だったのだ。

※七〇年は世界的にもベビーブーマー（日本では団塊の世代などと呼ばれる）が婚姻適齢期に突入する年だった。夫婦に年齢差が期待されるとすると、まず女が、夫不足に直面し、数年後には男が妻不

足に悩むことになる。すなわち、第二次世界大戦の後遺症の被害者なのである。だが、世界の若者は従来の結婚家族の概念を乗り越えて、新しい生き方を模索した。欧米ではそれにあわせて法改正がおこなわれた。が、日本だけが新しい生き方を認めず〝七〇年〟の圧殺に走ったのである。

むろんこれは〝戦後〟を終わらせる、より大きなネットワーク、家庭基盤の充実策や、中曽根首相・瀬戸山文相（当時）の「家」復活歓迎表明、さらには憲法二四条改正策動と一体のものであることは明白。こうした情勢下で、突如、それまでそっぽを向いてきた政府サイドから家庭科の男女共修の検討が始まったのをどう考えたらいいのだろう。

なぜ「家庭」科でなければならないのか。正直、家庭科の教科書は読むに耐えない。社会における家庭の役割、家庭における男女の役割。あんな押しつけはごめんだ。父のない子、母のない子、家庭のない子に襲いかかる模範（あるいは、これがふつうの家族ですよ、というモデルの押しつけ）という名のイデオロギー……。

国立京都病院は父親の育児教室を最初に開いたところだが、先覚的な男たちは子育ての技術を欲しがった。ところが、京都病院の試みにくちばしを挟む力のある学会のお偉方は、技術よりも父親としての心構えを注入するよう迫ったのだ。父親はこうしたイデオロギーに抵抗するすべを持っているが、子どもはどうだろう。私は家庭科を解体し、生活技術科に改変するのなら、男女共修に賛成だ。しかし、そういう検討はされそうにない（導入初期には教育者内部でそんな検討もされたようだが、現在ではどこからもそんな話は聞こえてこない）。

私は総じて「男も家事・育児を」とか「男も家庭を」という主張には反対だ。そういう前に「女がなぜ家事・育児を」とか「女はなぜ家庭を」と考えてみる必要がある。こうした視点もなく、家事・育児・家庭を見直す努力を怠れば、それは単に日常（あるいは生活慣習）の再評価をもたらすに過ぎない。かつてフォークが辿った隘路に落ち込むだけなのだ。必要なのは男が日常に還ることではなく、男も女も日常を変えること。だとすれば男女平等の実現だけでよしとするのではなく、どのレベルで平等を実現するのかが問われるハズだ。この視点が欠けていたために、国籍法の改正は国家管理の強化を生んだし、雇用均等法の制定は権利の悪平等をもたらしている。

〝未婚の母〟に対する攻撃を筆頭に、家庭を疑う者、日常の枠からハミ出た者が狙われている時代――詰め将棋の盤面のスミっこで、人々が少し優しくなり、男女の垣が低くなり、多くの男たちが会社人間から家庭人間に回帰したように見えようとも、そんなことは将棋の局面とはいささかも関係がない。〝未婚の母〟が生きやすい時代を迎えるのか、追い詰められるのか。追い詰められても反攻に出られるのか、反攻できるためにはどんな支援が可能なのか。そうしたことを見極めることが大切だ。

※というのも、ここで確立された地歩は大局の変化に影響されにくいからである。これを裏返せば、盤面のスミっこでのささやかな前進は大局の変化によって、簡単に踏み潰されかねない、ということなのだ。

一八五〇年五月、「女性の声」紙を発行し、フランス革命の再来を願ったポリーヌ・ロランが「三人の未婚の母という形で結婚に抗議した」ことを理由に逮捕・流刑された。支配層にとって〝未婚の母〟というのはかくも恐るべき存在であるらしい。その役割の大きさを理解していないのはむしろ、社会の改良をめざす運動の側だ。「政治・革新、日常・保守」というのがあなたの周りにもあまりに多いのではないだろうか。

ちなみに〝未婚の母〟らしきものを歌った歌は先の一〇年間には一曲も発見できなかった。一九七六年、バンバンの「霧雨の朝突然に」(荒井由美作詞・作曲)が最初である。

急がれる福祉理念の再構築

児童扶養手当改悪からの出発

解説　全国社会福祉協議会推薦、母子問題研究調査会編・母子福祉社発行
『母子福祉』一九八五年四月号

　日本の母子福祉は戦前から存在した。しかしそれは〝父が憂いなく戦死できる〟ような銃後体制を作るのが目的。この国策に沿う限りでの福祉だったといっていい。

　母子保健法のほか救護法や軍事扶助法の骨格はいずれも福祉という名の家族コントロール。「二夫にまみえず」に夫亡き後の「家」を守る〝貞婦〟にだけ与えられる〝ごほうび〟のような制度だった。貞婦にはまた、別途、緑綬褒章という勲章まで（戦後は停止されていたが近年、環境に尽くした者への勲章として復活した）用意されていたのだ。

　一九四五年一二月、占領軍は「救済ならびに福祉計画の件」という覚え書きを発表。〈国民平等保護の原則〉を打ち出し、その結果、先の差別三法は生活保護法に吸収され、廃止された。

　「財源がなかったから切り捨てた」のだとも言われる。それも当たってはいる。しかし一方、選別福祉が家族をコントロールし、戦争を支えてきたのも事実である。

　また、平等の原則と同時に、母子福祉は児童福祉の一部なのだと考えられるようになる。母に対する選別福祉から、子のための平等福祉への転換だ。

　四九年に提案された「未亡人母子福祉法」が廃案になったのも〝未亡人の子〟という特定グループへの手当てが、子に対する平等に反するため。〝未亡人〟とは特定の状態の母を指すが、それは子の状態ではない。子どもにとっては「父がいない」という状態、あるいは「養育者が単数（シングル・ペアレント）」という状態

があるだけだ。

ところが五九年に創設された国民年金制度は死別母子だけを対象にした母子年金を含んでいた。各種職域団体が独自に進めた拠出制年金に国が上乗せする厚生年金にならったもの。その結果、国の制度が死別と離別とを選別してしまう結果を生んだ。

どうしてこんなことになったのか。問題は男中心の職域団体が決めたルールにある。拠出制は保険とおなじようなもの。加入者の利害に左右される。自分の死後の妻子は心配だが、自分を裏切った（離別した）妻子のことまでは気が回らない。まして非婚の母子の運命など……。共済年金や厚生年金のルールはこうして生まれた。これに政府も便乗したことになる。

問題はまだある。福祉だといいながら拠出制（反対の声もあったのだが）にしたため、掛け金未払いの死別母子が出現する。そこで無拠出の母子福祉年金を別に設ける必要が生まれたのである。が、無拠出であるため、給付額に差がつけられ、死別母子間にも差別が持ち込まれることになった。

女性年金加入者にとって、差別は歴然としている。自分の掛け金は死後（父子手当てとして）夫子に支払われることがない。また、母子手当てにしても、あらかじめ夫のいない女（非婚母子）には支払われる可能性がない（母子福祉年金の対象者にされる）。それなのに夫のいる女と同額の年金をせっせと納めなければならない。

父子年金を要求する声も挙がったが、もっと切実だったのが離別母子。

「困難を抱えている点では離別も死別もおなじ」「生別（離別）母子は年金の掛け捨てになる」などの批判が続出した。

また、一九五九年は国連の「児童権利宣言」やＩＬＯ１０２号条約が子どもの養育の責任は社会にあるとして、平等かつ十分な福祉政策を打ち出すよう世界に訴えた年。拠出制であり、しかも母を選別する年金制度など、児童福祉とは縁もゆかりもないものだということが見えてきた。

こうした問題や要求を背景に一九六一年二月、社会党はつぎのような国民年金改正案を国会に提出した。六五条はこういっている。

「女子であって配偶者（届出をしていないが事実上婚姻関係と同様の事情にある者を含む）のない者又はそれに準じる母子であって政令で定める者が現に児童（二〇歳未満の者をいう）を扶養している場合にはその扶養をしている者に母子年金を支給する」

つまりは「生別母子にも（死別母子と同様）母子年金を支払え」というもの。これに対して自民党が出してきた対抗案が「児童扶養手当法」の新設だった。スジとしては平等であるべきだが、財源が確保できないこと。それに「当事者の意思に左右されるものは年金制度にはなじまない」というのが生別母子を年金とは別立ての制度にした政府・厚生省のいい分だった。

しかも、「児童扶養手当」は無拠出なので、母子年金に揃えるのではなく母子福祉年金に準じるものとされ、実際には母子福祉年金よりも下回る手当てであった。支給額が母子福祉年金と同額になったのはやっと一九七〇年のことなのである。母子福祉年金とは異なり、国民年金に加入し、母子年金の支払いを受けるに十分な拠出をしている母の場合であっても、生別である以上「児扶手当」になる点に注意したい。

共産党は社会党案を支持。民社党・公明党は理念としては社会党案を支持した。しかし、児扶手当さえ出されなくなることを恐れて自民党案に賛成した、という。一年こじれた末、六二年一一月二九日に児童扶養手当法が成立。社会党案は採決不用案件とされてしまう。

しかし、児扶手当法の実施に当たっては、衆参両院とも「その原因のいかんを問わず、父と生計を同じくしていないすべての児童を対象として……支給するよう措置すること」という附帯決議をつけ、時の厚生省児童家庭局長・大山正氏も六一年一〇月三一日の参議院社会労働委員会での答弁では「婚姻によらない児童、いわゆる未婚の母の母子状態にあります場合もやはり含ませる（児扶手当を支給する）ほうが適当ではないかというように考えております。この点は特に、衆議院社会労働委員会の附帯決議にもそのような趣旨のことがございますので、この点で考えて参りたい、かように考えております」と言明していた。

死別・生別の差別には目をつむるにしても、生別母子間での差別はやめようというわけだ。

現行の児扶手当の限界は見てきたとおりだが、それでも「未婚は切る」などの差別攻撃を許さない地平を拓いてきたことがおわかりいただけるだろうか。おそらくこれは、戦前の緑綬褒章体制、銃後福祉体制を突破して、福祉の民主化をささやかながら形にした、戦後唯一の制度なのである。

七九年、財政再建に焦る大蔵省が厚生省の予算請求に対して「未婚を切れ」と指示したことがあったが、時の厚生大臣・園田直氏は「子どもの福祉を図るのがこの制度のねらい……。大人の問題、つまり生活上の倫理問題を理由に財政が介入するのは行き過ぎ」と主張。大蔵省を押し切ったため、かろうじて制度の原則は守られた。

八四年四月、厚生省が国会対策用に製作し、議員に配布した「児童扶養手当法の改正について（問答）」は「児童扶養手当は、正式に結婚をした……通常の家庭で……残された母子の……母に支給するもの。〝未婚の母〟を支給対象から除外しても法の下の平等や児童の人権問題とは関係ありません」などと書いているが、これがいかにインチキかは、これまで述べてきたことで、おわかりいただけるかと思う。

今回の（八四年末に成立した一連の）改悪策動では、多くの女性たちの抗議の声に押されて、さすがに「未婚は切る」といった生別母子間の分断は避けられた。しかし、父の離婚時の年収によって支給に差を設けたのは大きな後退だ。とりわけ、策動の過程で父の所得証明の入手を行政に託してしまったことは将来に禍根を残す。

離婚後の父側家庭に介入の口実を与えてしまうことになるからだ。これはまた、この国がいちばん欲しがっている家族コントロールの新しい手段を与えてしまったことでもある。

もっと大きな後退は立法目的の変更を許したことだ。法の第一条に「児童が育成される家庭の生活の安定と自立の促進に寄与するため」という表現が挿入されている。子どものための制度がまた、家庭のための制度に後戻りしてしまった。子に対する保障を家庭に対する手当に切替えれば、母（さらに間接的には父）の生き方に介入することができる。前の園田氏のような正論は吹き飛んでしまうのだ。

また、母子年金の補完という考え方から離脱し、年金制度と袂を分かつことで、手当は権利から恩恵に、救貧政策に封じ込められる。もう死別との比較で児童の育成機会の平等が問われることもなくなってしまう（そうなれば、さらなる切捨てに歯止めがかからない）。

つまり、改悪は単なる（金額的な）福祉の切りつめなどではない。戦後培われてきたまがりなりにも民主的な福祉理念そのものの破壊が狙われたのだ。


もっとも、こうした事態に立ち至った原因が政府側にだけあるとは思われない。

私たち自身、①子の養育責任を子を抱えた家庭にのみ負わせてホオカムリしてきた。②児扶手当を権利というよりも恩恵的なものと受けとめてきた。③そして何よりも、平等福祉理念を育てることをおろそかにし、どんぶり福祉（総額重視の）に走ってきた――その反省が必要だ。

たとえば今進んでいる年金法の改悪――受給額の大幅ダウンへの憤りは強いが、制度が孕む理念の後退、差別の拡大に言及するものは少ない。

本来なら、この制度をもっと充実させ、生別母子の年金権（母子年金受給権）を確立すべきだったのではないか。そう考えると、今の事態――差別拡大への憤りが足りないということは悲しむべきことだと思う。

一九八四年一二月一九日、衆議院を通過した厚生年金と国民年金の統合計画を見ると、母子年金が遺族年金に吸収される。と同時に母子福祉年金が姿を消す。国民皆年金になったのでだれでも遺族年金でまかなえる、というわけだ。

しかし、母子福祉年金とのバランスで水準を維持してきた児扶手当がこれで支えを喪い、年金体系から完全に振り落とされる。ますます恩恵的な制度に変質させられるのだ。

各自が基礎年金を持つことで女性の年金権が確立されたという。たしかにサラリーマンの妻の離婚後の無年金状態を救う（ただし、現行でも任意で加入でき、問題は減ってきていた）。その反面、働く者の受給権が半減。単身で働くもの、共稼ぎ夫婦のメリットが失われた。専業主婦の優位ばかりが目立つのだ。

これは家族の強化（離婚しやすくなる面はあるが、離婚時の財産分与が年金分だけ削られればおなじことだ）と働く女性に対する攻撃だといえる。

〃女性の年金権〃などといいながら、妻の掛け金は夫の給料から天引きされる。とてもとても自立感などは持てまい。それに、こうなると職場での身分管理や戸籍の重視が進行。事実婚の否定やその他の差別に結びつく可能性が生まれる。

奇妙なのは加入が個人単位になったのに、給付は世帯単位であること。夫が死んだ場合、残された妻子が手にする遺族年金は夫の（これまでの国民年金制度では妻自身が掛けた分だった）年金から支払われる（共済年金などにある妻が死んだ場合の夫子に対する一時金は妻からのもの）。

わざわざクロスさせたのには理由がある。妻を夫の従属物に留め置きたいためと、父子年金を求める男性の不満をそらしたいため。というよりも、夫の収入を当てにして確立した厚生年金の仕組みに国民年金が引き回されたということだろう。

今後は二〇歳以上の女性全員が年金に強制加入させられるが、男女の賃金格差や死亡時期の開きが大きい現状では、そのほとんどが掛け捨てになる。遺族年金をもらう当てのない生別母子家庭の母を含め、掛け捨てが強要されるわけだから、ますますひどい状況だといえる。

男中心の職域団体が作った年金制度の骨格は

「男は仕事、女は家庭」原則にのっとった差別的なものだった。コトは年金にとどまらない。職場の慶弔規定や互助会の諸規定に不当はないか。そうした細々したことのなかにも生別母子や独身者、同居のカップル（事実婚）を生き難くしているものが多い。

今、私たちは初志に立ち返り、差別のない助け合いという年金制度を含む私達にとっての福祉を再構築しなければならない。最近の一連の弱者切り捨て攻撃が、その必要を痛感させてくれる。今こそ、恩恵から権利への、そして真の共生に向けての新たな運動作りをスタートさせる時ではないだろうか。

平等理念を打ち捨てた新年金法

解説 働く婦人の会が発行する月刊誌『働く婦人』二七号（一九八七年三月二〇日）に寄せたレポート。二〇〇八年一一月、元厚生事務次官とその妻らが相次いで殺害される事件が起きたが、その被害者が、この年金改悪の立役者。当初「年金がらみのテロ」と噂された。彼らは厚生と国民、両年金間の格差を均したとされるが、その発想は制度成立の過程を無視したもので、恨みを買う可能性はあった。が、このレポートではそこまで踏み込んでいない。文末に新しい動きを付記した。

新年金制度は〝働く女性イジメ〟

昨年の四月、年金制度が大きく変わりました（※後に、消えた年金問題などで大きなトラブルを招くことになった一九八六年の大改正）。厚生年金と国民年金を一本化した基礎年金制を導入し、二〇歳から六〇歳までを全員加入制にしたのです。その大義名分は「財政立て直し」と「格差の是正」にありました。

もっとも「財政立て直し」といっても要は給付規準の三〇～四〇%の切り下げ。「格差の是正」にしても低いほうへの切り揃えにすぎず、社会保障の後退はだれの目にもハッキリしていました。そこで目先をごまかす目玉商品が必要になったのですが、それが次の二点でした。

① 女性の年金権の確立
② 障害年金の支給対象の拡大

①はこれまで任意加入だった被用者の妻にも強制加入させ、妻名義の年金を持たせるもの。従来、未加入の妻は離婚すると無年金になってしまい〝内助の功〟もあって払い続けることのできた年金の権利は夫、あるいは夫の再婚者に渡ってしまう、といった問題があったのです。妻名義の年金を持てば、こうした問題は起こらない、というわけです。

でも実際には被用者の妻の自己防衛が進んでいて、八〇%の人が国民年金に任意加入していました。また、離婚後の無念金状態にしても、年金分に見あった財産分与を認める判例が出て、解決しつつあったのが現状。とても目玉などといえるシロモノではないのです。

それに「女性の年金権」といいますが、働いている女性はすでに厚生年金などに加入しているので恩恵はゼロ。切捨てだけがモロにかぶってくる構造になっています。なにやら最近かまびすしい専業主婦控除（税制上の主夫優遇策として打ち出されたが、実現はしなかった）同様、一連の働く女性イジメの臭いがプンプンです。

年金制度の本質は？

②については後に見ることにして、まずは年金制度の本質といったことを考えてみることにしましょう。というのも、年金制度が必ずしも公正な社会保障とはいえないからです。

公的年金の成立はビスマルク政権下のドイツだといわれています。当時、ドイツ（ワイマール共和国）の労働者は相互扶助制度を生み出し、それが労働組合急成長の原動力となっていました。一八七八年、ビスマルクは悪名高い社会主義者鎮圧法を制定。次いで八三年に疾病保険法、八四年に災害保険法、九一年に老齢廃疾保険法を制定。労働者の相互扶助制度を乗っとりました。

これが世にいうビスマルクの〝アメとムチ政策〟。組合つぶしのアメには、労働者も激しく抵抗しました。つまり、年金制度は労働政策として登場したものです。

家族制度をもとにした社会保障

一方、日本の社会保障は戦前から家族政策の色あいが濃かったのです。これを一口でいえば〝銃後の家族の安定〟〝男が戦場で安心して死ねる体制づくり〟です。そのため、戦後、占領軍（GHQ）が「国民平等保護の原則」を指令（一九四五年一二月）。差別保護の制度は一掃され、生活保護法だけが残されたわけです。

これとは別に、日本の労働運動も相互扶助を発達させ、自ら雇用者や政府に拠出を頼むようになります。これが四二年に誕生した厚生年金法。政府・雇用者にうけのいい家族政策を含んでいたのはもちろん、労働者自身にも次のような限界がありました。

リードしたのは大企業の男性労働者で、女性労働者の存在や、障害を持っていて働く機会のない者の存在を無視していたこと。ここにはまだ被用者年金として出発したために生まれた限界である面もあります。

五九年に生まれた国民年金法は「被用者だけが優遇されるのはおかしい」という声に答えたもの。被用者年金とはちがう「平等保護の原則」が生かされるチャンスだったのに、内容は厚生年金の追従でした。しかも、拠出制をとったので、新しい搾取と受けとめられ、大反対が起こったいわくつきの制度です。

つまり両制度とも誕生からさまざまな問題を抱えていたのです。それでは次に、どんな問題が指摘されていたのかを見ておきましょう。

年金の男女格差

いちばん大きなものは女性の厚生年金受給額が男性の三分の二に抑えられていた点です。男女の賃金格差、出産に伴う雇用形態のちがい、婚姻年齢や寿命の差による老後の生き難さ、などを考えると逆であってもおかしくないものです。

母子年金があって父子年金がないことも問題になりました。女性加入者は自分が死んだ後の夫子が心配ではないというのでしょうか。税法は八一年に寡婦控除を新設。年金は「掛け率がちがう（男は報酬の一二・四％、女は一一・三％）」ことをタテに、今も放置されています。ところが今回の改正で、掛け率だけは四〇年後に男女同率（一三・九％）になるよう暫時アップされることが決まっているのですから、父子年金がないことは大きな矛盾です。

拠出制になったため、条件を満たさない者は別に福祉年金でフォローしています。が、拠出年金との差がずっと問題になっています。また、死別母子には母子年金が出るのに、おなじ状態の生別母子に出ないことも大きな問題でした。生別母子家庭の多くが年金加入者ですが、掛け率は他の女性とおなじ。それなのに母子年金をもらう可能性はないのです。つまり、その分は掛け捨てなのです。

まず母子家庭がターゲットに

一九六一年、両者を対等に扱う改正案が社会党からだされました。けれど「生別は年金制度になじまない」と自民党が反対。対抗するために提案したのが児童扶養手当法（翌年成立）です。でもこれは無拠出の制度なので母子年金ではなく母子福祉年金並み（それも同額になったのは七〇年から）に切り詰められてしまいました。でも、この制度の成立は家族制度の外にいる母子を手当するもの。家族コントロールひと筋の日本型福祉を打ち破った画期的な制度だといえます。

このほか七二年に、年金の併給を認めさせた堀木訴訟判決が出されましたし、七四年には遺族年金のアップをメインに掲げた第一回国民春闘（福祉春闘）がもたれたりしています。ただこれらもオイルショック以降、高齢化社会突入キャンペーンの中で、後退を始めます。

切り捨ての最初のターゲットになったのが児童扶養手当。やはり、この国の家族政策と対立するとみなされたためなのでしょう。とりわけ攻撃の矢面に立たされたのが非婚母子です。それでも七九年の段階では大蔵省の切捨て要求に厚生省が反発。園田厚相は「子の手当に親の倫理を持ち出すのはスジがちがう」と切り返しています。「平等保護の原則」が生きていたのです。

八五年の改悪で、児童扶養手当は子の手当から家庭の手当に変身しました。この制度も家族政策の中にスッポリ組み込まれたのです。また、今回の年金制度改正で母子福祉年金が廃止されたため、扶養手当は年金体系からも振り落とされてしまいました。社会保障から貧窮対策に転落してしまったのです。

生別母子家庭の母が必死で働いた報酬の上前をはねて成り立つ年金。でも、この掛け金が生別母子には還元されないのです。こんなことが許されていいものなのでしょうか。

堀木訴訟の成果を踏みにじる障害年金

話は②にもどります。被用者年金は自分が障害になったときの保障を重視しても、まだ被用者ではない障害者を無視します。国民年金も同様で、二〇歳で年金に加入する以前の傷害は保障しません。だから障害年金ではなく、半額しかない障害福祉年金でまかなってきたのです。それが障害基礎年金に一本化。二〇歳以前からの障害者にとっては年金が一気に倍増したのですから朗報ではありましょう。

けれども一方で障害福祉年金が廃止され、障害基礎年金受給者は児童扶養手当を打ち切られます。これは障害と母子家庭というダブルハンディを無視した暴挙。「併給を認めないのは憲法違反だ」として闘った堀木訴訟の成果を踏みにじるもの。「平等保護の原則」をかなぐり捨てたというほかはありません。

また、児童扶養手当の併給を打ち切る口実として、子を持つ障害者に加算を新設したことを挙げていますが、加算されるのは二〇歳までに受胎した子だけ。これでは「障害者は子を産むな」というに等しい措置です。

このほかにも、今回の改正には多くの問題があります。

〝母性〟強調の遺族基礎年金

遺族年金の需給対象者からの準母子切捨て――これは遺子を母代わりになって育てている者の切捨てで「子は母が育てるもの」という母性主義の強化です。

遺族年金の受給は夫の年金から、というクロス支給――妻が年金権を手に入れた以上、妻の年金からでもよかったハズ。旧母子年金は妻からだったのに、この考えを否定したのは「夫婦一体観」と「夫の権威」をいたずらに強調するものです。

妻の自立を否定する制度

被用者の妻の掛け金は、夫の給料から天引き――これは妻の自立を否定。同時に〝夫婦である証明〟が必要になるため、職場の身分管理が強まり、事実婚夫婦に不利な職場環境が作られる惧《おそ》れが出てきます。

掛け捨てになる可能性大

また、受給権の大幅な切りつめで、掛け捨てになる可能性がグンと拡がりました。夫の老齢年金（基礎年金＋新厚生年金）の四分の三よりも妻の老齢年金が少ない場合、妻は夫の四分の三を選ぶことができますが、その場合、妻がかけてきた年金は意味を失います。

一時滞在の外国人、長期海外居住者、掛け金が一時的に払えなくなった生活困窮者などに犠牲が出るでしょう。要はコンスタントに暮らす平均的な市民でなければ生きにくいように仕組まれているわけです。

また、前述したように家族＝世帯の強調で、独身労働者や共稼ぎ夫婦には不利な構造。こうしたことを総合的に考えますと、今度の改正は差別によって国民を「期待通りの家庭」に追い込む家族政策を真っ向から振りかざした反動的なものだといえましょう。

この攻撃に対しては、単に金額的に批判しても空しいでしょう。私たち自身が「家族（世帯）的発想」から脱却し、「平等福祉理念」を確立するとともに、年金とは国からありがたくいただくものではなく、私たち自身が相互扶助の意識を育てる中から築きあげていくものなのだという基本を思い出してみる必要がありそうです。

※拠出制とは縁がないので見落とされがちですが、八一年に新設された税法・寡婦控除も問題です。控除対象に生別母子が含まれていないからです。この是正を求めて、二〇〇九年一一月、東京と沖縄の非婚母子三組が日本弁護士連合会に人権救済の申立を行っています。

あたりまえの男

自立にむけての実践　自立をめざす個人・グループ

佐藤文明

解説　『法学セミナー増刊』総合特集シリーズ四〇「これからの男の自立」（一九八八年二月二五日発行）

さあ、男も子育てを！


「男は家の大黒柱だから働かなくちゃな」という亭主役に、女装の女房役が迫る。

「あなたが昇進するより、もっと人間らしい生活をしてほしいの」

そしてクライマックス、わかれのシーンだ。

「気がつくのが遅かったよ」

「一生気がつかない人も多いわよ」

会場を埋めた一〇〇人を超す男女が、思わず大笑いする一幕だった。

これは一九八七年一一月二八日、東京弁護士会女性の権利に関する委員会が主催したシンポジウム「さあ、男も子育を！」のひとコマだ。演ずるは〝男の子育を考える会〟のオットコ一座、題して「日本男風土記・霞ヶ関編」。会場の東京弁護士会館講堂には保育室なども設けられ、常ならぬ雰囲気に包まれた。

シンポジウムではまた、〝男も女も育児時間を！　連絡会〟の丹原恒則さんが、職場で育児時間を勝ち取った体験を報告。男が子どもと向き合うことの大切さを訴えていた。そういえば知り合いのジャーナリスト松永憲生は一〇数年前、子育てのため通信社を辞めてフリーになったが、フリーだった私も一年間の休職宣言をしたことを思い出す。

育児に奮戦する

私がオットコ一座の寸劇に爆笑していたころ、初体験の子育てに奮戦している男がいた。

中央線阿佐ヶ谷駅の南口で〝木風舎〟という本屋さんをやっているH谷晃さんだ。M樹くんが生まれたのは前夜の一一時一六分。彼はM津子さんとラマーズのトレーニングをして出産に備えた。

「トレーニングはあんまり真面目じゃなかったな。でも、本番では夢中。顔見合わせているとお互いに間合いがわかるんです、あの一体感はすごかった」

「産んだ瞬間のミーさんの笑顔。あれには負けた、と思いました」

「生きて動いている存在を目の前にすると、これで一〇年間は〝子育てやめた〟といえない現実の重さに圧倒される感じです」

H谷さんが〝男の自立〟を考え始めたのは高校生のころから。「生活の匂いのない運動なんてウソ」というリブの主張に魅かれた。大学では駒尺喜美の「女性解放講座」に参加。半分は男たちだった、という。後、〝男の子育てを考える会〟にも参加。「男としてツッパルんじゃなく、ありのままに生きればいいと確信して、楽になれた」そうだ。

「小さいころから女みたいだ、男らしくない、なんていわれて、紫外線で色黒にしたいなんて本気で思っていたんです」

「大学のときに料理を勉強した。本を見て、野菜の切り方から始めたんだから信じられないでしょ。母がうるさがるから夜中に練習するんだけど、どうしたの？　うちのご飯が気に入らないの？　って、こうですよ」

ところでH谷さん、前に二年ほど同棲生活をしたことがある。練習の成果が生かされてか、「家事は半分以上やってました」とキッパリ。料理ばかりではなく、家事全般が好きなのだそうだ。

互いに恋人ができてわかれてからは一人暮らしが五年ほど。「自然と共存した季節なりの食事」に心がけたが「自分の分だけの食事は、つくるのにエネルギーがいる。食事は相手があったほうが無条件においしい」とか。つくってあげる場合には「台所に入れず、アッといわせるのが好き」だというから、相当の腕前なのだろう。

大学卒業後、多摩市役所に就職したが半年でさよなら。直前にアルバイトしていたプラサード書店に戻った。「自分の生き方と結びついた仕事がしたかった」からだ。それをもっと突き詰めたのが五年前に店開きした〝木風舎〟。ここにはフリースペースがあり、いろんな講座が開かれている。

そのひとつが山の講座。H谷さんの高校時代からの趣味で、講師も彼自身。趣味まで仕事と一体になった。M津子さんはここの受講生だったのだ。そのうち彼女も〝木風舎〟で働き、いっしょに暮らすようになった。

「会メンバーなのに変ですが、ボク、子どもが好きじゃなかった。拘束されるようで。でも、彼女と出会って、共同作業をしてみるのもすてきだなと思った。そのとたんに妊娠ですよ。いくらなんでも早すぎて、戸惑いましたね」

〝木風舎〟の講座のひとつに、〝楽しく過ごす妊娠の会〟というラマーズ教室があった。二人がここへ出るようになったのは自然だろう。次はラマーズをやってくれる助産院探し。なんとアパートから一〇分。幸運続きで、仲間からもうらやまれたそうだ。

「子どもがいると本格的にやれないから」ということで、退院の前日にはアパートの大掃除。一週間は完全休職して彼女の世話と育児に専念。昨年中は山歩きも謹慎して子育て中心にやってきた。店の仲間とも段取りができていたのだ。

「こういうことが許されるのも、いい仕事の状況をつくったから。生活は苦しいけど、なんとか食っていけるもの。心からやって良かったと思っています」

朝、起きるとまず洗濯。食事後に干して、次はおむつの洗濯。掃除、変なときに始めてしまったトイレの改装……。働きっぱなしの毎日だけど、子どもが寝たときなど、二人でゆっくりする時間がけっこう持てる、とか。

夜中に一度の授乳は彼女に任せて別室で熟睡。「あれだけは代われません。今のところ子育てはどう頑張っても彼女の助手っていう感じ。お風呂に入れるとき、いちばん子育てしている実感が湧いてきますね」という。

「交替で春スキーに行こうや」

「夏はキャンプ。テントにおしめを干そう」

などと早くも遊びの話。「子どもが増えて、どれだけ遊べるか。子どもを交えた遊びを見つけるのが、これからの課題です」という。彼三〇歳、彼女二三歳の遊び盛り。

出産は意識変革のチャンス

ラマーズ法（父が出産に立会い、母の陣痛を緩和するための呼吸法を母と同時におこなう出産方法）といえば今でこそ知らない人がいないほど。日本での第一号は一九七四年の夏のことだった。

三組のカップルのうちの一組がY田哲男さんとY田紀子さん。愛知県常滑市で医院を経営している。哲男さんは産婦人科医、紀子さんは今、ラマーズのインストラクターだ。

哲男さんは一九四六年、東京生まれ。父が産婦人科医だったので、疑いもなく同じ道を歩んだ。

「開業医って忙しいんです。中学のときから自分の飯や弁当は兄と交替でこしらえた。小さいころからお産を見ていたけど、女はすごいな、って思ってました」

大学一年のとき、料理学校に入学。たった一人の男性生徒として一年間みっちり修業した。「男でも、そのくらいできなきゃいけない」というのが動機、一九六五年という時代を考えるととても前衛的だ。

訪れた激動の時代。各大学の医学部もまた医局解体闘争などで揺れ動いていた。七一年にはサルトルとボーボワールが来日。男は自立している、というそれまでの幻想が突き崩された、という。

「男は家庭や育児から疎外されている。男の自立ってなんだろう。そんな思いがボクをリブに近づけた」

銀座に「スリー・ポイント」という女のスペースがあった。リブの草分けである。ここで「女のからだシリーズ」の講師を三年間やった。ラマーズの紹介者・山田美津子（アメリカの運動を日本に紹介した）とともに『女のからだ』（合同出版）を訳したりもした。

「男は、からだのことやくらしのことなどを他人まかせにしてきた。主体性がなかったんじゃないか。会社依存。仕事依存……。これじゃあ老人性痴呆（現在、認知症と言い換えるべきなのだろうが、医学的にどれほど対応している言葉か、筆者にはわからない）が増えるばっかりです」

「中絶に立ちあったり、未婚でパイプカットしたり、いろんな男がいましたよ。でも、みんなどこへ消えちまったのかな。メンズリブを考えていかないと、世の中全体が危険なほうへ行ってしまう気がしますね」

結婚は一九七三年。サルトルとボーボワール（二人は終生、非婚を貫いた）に触発されながら「見合いとは？」との筆者の質問には

「そうなんです。冗談のつもりが、変人どうし気が合ってしまって」

ちなみに「運動なんて全く知らなかった」という紀子さんに言わせれば「料理ができる男が

条件」というおめがねに叶った。反面「かわった人と結婚しちゃった」という戸惑もある。これが紀子さんにとってはラマーズ第一号の出産を体験する巡り合わせになった。

さて、その紀子さんの哲男さん評。

「考え方は完璧だけどからだが伴わない。子どもを看てて、といったら、ほんとに見てるだけ、なんてことも。でも、がんばってくれてる。〝ぴゅいの会〟の旦那連ではピカ一ね」

〝ぴゅいの会〟とは名古屋にあった専業主婦の会。目指すは「近くの男を変えよう。だめなら息子を変えよう」というもの。七五年、二人は名古屋へ転居。哲男さんはそこから常滑市立病院に通った。紀子さんは〝ぴゅいの会〟を足場に、ラマーズ法のインストラクターの実績を重ねた。

Y田医院を開院したのは二年前。ラマーズと一体になった出産のほか、栄養士でもある紀子さんの食べもの教室。からだやくらしのトータルなアドバイザーとしても評判で、遠方から来院する人も多い、とか。

「自分では生活と運動、それに医療（仕事）の内容を一致させてきたつもり。生活に仕事を引き寄せる意識変革が男の自立なんじゃないでしょうか。出産は意識変革への絶好のチャンス。これをみんなに広げるのが今のボクの運動です」

「ひとり目の出産のときは、いやいやついてきた男が、二人目の出産のときにはすっかり変わっていた、なんて体験が多いんです。男もきっかけがあれば変われるんです」

哲男さんの今の悩みは評判がよすぎて多忙なこと。「昔はあの人が運動に出て、あたしが家。それがすっかり逆転しちゃって、家を空けられないのが不本意みたい」とは紀子さんだ。

ベッド数一一。産婦人科病院は昼も夜もない。それでも激務をぬって手料理をつくり、原稿を書き、ニュースやパンフレットを発行している。中学一年の女の子と小学五年の男の子、二人の子持ちである。

シングルのネットワークをつくる

「いろんな男がいましたよ」という哲男さん。たしかにいろんなチャレンジがあった時代だった。子を背負って学生集会に顔を出していた男の姿。男井戸端会議を主宰していた男は「男はだまって○○ビール」の逆をいき、「ぐちをこぼしあうべきだ」と主張していた。この男もミルクびんを抱えて大学に行き、家ではもっぱら〝主夫〟。当時のみんなはどうしているんだろうか。

もっとも、新しい動きは各地で始まっている。名古屋でも〝男女差別をなくす愛知連絡会〟というところが年間ベストマン賞をつくって、育児時間の要求をしている小学校の先生（岡崎まさる）に贈ったり、月刊の『社会党あいち』が「家事もするいい男」を連載したり、と活発だ。発足したばかりだけれど、〝シングルズ・ネットワーク〟というグループもある。自立を考える男たちが、『シングル・ライフ』の著者・海老坂武さんに触発されて呼びかけたもの。連帯と相互扶助を目指しているものの、当面は「女と男が本音で語る会」のスタイルをとっている。

集まりに参加してみたが、男と女の性差を超え、最大半世紀を超す年齢差を超えて、くらしに根ざした思いをフランクに語り合っているのがなんともいい感じ。参加者には『幻想する家族』の著者・桜井厚さんもいた。

ところでネットワークの言い出しっぺ、Y田一生さんの経歴はおもしろい。一九四九年、名古屋の商人の家に生まれ、激動の時代とは無縁に育っている。わきめもふらず一心に働いて、早く一人前の商売人になることが唯一の価値だった。

「ひとより二倍働いて、一〇年先を行こう。考えたり悩んだりするのは楽になってからでいい。本気でそう考え、実行したんです」

「大学を中退。叔父さんの店を手伝って、二二歳で結婚した。なしくずし結婚。商売人は早く結婚したほうがいい、ってわけです」

「二五歳で仕事を変えた。衣料はきれいなだけに儲けが少ない。ボクは洋風鮨。アメリカからの逆輸入で、みんなから外道といわれたけれど、職人を女のコに入れ替えて、これが当たったんです」

愛知県に広く店舗展開している〝サラダロール〟という会社。彼はここの社長だ。この間に三人の女の子ができ、いちばん上は今度高校生になる。

「いっしょに暮らしていたときはお父さんごっこもそこそこにやっていたよ。でも上辺だけだったのか。子ども嫌いに見られていた」

「貧しいうちは彼女とも協力しあえた。ところがお互いに豊かになったら急に虚しくなってきた。心の中に穴が開いちゃったんです。やっぱり考えるとき考え、悩むときに悩むべきだった。そんなとき、恋というものに出会ってしまった。東京の人です」

ある夜、紙袋を二つ抱えて家出。離婚前提の別居で、子どもにとっては離婚前の慣らし運転の意味もあったという。Y田さん三五歳のときだった。

「一切捨てて、ゼロになりたかった。会社がつぶれるのも頓着しなかった。落ち着いたところは横浜のワンルーム・マンション。東京の近くへ来るなんて未練ですね。ずるさなのかもしれない」

本を読み、座禅を組み、インドを旅した。I・イリイチは「創造的失業の権利」と書いていた。西田（幾太郎）哲学の周辺に「実存的空虚」という言葉を発見した。一年後、一切を整理して名古屋に戻る。離婚して、子どもも財産もなくなった。残っているのは会社だけ。社長がいなくても無事に生きのびていた会社だ。

「心の迷いはその後も続きました。子どもはいらないと思ったけど寂しくて、養護施設の子どもたちの父親ボランティアを始めました。毎月第一日曜日。もう二年続いてます」

「離婚してよかった。安易な幸せより、悲しみを持った人とふれ合うほうがお互いに響きあえる。自分の子だからというエゴイズムもフッ切れました。子どもはみんな素敵です」

社長無用の会社なので、給料を自ら引き下げたり、生活第一だからいくら休んでもいいと宣言したり……。実験的に「売らない店」を二店舗出した。一定量以上売れたら店を閉めるシステムだが、利益は出ないそうだ。また、四〇歳になったら社長を譲るという。

シングル歴三年。今では何とかなるという自信も。しかし、昨春（一九八七年）、海老坂さんの名古屋講演で「倒れたらどうします」との男性の質問に「情に頼ります」と応えたことが気になった。「情は相手に頼ること。互助でなければいけない」その思いが、ネットワーク呼びかけにつながった。

産業社会の価値観から自由になる

子どもと別れることが運動のスタートになった男がいれば、子どもと出会うことが運動のスタートになった男もいる。千葉市のF井正道さん（三二歳）だ。

F井さんはつれ合いのO崎秀子さんが昨年二月に男の子を産んだのを契機に、戸籍や食品、医療といった身近な問題を考え直す〝グループくじら〟を始めた。子どもの差別をなくし、共に育ちあえる自然な社会をつくろうというわけで、東京の〈私生子〉差別をなくす会などとも連絡をとりあっている。

二人は戸籍上の婚姻をしていないので、子どもは非嫡出子扱い。その差別を減らそうと、出生届を巡って千葉市と争った、今、各地で進んでいる戸籍窓口闘争がグループのスタートになったわけだ。

ところで、このF井さんの自立観はこうだ。「ひとりになっても基本的なことは何でもできること。これが最低条件。その上、産業社会の価値観から自由になって男的であることを捨てる必要があると思うんです」

彼は三里塚の現地闘争と取り組む中で、最低条件は身につけた。掃除、洗濯、炊事などは当たりまえのことだったからだ。ところが後半の問題（産業社会からの自由）が解決できず、三里塚から離脱した。問題を提起した一人がO崎さんだ。

失業中のO崎さんのアパートに転げ込み、印刷屋で働くかたわら、ハリの学校へ通い始めた。三年前のことである。学校は東京にあって夜六時から九時の三年制。かなりきついけれど、日曜や休日、昼の休み時間などには洗濯などの家事分担。子どもができてからは家事の総量が急増して、分担しきれず、関係がきしむこともあるという。

「でも、卒業は目前。彼女も就職するし、子どもも保育園。なんとか対等にやれると思う。いずれ治療院を開いて、二人でやっていく。資格がボクだけなんで、名義や社長職などは一切譲って、ぼくのイマシメにするつもり。何かあったとき、裸になって放り出されるのはぼくのほう。今の社会状況ではそうしておいたほうがいいと思うんです」

「窓の鍵を締め忘れるのがぼくのクセ、ガスの本栓を切り忘れてしまうのが彼女のクセ、といったズレはあるけれど、波長は合っていると思うんです。出産はぼくたちにとって楽しいイベントでした」

家庭を地域や社会に開く

ところでこの二人はフィーリングが合っているからいいのだが、家事・育児を担おうとする男たちと話していてよく突き当たる話がある。先日も自立を目指している、とある雑誌編集者がこんなことをぼやいていた。

「自分のテリトリー意識があるのか、指示したがるんです。ちょっとちがうとすぐダメとくる。女性はもっと長い目で見てくれなくちゃ。それに、ちがうやり方があってもいい」

「もう待てない」という反論もあろうが、私もこの主張には思うところがある。専業主婦でなければ切り盛りできない過剰な衛生観や安全観。その実現を目指した家庭間競争の中で、管理に身動きがとれなくなる子どもたち。

男たちの参加が、これに拍車をかけるようなら問題だ。

「きれいなら少しのシミやシワぐらいいいじゃないか」という発想が大切だ。その発想が、子どもに対する管理を緩め、家庭を地域や社会に開いていく。専業主婦教育を受けなかった分、男たちには芽がある。

また、この社会が男たちの参加を予定していなかったため、地域・社会に開こうとする視点は壁にブチ当たる。だからどうしても運動という形にならざるをえない。

父子家庭は自立を考えるよりも前に、自立せざるをえない。そのため、各地でネットワークが広がり始めた。

男と女が対等に関わろうとしたとき、氏や戸籍が障害になり、これを拒否するとさまざまな差別に直面する。前出の〝〈私生子〉差別をなくす会〟には、母の氏を尊重しながら父子の氏を一致させたいため、戸籍のない子を育てている男がいる。連れ子や事実上の子を扶養していながら、扶養控除を受けられないことに抗義して、訴訟を起こした男もいる。聴覚〝障害〟のため、子の鳴き声も聞こえない中、子育てに精を出した京都のN井哲さん。ミルクのお金さえ工面できない困窮だったのに、行政は児童扶養手当てがもらえることを教えようとしなかった。ここからは〝児童扶養手当ての遡及支給を求める会〟が発足。行政のパターン思考と差別体質が問題になり始めている。

単身赴任は男の養育権の侵害だ、と、会社を訴えた川崎の川口晴男さんの周辺には、〝帝国臓器・川口さん家族の単身赴任裁判をきっかけに、男の養育権、女の労働権を考える会〟が結成されている。

前出、〝男の子育てを考える会〟は一九八七年六月、現代書館から『男の育児書』を出版。これが好評で、行政のパターン思考の貧しさ、時代転換の大きな流れを証明した。

男の自立はもう理念ではない。現実に、生活の組み替えとして出発している。そしてまた当然のことながら、法体系や社会の組み替えをも要求する。政府はなお「時期尚早、国民のコンセンサスがない」などと抵抗する気配だが、ことは時期を超えた国際的な人権の問題になっている。引き延ばすことは許されない。

最後にひとつ、いい添えておきたいことがある。男の参加が男のいない家庭の生きがたさを増幅してはいけない、ということだ。母子家庭でもやっていける福祉と社会保障、この確保もまた、家庭を地域・社会に開いていこうとする男たちが、心しなければならないことなのではないだろうか。

戸籍と母性

中間管理者＝父制のたそがれ

解説　『「母性」を解読する』（有斐閣選書７９９）グループ「母性」解読講座編（一九九一年六月三〇日発行）

　一九八六年三月から八九年六月まで、「女のからだから　８２優生保護法改悪阻止連絡会」が開催した連続講座（母性解読講座、別名・母性解毒講座、計一五回）をまとめたもの。表題の講座は八六年五月に行われたもので、司会は麻鳥澄江（スリー・ポイント、ホーキ星ではガンちゃん）。

※は補記。

戸籍を生み出した父系社会

　戸籍というのは母性とつながりません。あえて言うなら父性、父制です。そもそも人を登録するという発想も父系社会が生み出したもので、登録技術が生まれたのは母系の高文化農耕社会ではなく、中央アジアの父系遊牧社会でした。

人類最初の私有財産はたぶん家畜でしょう。不動産は共有だったし、動産は占有すればすむ。問題は家畜で、これは自分で動いてしまうし、子どもも産む。私有を確かなものにするには登録技術が必要だったのです。父系社会では、これが女や子どもに及ぶのは避けられません。男は妻子や奴婢、家畜や動産をすべて自分の私有財産と考えることになります。

ファミリーという言葉が男の総財産を意味するものだったことは有名です。「家」という漢字も屋根の下に家畜（豚）を抱えているので、おなじニュアンスだと思います。

戸籍を発明した中国は、行政官として遊牧民（騎馬民族）を大量に登用しています。かれらは登録技術にたけていたためでしょう。戸籍の発明は彼らの手によってだったに違いありません。

日本人への戸籍導入

日本に戸籍が持ち込まれたのは、大化改新の六七〇年。公地公民による班田収受を実行するための台帳だといわれます。と同時に、母系社会を父系へと転換する諸政策のひとつだったようです。

六四五年に「男女良賎の法」が出され、良民の子は父に、賎民の子は母に従う（その家の子とする、という意味）、と定めています。これは、子どもが母方に付く母系社会に、良民という特権階級を作り出し、特権階級に父系を植え込もうとする決意を示したものといえます。良賎間の子は賎民とする、という規定もありますが、こうした規定を持ち込むためにも戸籍が不可欠だったのです。

しかし、中国の父系制をまねた大宝令は反発が大きく、養老令では母系にかなり譲歩しています。それでも庶民の抵抗は収まらず、税金のいらない賎民になろうとして賎民と結婚したり、良賎間の子を良民にするとの法改正には、結婚しないことで対抗したりしました。当時の為政者は「庶民はなんと不道徳なんだ」と嘆いていますが、それは父系社会の道徳にすぎないのです。

自由民（賎民）は国の支配を離れて、出現した私有地（荘園）に逃げ込みます。こうして律令体制は崩壊し、戸籍制度も消滅します。でも、荘園を抱える有力氏族はこの間に父系を確立していました。天皇家も同様です。

「家制度」の確立と戸籍

明治になって、この国はまた戸籍制度を導入します。王制復古＝律令体制への回帰（公民という言葉に代わり、臣民という言葉が登場します）です。封建社会というのは人を土地、職業に縛りつけます（社会変化を避け、支配を固定するためです）。しかしそれでは近代の産業社会が育ちません。世界はこの段階で自由市民を生みました。ところが日本では土地から人々を引き出し、産業社会に取り込みながらも、自由にはしなかったのです。

日本という国は、人々を移動しても変化しない血縁に縛りつけ、戸籍に登録しました。江戸から明治へ、それは土地緊縛から戸籍緊縛への移行（土地緊縛から戸籍緊縛へ、というのは福島正夫の用語）であり、封建制度から「家」制度への転換だったのです。「子なきは去れ」が代表する江戸時代の武家社会の「家」、明治はこれをすべての人びとに押しつけました（※講座ではこう話したが、以後の研究で筆者はこの考えを捨てている。武家のほとんどは後継がない場合、養子縁組でカバー。離縁は事実に反する。血の継承を重視したのは王家を含む公家社会である。明治政府はこれを庶民に押しつけた）。

戸籍一〇〇〇年の空白。この間に日本の社会は母系から父系へと、大きく転換しました。そのため、今度は戸籍が受け容れられます。というより、戸籍の導入、戸主の創出がこの転換の総仕上げだったのです。それを法文化したのが、一八九八年に制定された明治民法です。

「家」制度の主な役割は、多様な家族形態や家族の人生選択――政府はこれを直接コントロールできないため、戸主を中間管理者に仕立てるものです。政府は戸主に向けて単一の号令を発すればよく、家族のコントロールは戸主に任せるのです。その委任状、信任状が明治民法に登場した「戸主権」です。

　このシステムがしっかり機能していれば、国は「一家の主である以上……」「帝国軍人にふさわしく……」「男なら……」と、父道、武士道、男の道を叫んでいればよく、母性論の果たす役割は二義的でした。むしろ、戸主が「家」の中をまとめる際によりどころとする考え方にすぎなかったと思います。おそらく多くの男たちは母性論なんかではなく、戸主権に支えられた直接暴力で妻子を「家」の下に圧服し、国の中間管理者に成り下がっていったに違いありません。

届出婚姻制と「私生子」の誕生

　明治民法はまた、「戸籍に届けなければ結婚が成立したと認めず、効力を与えない」としました。届出婚姻制の採用は軍部が要求したもので、「家」制度とは直接の関係はありません。戸籍を徴兵の台帳とした軍は、次に戸籍の記載の正確性と権威を求めました。この〝戸籍の記載こそ真実〟とする発想は乱暴この上ないやり方です。ペーパーが人の生活に君臨したのです（紙が神になってはならない。登録などというものは人の生活のためにあるのです）。

　もっとも、当時の日本にはたいした効力（届出に伴う婚姻の効力）もありませんでした。本来、認めてもらうまでもないことだったのです。それでも人々がせっせと戸籍に届け、権威アップに協力したのは、世間の目や、子どもにかかる差別を恐れたからです。

　婚姻届のないカップルの子は、戸籍に「私生子」と記載され、公開されます。それを学校や警察が「不道徳」と決めつけ、戸主や親族が届を出すように圧力をかける。そのときの道具立てが「世間体」なのです。

　ところで、結婚制度の本質とはなんでしょう。枝葉を取り払うと、①子の所属の確定（民族、国籍、一族、家族……）、②母（母となるべき女を含む）の養い手の確定（もちろんこれは女

母性解読講座（市谷・56番館）　司会の麻鳥さんと。

の自立を許さない経済構造を前提とした社会でのこと）、この二つです。「家」制度下で言えば、①は父方の「家」、②は夫方の戸主ということになります。戦後の民法では①が父の確定とその世帯への所属、②が夫（父）です（条文上では夫婦＝父母ですが、そうであれば結婚は無用で、共同親権・共同看護義務を定めればいいわけです）。ついでに言い添えれば①を社会全体（国を超えた地球人という概念も必要になろう）とし、女が自立して②の確定が不要になれば、制度としての結婚は意味を失います。

さて「私生子」とは所属未定状態の子どもを指します。対立語は「公生子」で、公式に所属が確定された子どもです。公と私では私のほうが快適に決まっているのに、人々は「私生子」を嫌いました。公権力がそう仕向けたからです。

ちなみに、「私生子」は一九四二年に差別語とされ、消滅し、両者の区別のために「嫡」という字が登場しました。「嫡出子」とは嫡妻（正妻）が生んだ子のことで、「妾」の存在を前提に生まれた字です。その上、「嫡」の源字は女偏に「属」、主体性を他者（夫）に預けた女、という意味の差別字です。しかし、それが婚姻制度の本質をよく表しているようです。

ところで、婚姻の効力は今の民法にも記されています。また、戸籍に届けないと効力が発生しない点でも戦前と同様です。ただし、日本国憲法が「両性の合意のみ」で成立すると謳っているので、成立は届けと無関係のはずです（憲法が成立を認めている婚姻に、効力を与えない民法とはなんなのだろう。成立と効力とを区別している国などどこにもない。常軌を逸した憲法違反の民法を守ろうとするこの国の司法や法曹界とはいったいなんなのか）。

さらに婚姻の効力を見ていくと、「氏を同じくする権利（別姓要求者にとっては無用な義務にすぎない）」とか「同居を請求（請求だけで実効力はない）する権利」とか、法律上の意味を喪った条文が多く、「子を嫡出にする権利」など、憲法や国際人権条約に反する差別が婚姻の効力として謳われている。そんなものを権利とみなすことはできない（すぐにも廃止しなければならない）ので、婚姻の実質的な効力としては「夫婦の相互扶助義務」ぐらいしか残りません。「相互扶助」の言葉にごまかされないでください。要は、女の養い手の確定なのです。

けれど、女が仕事を持ち、収入を得るようになると、この規定は読み直されます。一方が自立不能になった場合に扶助する義務。こう考えると結婚とは一種の保険だということが見えてきます。それならなにも一対の男女に限らなくてもいいでしょう。一九八九年にデンマークが同性の結婚を認めたのも当然です。

明治時代に軍が編み出した届出婚姻制も、女性が自立を始めると意外にもろいことが判明しました。かろうじて、子どもの差別という卑劣な手段によって支えられているに過ぎないのです。一九七六年に当用漢字が見直されたとき、「嫡」の廃止が提言されました。「嫡出」以外に使われない字を必死で存続させたのは法務省でした。

しかし、子どもに対する差別がいつまでも許されるはずはありません。世界は二〇世紀に入るといっせいにこの問題に取り組みました。北欧、アメリカ諸州、社会主義国が差別を放棄。一九六〇年代には西洋諸国が差別をやめ、国際的な潮流になっています。この流れが届出婚姻制を食い破るかもしれません。

「家」の崩壊から「世帯」管理へ

日本の都市経済の発達が、明治の「家」をゆるがします。都市へ出た若者に、戸主の目は届かず、コントロールは失われます。大正デモクラシーの出現、とりわけ女の目覚めはすばらしく、自由恋愛への憧れは『青鞜』の女ばかりの現象ではなかったのです。

この脱戸籍に頭を痛めた政府は、二つの方法でコントロールの回復を図ります。ひとつは都市「世帯」を行政単位とし、戸主から世帯主にコントロールの権限を委譲すること。ひとつは直接女たちをコントロールする手段を持つこと。国策レベルで母性論、母性イデオロギーが喧伝されはじめるのはそのためです。

「世帯」は一九二〇年の第一回国勢調査以来「家」に代わる管理単位として浮上しました。戸主権に代わる「世帯主権」も論議されます。中間管理者である以上、選挙権は必要なので、戸主選挙に代わる世帯主選挙も検討されます。そうなると世帯の定義がむづかしく、いっそのこと男全員に……。これが一九二五年に成立した普通選挙法の舞台裏だったのです。

ただ「家」から「世帯」への転換は、天皇制イデオロギーや国体観念と絡む問題で、実際に手をつけるのは至難の技でした。一方、母性論のほうはすでに成立していたものの普及に力を入れればよいわけで、てっとり早いコントロール手段として利用されます。

優生思想と母性イデオロギー

母性論といってもさまざまです。軍人や有力な戸主から求められた婦道や婦徳、これらに自ら応えようとするエリート女性の良妻賢母主義などは、国が全女性を対象とする道具立てとしてはハードすぎます。この時期に注目すべきなのは台頭してきた優生思想とのタイアップでした。

　結婚の目的は子孫の繁栄ではなく性生活の満足だという新思想を憂えて池田林儀は『応用優生学と妊娠調節』（一九二六年）で、こう主張しています。

「世論を醸成して、子女なき婦人は婦人としての面目なきものとする」「婦人を財産権から隔離し、専心子女養育の本務に従わしむる」「教育によりて子女を生むことの本務なることを知らしめる」

　また「一切の機会均等を要求する」婦人には、「婦人は、家庭にありて男子同様、怜悧に有用に国家に奉公し得られるのである」と説きます。そのうえで、遺伝的優良種を残すため、情に流されずに相手を選択し、適齢期に遅れず結婚、万一「不良種」を身ごもったら制限するのが道徳的だ、と主張するのです。

　こうした啓蒙期の優生思想は、母性イデオロギーを増幅させながら昭和一〇年代の応用期に突入します。古屋芳雄『国土、人口、血液』（一九四一年）は、優生思想をこう説明しています。

「多子家庭の保護及び負担の軽減、優良かつ健康なる者の結婚奨励等があるが、しかしそれよりももっと重大であるのは思想対策である」

　古屋試案の「人口政策要綱」を見ると、出生率アップのため、女子の長期就学の禁、独身知識人への課税、優良多子家庭の補助、優生結婚相談所の普及などがあげられており、試案は閣議決定されて正式な国家政策になっています。

　この間に戦時体制が進み、国防婦人会が出征兵士を送る〝母の心〟を強調。在郷軍人会が「留守宅にある妻」の動行を調査し、隣組も「夫の友人や兄弟、同居人、雇人、あるいは近隣の知人、勤先の年少者、甚だしきは援護組合の役員等と不倫」せぬよう監視しました。しかし、実際に多発したのは夫の父との関係でした。

　配給制のため、世帯の把握が進むと同時に、隣組による地域監視体制が確立。おかげで世帯台帳が出現したけれど、戸主権にかわる世帯主権は必要とされなかったわけです。配給同様、国家総動員は世帯を単位に進みました。この戦争遂行の至上命令が、国の足場を「家」から「世帯」に置き換える論理を提供したのです。

戦後の戸籍改革はこのときに準備されたものです。一九四一年に試案が出され、四三年に『要綱案』になっています（日本身分法要綱案四八条）。戦後の民主化の結果改正されたものではない、これはとても重要です。

戦後の戸籍改革と「世帯」管理

戦後の戸籍改革はダブルバインドの中で進みます。父性による家族コントロール（「家」＝戸籍）を守ると同時に、個人の尊厳や両性の平等を満足すること。この絶対矛盾をかわしたのが「世帯」の概念です。戸籍は戦前よりも細分化し、新たに住民票が生まれます。

戸主を筆頭者と呼び替え、世帯主を新設。戦前の構想と違ったのは世帯主に世帯主権を与えられなかったことだけです。それでも、この世帯は戦争直後の苦難を乗り切りました。戦前の男役割、女役割がしっかり内面化されていたからでしょう。母性論も国策から撤退します。

母性論はむしろ福祉を要求する運動側の論理になりました。全国未亡人団体協議会は「家庭で子と共にあること」を母の権利と主張。女の労働を「悲惨なこと」と位置づけて、母子手当を要求します。対する政府は、戦前「二夫にまみえず」と言っていたのに「後家は嫁に行け」と、手のひらを返したのです。

戸籍によって裏打ちされている世帯はいつでも「家」に復帰できます。わたしはこれを象徴家制度と呼んでいますが、一九五四年、早くも戦前の「家」に帰ろうという声が自民党筋（当初は自由党、民主党と合併した自由民主党もこれを受け継ぐ）から挙がりました。女たちが立ち上がって、これ（「逆コース」と批判した）は食い止められます。

しかし一九六七年には住民登録法が住民基本台帳法になると、密かに世帯主を定義する通達が出されます（それまで、両性の平等から世帯主は単なる索引。定義すれば世帯に差別を持ち込むもの、と考えられていた）。この国はなお戸主権や世帯主権などの父権によって家族をコントロールする夢を捨ててはいなかったのです。

一方、社会は高度成長期に入って、男は家庭を振り返る余裕もあらばこそ、職住の距離も増して、家庭や地域から男の姿が消えていきました。と同時に、女の職場進出と自立化傾向が急速に進みます。世帯主による家族コントロールも、内面化された性役割に頼った世帯コントロールもおぼつかなくなるのです。

危機感は一九六六年に結成された家庭問題審議会の答申（一九六八年）に見てとれます。「人の幸福は家庭にあり」として女のライフサイクル、M字型雇用（子育て期には家庭に戻り、その前後で就業する）が提案されます。母子保健法の改正も狙われます。

母子保健という名の母体管理

激戦になったのは七〇年代、女性解放運動の出現によってです。従来の女性役割の放棄を明確に宣言する女たちに、高齢化社会対策を女に負わせようとしていた者たちはあわてます。仕掛けられた優生保護法改悪。女たちはこれをはね返し、性役割そのものが揺らぎます。ロール・クライシスという言葉も出現します。

このどさくさの最中に、厚生省は保健所の指導指針を改定。出産前の女に対する指導を強めます。以後、優生思想とドッキングした母性イデオロギーに沿うパンフレットがそれぞれの自治体で配布されたり、母子手帳の交付窓口を役所から保健所に移す自治体が出たりと、母体管理が地方レベルで進むのです。

国は次の世代にターゲットを移していたのでしょう。これを国のレベルで統合しようとする試みの第一歩が七九年、関西経済同友会から「教育母子手帳」導入の提言というかたちで始まります。これを受けて八一年には家庭保険基本問題検討委員会が「母性手帳」を含む母子健康保険法の見直しに走り出すのです。

母性手帳はコンピュータによる心身の生涯管理を導く危険なもの。究極的には保安処分や中絶の強制が可能な情報管理に繋がります。ですが、当面は思想対策が中心のようです（子どもを生むハードルを高めて母を資格化するような試みは、母となることの忌避＝出生率の低下を導くことでしょう）。どんなものかは自治体が先取りしています。母子保健衛生協会が編集し、自治体が配布している「健康な赤ちゃんを産むために」というパンフレットを読むと、内容はなんと前出・池田林儀の主張の焼き直しにすぎません。これを注入しようというわけです。

相手の選択、婚前チェック（性病検査など）、出産時期の制限などによる「障害児」の排除や、婚前、婚外の妊娠を不幸のタネだと脅し、「私生子」の排除を勧めている。これが医療の名に隠れた女の思想や生き方のコントロールなのはいうまでもありません。

父制と母性が支える国・日本

この国は明治以来一貫して、人々を「家」家族の中に閉じ込め、コントロールしようとしてきました。それも、戸籍に縛って（緊縛）戸主・世帯主に管理させる父制・父性を基礎にしたもので、この限りで戦前と戦後に大きな断絶はありません。

この父制支配が揺らいだ二大事件が大正デモクラシーと女性解放運動（リブ）でした。いずれも女性たちが父制（すなわち国）支配を排して自立しようとした運動です。効率的な出産・育児が求められながらも、父制では実現が危うくなると、国は女を直接コントロールしようとします。これが「よい子を産み育てる」という優生思想と結ばれ、母性論として登場してくるわけです。

つまり、この国は、男に国策に沿った家長役割（家長らしさ）を期待し、それが困難になると家長役割を飛び越えて、家族員各自に家族員役割を押しつけ、結果的に家族が国策に沿うように誘導する。それがまずは母性論という女に対するイデオロギー攻撃になるのです。もちろん攻撃は人口政策や医療政策にカムフラージュされ、各自が社会的役割認識を内面化するようなかたちで展開されます。

家族という枠組みの前提が結婚です。国策は制度としての結婚を死守してきました。「私生子」に対する差別もその一環であり、女の自立を殺ぎ、経済的弱者に留め置くのも同様の目的を持っています。母性論はこれまで、この二つの不条理を「仕方ないこと」と納得させる装置でもあったのです。

母性論を中心に問題を考えたとき、戦後の変革はほとんど評価できません。結婚を至上とし、「私生子」差別を疑わず、性役割を積極的に受け入れてきました（専業主婦の登場はこのときからです）。その思想では象徴「家」制度を食い破る力にはなりません。嫡妻（正妻）の地位向上運動めいた戦後の婦人運動は、むしろ戸籍の権威を強める結果となりました。

私は大正デモクラシーを人権の大きな前進ととらえています。「家」から世帯へと（なお象徴「家」制度ではありますが）人びとへの強制力をダウンさせたからです。戦後改革はこのレベル・ダウンを勝ち取っていません（戸籍の改正は戦前から検討されていたものです）。では、次の波、七〇年代女性解放運動はどうだったのか。今、それが問われているのだと思います。女が期待される性役割に戻るのは論外です。政府の側でも、そう簡単にはいかないと思っていることでしょう。女の職場進出と自立化傾向はひとつの潮流を形成しています。そこで考えられるのが父制をソフトにした父性の導入です。人々を婚姻家族の下へ繋ぎ止めておくためのリリーフ・ピッチャーです。

これまで、父制は暗黙の約束である母性に支えられていました。それ自体は自立できず、結婚を前提とした制度（母性は出産を前提にするも、婚姻を前提にはしていない）なのです。婚姻家族を必要とするのは母ではなく父の側、すなわち男だったのです。このからくりに国が気づけば、婚姻家族の下支えに父性の賞賛、家庭への父性の導入を進めることはありえます。しかし、たとえ子ぼんのうのパパ、妻の世話を焼くかいがいしい夫（一時、「ますらお派出夫」なんて言葉もはやった）をリリーフに立ててみても、「男の自立（産業戦士）、女の依存（家庭のぬくもり）」を「男と女の相互協力（相互扶助）、いたわりあい（相互依存）」に置き換えてみたとしても、国が期待する「家」家族の役割は不変です。エースが調子を戻してくれれば、再登板は必死なのです。

父制・母性をのりこえるために

私は性役割を拒否しますが、同時に家族のパーツとして、結果的に家族役割を果たさせられるのもごめんです。母性論を補完する父性論もまっぴらです。非婚母子を切り捨てない真の共同性、「私生子」差別を許さない社会の創出に、男としてどうかかわれるか、が問われていると思っています。

「家庭が大事」「家族のために」……、これが、この国の中間管理者である男たちに課せられた至上命題です。その結果、経済進出されたアジアの家庭、家族は崩壊に瀕しています。売買春、離散、難民、出稼ぎ……。日本だけがふくらませる家族の夢もいつの日か批判にさらされることでしょう。与えられた父性の夢、仕掛けられた母性の夢に酔う者も、です。

ところで、この国はまだ、父性を動員せずに父制と母性で現状を支えようとしています。この父制の核心が戸籍と住民登録です。これが今、アジアへ輸出されようとしています。一九八〇年以来、日本は中国の人口調査に協力して、国勢調査だと言いながら住民票を整備、中国の一人っ子政策に加担しています。母性の面でも、日本が寄付した母子手帳の扶植が盛んです。家族コントロールの手段を手に入れて、アジアの国家と民衆の関係が大きく変わろうとしています。

私は、こと家族に関しては日本が模範となるべきではないと考えます。この国がリーダーシップを取るべきではないのです。だから、取り返しがつかなくなる前に、この国の近代家族が歩んだ道のおかしさを指摘し、戸籍制度と母性論との悪しき密通を打ち砕きたいと思うのです。人は本来、国政の主体であって、コントロールの対象ではない。この証明を私たちがやらなければなりません。

揺らぐ家族法と戸籍制度
別姓論議とコンピュータ化から見えてくるもの

解説　労働者の総合誌『飛礫3』（一九九四年七月、つぶて書房）に寄稿したもの。本稿は民法改正直前の世相を背景に記したもの。といっても当方がその後の自民党右派の巻返しを予期しなかったわけではない。しかし反撃にも限界があり、改正は時間の問題と考えた。問題はむしろ、改正を焦って要求を切り詰めること。本稿はその警鐘を目的にしている。二〇〇九年の政権交代で改正は一気に実現に向けて動き始めたが、この警鐘は今なお有効だと思う。※は補記。

今、夫婦別姓を目玉とする民法・戸籍法の改正が秒読み段階に入っています。政府・法務省のスケジュールでは、九四年中に改正の法制審議会答申を得て、九五年の通常国会で成立させ、一九九六年一月一日から施行することになっています（※実際には答申が固まったのが九六年。すぐ法案化され自民党に提示されたが党の事前審査で合意に至らず、上程は見送られ続けてきた）。

夫婦別姓の要求は、女が生来の姓を奪われることに対する反発から、夫婦同姓を強制する現行民法を否定するもの。現行民法が生まれて間もない一九五〇年代、女性解放運動が登場した七〇年代、そして法改正へと結ばれた九〇年代と、波はありましたが、戦後一貫してあがり続けてきた女たちの声なのです。

別姓を実現する方法は、民法で夫婦別姓を認めることのほか、法律上は同性でも通称を名乗って暮らすやり方、法律上の結婚はせずに同棲し事実婚を貫き通すやり方があります。別姓要求の第一波を支えた女たちの多くは、通称使用によって、第二波を支えた女たちの多くは事実婚（なかにはペーパー離婚までして）によって、別姓を実現しています。

通称使用の普及は、戸籍名の支配力を緩和させ、名前の自由を手に入れることにもつながります。また、事実婚の確立は、戸籍制度の権威を弱め、人生の国家管理からの解放をもたらします。どちらも別姓要求よりはるかに深い問題を含んでいたわけです。

ところで、第一波を支えた女たちは強い職業意識と、そこに根ざした自信があり、第二波を支えた女たちは世界を視野に入れた解放思想と、それを実行する信念があり、それが別姓を実現する原動力でした。第三波はこうしたエネルギーを持たない〝ただの女たち〟でも別姓が使えることを目標にしたもの。これが民法改正運動へむかうのは必然的なことでした。

私は第三波の要求もまた当然のことだと考えています。けれども問題も含んでいます。法改正を実現し、法律婚の下で、戸籍名で別姓を名乗るということは、戸籍名の支配を強化し、戸籍制度の権威を高めることにつながるからです。これは第一波、第二波の女たちが選び取った人生に敵対することにもなりかねません。

実際、法務省や法制審が別姓容認→法改正へと動き始めた裏には、揺らぎ始めた法律婚と戸籍制度の建て直しの意欲が見え隠れしています。「法改正で事実婚を減らすことができる」といった主張がその典型です。第三波の声は、一波と二波の女たちのおかげで実現しようとしていますが、その結果、通称使用や事実婚を締め出そうとする風潮と握手してしまいかねないわけです。

もっとも第三波の流れを主導してきた女たちは、一波、二波の女たちに敵対しようとは思っていません。また、本来の別姓要求の論理には〝家制度〟からの解放という視点（現行の民法は形式的に男女平等なので、この視点がなければ論理は成立しない）があり、〝家制度〟が戸籍制度と不離一体のものである以上、第三波の女たちは戸籍制度の権威を高めようとする政府・法務省の思惑と安易に握手するわけにはいきません。

そこで第三波の主張には、「法改正は、通称使用や事実婚の推進と同時に実現すべきものだ」という視点が含まれています。また、具体的な要求として、事実婚を推進する上で最大のネックとなっている婚外子差別（民法、戸籍法、住民基本台帳法）の廃止を打ち出し、戸籍が〝家制度〟を支える鍵になっている〝一家族一戸籍主義〟や〝筆頭者〟の存在を否定する〝別姓別戸籍〟や〝個人籍〟への法改正が主張されているのです。

この要求がそのまま実現すれば法律婚と事実婚とは法律的にも戸籍の表記上でも大差はなくなります。あとは個人の選択に任せよう、というわけです。

必要なのは事実婚論議

一九九一年に始まった法制審。法務省はここに婚外子差別の見直しを付託することを拒絶しました。「婚姻・離婚に関する見直しに限る」とし、婚外子差別を含む「相続分に関する見直し」は「（終わったばかりなので）二〇世紀中にはない」と暴言を吐いたのです。

これによって、今後の法制審の性格が明らかになりました。婚姻制度から婚外子問題を切り離すことで、事実婚に敵対し、戸籍制度の建て直しを謀る。そのためには別姓を容認し、法改正を進めるが、その結果、戸籍制度の根幹がゆらぐようなこと（別姓別戸籍、個人籍）はしない。こういう使命を帯びた審議会だということです。法務省は「別姓同戸籍（一家族一戸籍主義を維持したまま、別姓を認める改正——筆頭者は従来のまま）ならいいが、別姓別戸籍となると、改正は難しい」などという発言を、審議中にも行っていました。

一九九二年一二月、法制審は民法改正の「中間報告」なるものを発表しました。中間答申でも、中間試案でもなく、報告とはあきれてしまいます。実際、課題が列記されているだけで、審議の方向性が皆無です。そしてただ、国民の意見を受けつける、というものです。

この意見の三分の二強が別姓に賛成するものでしたが、別姓同戸籍か別姓別戸籍か、といった突っ込んだ意見は交わされていません。法制審はこれに踏み込む気がない（その部分は行政審議会に預けてしまうつもり）ためでしょう。注目されたのは法制審が婚外子差別に一切言及しなかったことに対する批判が数多く寄せられた、ということです。

批判は別姓要求運動の側から、というよりも、別姓の実現で切り捨てられる怖れのある婚外子差別反対運動を中心とする人々からでした。また、おりから論議されていた「子どもの権利条約」に照らして問題にする論調も数多く見受けられました。

ところで、法制審が審議中のテーマは夫婦別姓ばかりではありません。主なものをあげれば〝待婚期間の廃止〟〝破綻主義の採用〟があります。前者は女は離婚後六カ月間再婚できない、という規定の廃止。後者は事実上の破綻を離婚理由として認めよう、という改正です。

これはいずれも、私の年来の主張に沿うもの。前者は同時に、子どもの父制推定や戸籍記載の見直しが必要で、婚外子差別の撤廃と連動しなければならないものです。後者は離婚後の妻の保障がない、と反対する者がいますが、婚姻制度が妻の保護制度だとする幻想に根ざした反対にほかなりません。

事実婚の解消は現在も破綻主義そのものです。これを〝妻に不利〟と考えるのは「妻＝主婦」時代の名残りです。自立した女にとって、破綻してもなおペーパーだけで結びついている法律婚が生み出す生活上、心理上の歪みのほうが憂慮すべき問題です。

確かに、おだてられて妻の座に座った女がハシゴをはずされるような改正には一定の手当が必要です。しかし、法律婚が何かを保障するといった幻想はもう過去のものなのです。妻の座には何もない、ということをキチンと伝えることこそが迷いを解く鍵なのです。

そう考えると後者もまた、法律婚と事実婚が絡んだ問題です。今日的な民法の問題は、すべてが事実婚や婚外子の問題と交差しているのです。したがって、この論議を無視して法制審を招請した法務省のやり方、その付託に「ごもっとも」と応じ、この論議を切り捨てた法制審の態度は異様としかいいようがありません。

人々の暮らしの実態や人権の重み。それらを現実的に受け止めることができない官僚的発想や学者的発想。そのなかで、戸籍制度が権威を増し、人々に君臨する支配制度に育ってきたのです。今回の別姓論議も、この枠のなかで進められる限り、戸籍制度の建て直しに寄与するだけの結果になりかねません。戸籍を撃つ視点がなんとしても必要なのです。

戸籍の根幹を撃つには

戸籍は差別を武器に、人々を支配しコントロールする制度です。まずは戸籍のない者を無権利状態に放置することで人々に出生届を強制し、事実婚を抑圧することで人々を婚姻届に追い込みます。そのために外国人差別と婚外子差別とが利用されます。差別されたくなければ届を出して、戸籍制度の軍門に下れ、というわけです。届けた結果、人々は〝一家族一戸籍主義〟によって家族に編成され、筆頭者に附属させられます。次に筆頭者の氏を辿って親族・一族に編成されますが、これが〝家制度〟です。そして各家はそれぞれの家格によって序列づけられ、その頂点に天皇（皇族）が君臨します。ここに、華士族・平民・新平民といった序列と部落差別を生み出す根があるのです（戦後はなくなった、と言いますが、元皇族・元華族の家であったとか、旧家の出、などという表現が生きています）。戸籍はまた人々のプライバシーを公開する登録台帳でもあります。そのため社会的差別は増幅されますし、政治的差別を植えつけることで人々の人生を政府の都合に合うようにコントロールすることが可能です。

たとえば精神障害者に対する差別が存在する社会に戸籍が情報を提供すれば、それを利用して差別は拡大する（現行の戸籍はこうした役割を果たしています）のです。また、法的に離婚が成立しないうちに妻が新しい夫の子を出産することを許さない、という政治判断がある場合に、子どもを新しい夫の子として登録させないことにすれば、女がそのような人生を選ぶことは困難（現行の戸籍はこの役割も果たしています）になります。

このように、戸籍とは差別を武器に人々を天皇制支配の下に組み敷くシステム。人々の暮らしのありように干渉し、歪め、強要し、鞭打つ制度なのです。法務省はこれを登録・公証制度だとし、人々を偽り続けてきたのです。

私は差別に支えられて存在する制度、差別を本質とする制度の存在をこれ以上許したくはありません。戸籍は一刻も早く退場すべきです。しかし、この制度は深くこの国に根を下ろしてしまっているため、簡単に解体することはできません。

相続や年金。税などさまざまな方面で、戸籍による家族・親族証明が不可欠です。戸籍制度が家族・親族の登録・公証をしてきたために、他の多くの制度が戸籍を足場に作られてしまったのです。戸籍のない外国では考えられない相続や年金、税制が誕生してしまったのです。私はそのすべてを〝家制度〟的差別相続制とか、〝家制度〟的差別年金制度と指摘して見せることができます。でも、一気にすべての差別を解消する手だてを持ちません。一歩一歩進むしかないのです。

一歩一歩進むやり方とは、戸籍への登録を極力避けること、戸籍が持つ差別を減らすこと、戸籍の利用・使用を制限すること、の三つです。それともうひとつ、制度を笑ってしまえるしたたかな人たちを増やすことも大切です。この努力の成果が一九九三年に一部実を結びました。九三年六月、東京高裁が婚外子に対する相続分の差別を規定する民法九〇〇条を「憲法違反」と断じました（※これは最高裁で逆転、合憲とされましたが、その論理は危うく、最近では「このままでは違憲」説が強くなっています）。一〇月には全国の自治体が住民基本台帳で婚外子を差別している現状のやり方を変えるよう決議（一九九七年三月に差別廃止）。一一月には国連が民法や戸籍法による婚外子差別を「国連人権規約に違反する」として改善を勧告した（戸籍を一部改良したものの差別は改まらず、勧告は年々厳しいものになっている）のです。

婚外子差別は外国人差別とともに、戸籍制度の根幹を支えるもの。この改善が勧告されたことは意義深いことです。日本政府は国連のこの指摘に対して「婚姻家族を守るためのもの」といいのがれようとしましたが、国連委員は「婚外子もまた守るべき家族である」として政府の主張を一蹴しました。

これを受け、法制審も一二月「婚外子差別の見直しに取組む」と宣言。見直しは「二〇世紀中にはない」として、審議に枠をはめてきた法務省の立場は突き崩されたのです。婚外子を差別する民法や戸籍法が国際化のなかで指弾されたのです。これは法務官僚にとって計算外のできごとでした。

コンピュータ化の攻撃

しかし法務官僚は別に、したたかな計算をしていました。おなじ九三年の一〇月、法務省は民事行政審議会に対して、戸籍のコンピュータ化を諮問したのです。この審議会のメンバーは政府関係者と地方自治体で固められ、裁判所、マスコミ、コンピュータ業者が色を添えているとんでもないシロモノ。まともな審議は期待できないところです。

翌九四年一月、民行審がコンピュータ化にゴー・サインを出し、現在（九四年当時）、法案策定中。閣議決定後、六月に法案成立、九五年一月一日から施行が予定されていたのです（※これは住基ネットや社会保障カード論議の高まりによって、ストップしている）。

コンピュータ化の問題点についてはともかく、戸籍のコンピュータ化にはそれ以上の問題点があります。なによりもまず、差別情報をコンピュータ化することは許されないはずなのです。

ＯＥＣＤ（経済協力開発機構）が到達した個人情報保護の八原則は、①法目的に沿った最小限の収集、②厳格な保管と利用制限、③本人の同意と自己情報点検の権利（アクセス権）などです（※現在はこれよりはるかに厳しい一九九〇年の国連一〇原則の遵守が求められている）。ところが戸籍制度は情報収集のために、本人の同意どころか、差別と罰則による脅迫を使います。また、情報が家族・親族と連動しているため、自己に関する情報は無限に拡張されています。どこまで点検が必要なのかわからず、アクセスは不可能なのです。

その上、戸籍には法目的がありません。何のために設けられた制度なのか法律に明記されていないのです。いわゆる汎用性のある登録簿（これが権力にとって「便利」なものになっている）なのです。ところが、これこそ人権を脅かすもの。このような登録簿は奴隷台帳と同様で、民主社会が所持することは許されないものなのです。

法目的がないと、必要最小限の収集に線引きができないし、利用の制限も曖昧なものになります。公開原則がある（※二〇〇八年に非公開原則に転換したが、公開は続いている）ため、保管もルーズになります。

戸籍が他の個人情報と根本的にちがう点はほかにもあります。戸籍は生涯を支配し、監視する登録簿（死後も監視され続け、死者はそれをチェックできない）です。住所をベースにしたコンピュータ情報も、電話番号をベースにしたコンピュータ情報も、引っ越せば切断するものです。民間情報も契約が切れれば、多くが役立たなくなります。

ところが戸籍はちがいます。戸籍をベースにした情報は切断せず、人々はこの監視網から逃れられません。そうなると、これをベースにさまざまな行政情報や民間情報が収集されることになります。切断し、役立たずになった情報も、利用可能な過去の情報として集積されてしまうのです。

こうなればもう、最小限の収集だのアクセス権だのといった保護規定は絵に描いたモチになります。世界が到達した個人情報保護の地平、人権の水準を引きずり降ろし、踏みにじるものになるでしょう。戸籍のコンピュータ化は、世界の人権を地に落とすことでもあるのです。

法務省はこうした重大なことを抜き打ち的にやろうとしています。それも、今年（一九九四年）中に成立させることを至上命令としているのです。「来年には、夫婦別姓の見直しが行われる。だから、その前に改正しておく必要がある」と、法務省はそう主張しているのです。これは聞き捨てなりません。

分水嶺に立つ戸籍制度

今回の戸籍コンピュータ化法案は国民総背番号制への一歩であっても完成ではありません。転籍すれば個人番号は切断してしまうので、他の情報の集積ベースとしては心もとないのです。そのため自治体にとってのメリットは少なく、初年度から導入するところは数えるほどだと予想されています。

また、法案に沿ったコンピュータ化が全国に行きわたるには、法務省自身「一〇～二〇年かかる」と見ています。なのになぜ、法務省は法制化を急ぐのでしょうか。その理由としては総与党化による政治的好機であるとか、法務省の指導下で実験導入している自治体（東京の二市四区）に本格稼動を認めないと予算的にも宙吊りになってしまう、などが考えられます。

しかし、それよりも大きいのが夫婦別姓との絡みです。

今回の改正は窓口事務（戸籍の受付）の自動化など、極めて細かい部分までがコンピュータのシステムの中に組み込まれます。このシステムの組立て（セットアップ）には五年以上の研究を要したのです。ところが、このシステムはあくまでも現行の戸籍制度を前提としています。制度が根幹部分で変更になると、役立たなくなるシロモノなのです。

夫婦別姓論議がもし、別姓別戸籍や個人籍へと進んだ場合、当然このシステムはお払い箱。再びゼロからのセットアップが必要になります。もちろん、別姓より先にコンピュータ化が実現しても、別姓論議が戸籍の根幹の変更を求めれば結果はおなじです。とすると「別姓より先にコンピュータ化」を狙う法務省の意図はなんでしょうか。

今、別姓を論議する法制審の審議に横槍をいれ、結論をコントロールするブラフ（脅し）です。

法務省の意図とは、コンピュータ化を先行させれば、このシステム変更が困難なことを理由に、別姓論議を戸籍の根幹に触れさせることなく終結できる、という読みです。それはまた、第三波の法改正の声を一波・二波の実践と切り離し、敵対させようとするものです。戸籍の根幹を揺るがすことのない別姓要求は戸籍制度の権威回復を助けることになる。法務省はこれを狙っているのです。

ことは別姓要求に限られません。待婚期間や破綻主義ばかりではなく、父性推定や渉外認知、無戸籍・無国籍児問題、共同親権、成年養子……。それに事実婚の容認や婚外子差別の撤廃など、今日の日本は家族法の大転換を迫られている重要な時期なのです。これらはみな、戸籍の根幹をゆるがすものになり得ます。

ところが、現行の戸籍を前提としたコンピュータ・システムは家族法の抜本改正を妨げる現実的な力となります。それも「二〇〜二〇年(私は二〇〜三〇年と読む)」の移行期にシステムの再変更をすることは現場事務の大混乱を引き起こすことになるため、抜本改正は遠い未来の話になってしまいかねないのです。

私は法務官僚のしたたかさに、ある種の感慨を抱いています。法務省の動きは私たちの人権を脅かしていますが、法務省もまた戸籍制度の維持を脅かされているわけです。予算の効率性を考えれば家族法の大転換が決着してからコンピュータ化するのがいいに決まっています。しかし、そのとき戸籍制度がなお安泰である保障は何もない。日本は今、その地点(分水嶺)に差し掛かっているのです。

問題はもう夫婦別姓ではないのです。事実婚の容認と婚外子差別の撤廃という、世界が到達した人権のコンセンサス。これにあくまでも敵対し、事実婚を否定し婚外子差別を続ける法務省。戸籍制度を護ろうとするこの国は今、のっぴきならない場面に直面してしまっているのです。

「悪魔ちゃん」論議はかなりの層に対して戸籍制度への不信を植えつけましたが、両親が屈服した結果、かろうじて制度の権威を回復して見せました。表向きは法務省の勝利です。しかし裏側は大混乱。こうした命名をする親が出現したこと自体、国の統制力にかげりが出てきた証なのです。

法務省は今後、家族法改正論議のたびに、戸籍制度の維持に奔走されることになるでしょう。しかし、その努力とは無関係に、人々は自分の暮らしを取り結んでいくはずです。戸籍は確実に死滅しますし、死滅させなければなりません。それが人権を日々、日常的に脅かす以上、一刻も早くです。

それには、あらゆる差別を許さない視点と実践とが求められます。と同時に、戸籍制度延命の切り札である戸籍のコンピュータ化を阻止しなければなりません。法案の成立に反対するのはもちろん、成立しても自治体の導入に反対し、差別情報のインプットを許さない闘いは可能です。目指すは戸籍の解体です。

権利としての名前

解説　「こどもとおとなの」と銘打った子ども情報研究センターが発行する雑誌『はらっぱ』一九九六年一月号（特集は「名前ってナンだろう」）に寄せた論考。特集は夫婦別姓よりもずっと広いもので、アイヌの名づけ習慣や民族名の名乗りなども採り上げている。

名前は「大切で特別な言葉」

言葉には魂が宿る、というけれど、人の名前にはそれ以上の思いが込められています。写真のない昔、愛しい人の名札を枕に忍ばせて眠ったり、憎い人の名札に釘を打ちつけたのも、名前が単なる記号ではないことを証明します。

奈良時代の女性は自分から名を名乗らず、愛した人にしか教えなかったそうです。また、名を呼ばれると魂を抜かれる、という民間伝承も、写真を撮ると寿命が縮む、といった幕末・明治の人たちの怖れにも通じるものだと思います。

人は名づけ、名づけられ、呼び、呼ばれる中で、自分をいっそう強く自覚し、他人との関係を築いていきます。自分の名前は発音や字体を含めて自分のアイデンティティの最大の足場であり、自分の思いとは切り離すことのできない「大切で特別な言葉」なのです。

一九九五年二月、北九州の崔昌華《チオエチャンフア》さんが亡くなりました。彼は放送で「読み方を知っていながらサイ・ショウカと呼んだ」とNHKを訴えました。この判決（一九八八年）で初めて、名前には他人が勝手に変えられない「人格権」があることが認められました。

九四年六月に戸籍法が改正され、戸籍の字体を正字に変えたときも、政府は「日常、旧字を使うことを妨げるものではない」と約束せざるを得ませんでした。人の名前が持つ権利は発音や字体にも及んでいるのです。

名前は変化するし、場も選ぶ

名づけられ、呼ばれた側に特別な感情が芽生える、とすれば、人はまたそれまでの名を嫌い、別な名を選ぶことがあります。自ら名乗り、呼ばせる名前です。私は「つけられ、呼ばれる」名前をレッテル、「名乗り、呼ばせる」名前をタイトルと、区別しています。人の名が物の名とちがうのは、そこにタイトルとしての側面がある、という点です。中国の孔子は自分にフィットした名前を求め、生涯に三〇以上も名を変えています。孔子と名乗ったのは一年にも満たないのです。滝沢馬琴もよく名を変えましたが、場面に応じて使い分けることでも有名で、生涯での名前の使用総数では孔子を遥かに越えています。

江戸時代の名前の文化は世界一豊かで、それは農民にも、歌舞伎役者にも及んでいました。親からもらった名、名づけ親（複数）からもらった名、師匠さんや殿さまからもらった名……。字名《あざな》、幼名、元服名、隠居名、僧籍名、戒名……。名取り渾名《あだな》、雅号（ペンネーム）、屋号……。

や名跡《みょうぜき》の襲名といった習慣もありました。

一人の人が生涯に何度も名を変え、同時に複数の名を使い分けていたのです。改名や複名の習慣も、江戸時代ほどではないにしろ、現在でも世界中に見られる現象です。人の名前が当人の思いや人格を象徴するものである以上、変化もするし場も選ぶ。これもまた自然な権利だといえるでしょう。

しかし、「家」を大事にする儒教社会には、これと違った発想があります。「家の名」である姓は生まれたときに決まり、生涯変わらぬレッテルだ、とする観念です。紀元前の中国が発明し、六世紀ごろ朝鮮や日本に伝わったものです。

ヨーロッパでは一七世紀、中東では一九世紀になって創姓運動が起きています。それまで人々は名を「姓と名」に区別していませんでした。今日でもミャンマーやインドネシアには姓がありません。

もっとも、姓と名を書き分けたからといって名前にはちがいありません。儒教社会を除けば両者を法的に区別しようとする意識はありません（ドイツは例外）でした。江戸時代の日本人は、姓を名と同様に平気で変更したものです。

自然権を無視した「氏＝家の名」

明治の日本は豊かな伝統を一気に圧し潰して、人々の自由を奪います。苗字を「氏」と称する「家の名」にし、「出家」して「家」を捨てた僧侶にも「氏」を強制したのです。また、人の複名を禁じ、改名を許さず、人の名をレッテルとして戸籍に刻みつけたのです。

タイトルとしての側面を持たない名、これはもう人の名前とはいえません。番号のかわりに漢字を使った単なる記号、ぬぐうことのできない入れ墨ナンバーのようなものです。

法が人の自然権を圧殺する、これは政府の思い上がりです。当時の支配層が儒教的発想に冒されていたこと、国家主義全盛のドイツ法があったこと、これが思い上がりを産みました。薩長政権は人々の権利に少しも関心を払おうとはしなかったのです。

もっとも、法は全能ではありません。複名を禁じても、人々は芸名や屋号を捨てませんでした。政府も人が「別号を称する」のを認め、レッテル（戸籍名）とタイトル（別号）が分離します。

しかし、タイトルの側面を喪ったレッテルは死滅します。役所でしか使われない名前など、名前とは呼べない。これにあわてた政府は大正時代になって、戸籍名の変更を許します。別号（タイトル）との間にパイプを通すことで、戸籍名の権威失墜を救ったのです。

こうして私たちは現在、別号を称し、戸籍名の変更可能な社会に生きています。別号を本名として暮らすことができるのだから、自然権を無視した「氏」の窮屈なルールに縛られることはないのです。私たちはべつに敬虔な儒教の信者ではありません。もっと自由になりましょう。

フィットする名前を自由に名乗る権利

いつぞや『週刊文春』でヤン・デンマンという人が外国人特派員の口を通じて「夫婦別姓」で騒いでいる日本を皮肉っていました。その毒舌は不愉快でしたが、特派員の言葉には一端の真実があります。

「イギリスではもともと、姓を法律で定めてなどいない（そもそもそんな必要があるのか）」「別姓になったからといって、何が変わるというのか（戸籍名が人の自然権を奪っている、という点では大同小異）」と指摘しているのです。

人の名前が人格を象徴するものである以上、押しつけられたり奪われたり、勝手に変えられてはなりません。別姓要求は「勝手に変えられたくない」という正当な要求です。しかしそれでも「押しつけられた」名前から脱出する要求にはなっていません。こんな要求は、姓に特別な区別を認めていない人々には理解できない（たとえばイギリスでは事実婚カップルが同姓を名乗ることも自由）はずです。

一九九四年「悪魔ちゃん問題」が世間を騒がせました。親が娘に「悪魔」と名づけた、この出生届を昭島市と法務省が「親の命名権の乱用だ」として拒否。結局「亜久」ちゃんに落ち着いた、という事件です。

「子どもがかわいそう」「子どもの成育権を無視」……、マスコミの論調もこんな調子。それなら今の制度は子の人格権を尊重しているのでしょうか。姓は自動的に決定され「色魔《しかま》」さんだって、なかなか変更できません。戸籍名が強制され、自分が本名だと考えるタイトルやニックネームが自由に名乗れる場が、どんどん喪われようとしています。

子どもが戸籍名から自由なら「悪魔ちゃん」に弊害が出たら「アッちゃん」と呼べば済むことです。「大人になって困る」というのなら、本人の意思に沿った名の変更をもっと自由に認めればいいのです。

「亜久ちゃん」にしても「美子ちゃん」にしても「優子ちゃん」にしても、子にとってはレッテルの強制にほかなりません。親はみな子への勝手な思い入れから命名権を乱用しているのです。

子の人権、人格権を大切にしたいのなら、子ども自身のタイトルを保障する必要があります。

フィットした名前を名乗る権利です。レッテル（戸籍名）の押しつけをやめる必要性、一連の論争の中でこれに言及する主張がなかったのも気掛かりです。

男も解放したウーマンリブ

解説 『フェミニズムはだれのもの?』(増進会出版社「Z会ペブル選書5」、松井やより・若桑みどり ほか、一九九六年)

「ここでは、リブの女たちの支援を受けて、二十年以上もユニークな活動を続けてきた佐藤文明さんに、簡単にウーマンリブを解説していただいたうえで、ご自身のリブとの出会い、リブが男性に与えた影響を語っていただいた」というインタビュアー・編者の片寄美奈子のリードがついている。

本書は本稿以外、インタビュー原稿を除外している。でも本書の締めくくりにふさわしい原稿が見当たらないので、インタビュー原稿に手を入れて掲載することにした。

ウーマンリブとは

ウーマンリブについて僕がお話しするのも、なにか筋違いのような気もしますが、まあ参考として聞いてください。当事者たちの声がいま、活字になっていますので、詳しくはそちらを読んでいただきたい。当時の声としては『資料日本ウーマン・リブ史』(松香堂書店)、回想記としては『銃後史ノート・戦後篇8〈全共闘からリブへ〉』(インパクト出版会)がおすすめです。

ところで、いまでは想像もつかないことでしょうが、一九六〇年代は女の子がジーンズをはいたらもう女らしくないと非難される時代でした。たばこを吸っているだけで睨まれるような中で、こんな規制はいやだと思った女性たちが始めた運動がウーマンリブです。ウーマンリブは体系的な理論ではなくて、感じたことを大切にし、体で表現しようとする運動。理論的に正しいとか間違っているとかではなくとにかくやってみよう、「女」の役割から解放されたときにどれだけのびのびやれるか試してみようという活動でした。「女性らしさ」を押しつけるものは何であれいらないといって、女性に期待されるしぐさ、スタイル、言葉づかいなど、あらゆるものを否定していったのです。髪の毛をバサバサにするとか、化粧をしないとか、無理に男っぽく振るまうところまでいく。実際、一九六七～八年にはアメリカでブラジャーを焼き捨てる運動が起こっています。ブラジャーもコルセットや纏足のように男性のつくった女の役割と期待に応える面を持っています。そう考えていくと、女性が規制を感じるものはあまりにもたくさんあり、やることはいくらでもありました。

周りの人たちには、やっぱり「女らしくない、なにやってるんだ」と顰蹙を買っていましたね。抑圧しようとする親に対しては、説得しようとするよりは無視でしょう。あるいは、もっと前に喧嘩して飛び出してきちゃったとか。親もそっくり男社会の人間だからまともにわたりあってもしかたがない。リブは理論ではなく、感覚が先行してやっている運動ですから、外にいる人たち、男たちや世代の違う女たちにはわからないのです。彼女たちのほうにも、体系的な論理なんて男がつくりあげた男の言葉だ、として、その「男の言葉」からも解放されようとする気持ちがあった。学問とは縁の薄い「普通」の女の言葉というのはもっと日常的で、ブツ切れで、その場その場で自分を表現する。リブが目指したのはそうした女（〝ただの女〟と称した）の解放です。そういう意味で、論理化して自分たちの立場をわかってもらう必要はないという発想があったわけです。

リブのこの素晴らしさは、反面、弱さでもありました。反対している「男社会」がそもそも抽象的だから、具体的な問題解決にはなりにくい。たとえば優生保護法改悪案（中絶許可条項から「社会的条件」と「経済的条件」を取り除き、中絶が許可される範囲を狭めようとする動き）が出てくると、ぱっと団結して、デモを含む大きな反対行動を作り出すことができたのですが、大きい課題がないと、バラバラになっていく。理論よりも「とり乱し」を大事にする運動の必然的な帰結です。ある種の情熱（パッションヨン）をエネルギーにして盛り上がる運動は、魅力的だけれど、再現不可能な一回限りの時代性を帯びるのです。だから担い手たちが社会人になって運動の熱が冷めてくると、あまり論理的な言葉を残していないため、あとの人たちが学んだり継承することが困難で、運動が下火になったら忘れられてしまうという一面がありました。特に日本のリブは、政治目標を立てて、それをクリアーしていくという従来型の政治運動とも決別していたため、現実問題としての社会の仕組みそのものをなかなか変えてはいけなかった。

とはいえリブが与えた精神的影響はやはり大きくて、あの時代、結婚しないで仕事に生きる女性というのが初めて堂々と登場するようになりました。それまでもそういう女性はいたけれど、モテないから結婚できないとか、仕事のために自分の幸せを犠牲にしているとか、そんな見方しかされなかった。ところが、リブの運動家たちは、結婚しないで仕事に生きる女性を積極的に肯定していき、そういう選択をする女性が急激に増えてきます。さらに時代が進んだ今では「結婚しない女は不幸せ」という見方は古いものになって、独身のキャリアウーマンはむしろ魅力的なイメージになりました（※この変化は単線ではなく、『クロワッサン症候群』だの、「負け犬」だのの流行語を産みながらも、「おひとりさま」文化が開こうとしています）。つまり生き方や暮らし方、見方や感じ方を根本的に変えたんです。

欧米のリブ

リブは一九六〇年代後半に登場したわけですが、それ以前にも日本には、いくつかの女性運動がありました。それらはおもに女性の地位向上運動で、女性全体というより家庭婦人の地位向上が運動の主流でした。たとえば、妻の相続分のアップとか、働く婦人のための保育運動など、「妻の役割」という男社会が与えた枠組みを前提にしていた。ところがリブはそういう動きとは完全に一線をひいています。この発想自体、男社会の枠組みにはまったものだと一切否定したのです。リブは当初、ここが悪いから変えて欲しいという部分的な社会改良運動ではなくて、社会の全否定、女にとっての理想社会の実現をめざしていました。この社会は男性論理で作られているから、女性社会にならない限り解放されない、それには社会革命を起こすしかない、と考えていました。これはちょうど、労働者側が権力を握らないと解放されない、と問題を立てた社会主義革命と同じです。実際、欧米のリブは社会を動かす大きな力を持っていました。

まず、アメリカの場合、リブの歴史は黒人の公民権運動抜きには語れません。アメリカの差別構造をいちばん集約された形で背負っているのは黒人の女性です。黒人のハウスキーパーの社会的地位は恐ろしく低い。公民権運動で黒人解放が唱えられたとき、彼女たちは黒人女性の解放をもめざしていました。アングロサクソンの女性運動はスマートな地位向上運動に留まり、差別からの解放を見据えていませんでしたが、黒人女性の公民権運動が白人の限界を越えさせたのです。アメリカのリブというと、日本の学者は必ずベティー・フリーダンの名を挙げますが、彼女はリブではなく、古い女性運動の頂点（最大の女性団体NOWの委員長）に位置する人物です。彼女は今日のフェミニズムと通じるセンスをもっていますが、リブはフリーダンたちを批判する過激な少数グループとして出発します。S・ファイアーストーンとか、ケイト・ミレットといった人たちです。時代を大きく揺るがすには、彼女たちのような急進的な人たちが不可欠でした。

世界的に見れば割に女性の地位が高かった北欧でも、「男は外、女は家の中」という役割分担ははっきりしていました。ただ、北欧は過疎の国なので、近代化していく過程で労働力不足が深刻になり、女性も労働者として外に働きに出るようになる。女性の労働力がどうしても必要だから、待遇面でも女性たちの要求を呑まざるを得ないといった状況によって比較的早く女性の地位が上がったわけです。宗教的には、北欧はローマ・カトリックを拒否したので、キリスト教の抑圧的な男女観が少なかったという理由もあるかもしれません。あとで触れますが、北欧が先陣をきって婚外子差別撤廃に踏み切ったのもローマ・カトリックの影響が少なかったせいと言えます。

当時、ヨーロッパでは左翼の力が政治をすごく揺るがしており、実際に革命は起こらないにしても（ただし、一九六八年の「パリ五月革命」は、革命と呼ぶにふさわしい文化的変容をその後のヨーロッパにもたらした）、リブの力でも世の中を大きく変えていく可能性や手触りが見られました。とりわけベトナム反戦運動は世界の若者たちを燃え立たせましたが、そのとき出現した〝MAKE　LOVE　NOT　WAR〟のスローガンは、その後の社会運動のキーワードになります。六九年にはスウェーデン、七〇年には西ドイツで、それぞれ社会民主党が政権をとりました。社会民主党になると、核を持つのはやめようとか、原発はやめようとか、力の政策でない政府の主張が初めて出てきます。それまでは戦力増強に逆行する政策は通用しなかった。個人でそういう考えをもつ人はいても、国がそれを唱えるのは自殺行為と見られていました。それが社会民主党になって国の立場として言えるようになってきたのは、ウーマンリブの影響もあります。フランスでは七一年にド＝ゴールが学生運動に押しつぶされて退陣する、アメリカでも民主党左派のマクガバンが一気に力をつけていって大統領になりそうになる（マクガバン旋風）など、欧米では左の主張を無視したらやっていけない状況になって、それを取り入れた政策が次々とうたわれだしたのです。

欧米ではこのように学生運動や、その中で育ってきたリブが世の中を動かしてきましたが、ヨーロッパの動きに比べて日本の動きは弱かった。日本社会は非常にうまく、権力にとって緻密に作られているから、変えていくためには時間がかかるわけです。

きっかけは婚外子差別

女性解放運動の成果として典型的な一つが婚

外子差別撤廃です。僕自身、婚外子の父として区役所と論争したりしてきましたが、日本の婚外子差別はまだなくなっていません。婚外子への差別意識は貞節を重んじるキリスト教の影響が強いんですね。キリスト教文化の影響を受けた地域ではほとんど、かつては制度上の差別があり、制度が消えても差別意識が残りました。韓国のような伝統的儒教の国（現在は違いますが）には制度的婚外子差別はありません。儒教の家制度では、長男は家を継ぐから絶対的力を持っていても、ほかの子を差別する理由がないのです。韓国とちがって日本では、おおらかな共同性の上に突然儒教が押しつけられ、これとキリスト教が奇妙に呼応した。婚外子差別の誕生です。民衆の思いは別として、政府にとっては差別と貞節によって人を縛っていけるから都合がよかったんですね。

この差別を最初になくしたのは一九五六年のノルウェー。次いで、六三年のデンマーク。六九年にはスウェーデンが「家族に対する中立」という原則（単に「中立性の原則」ともいう）をうちだして婚外子差別を廃止しました。西ドイツでも社会民主党の最初の政策が婚外子差別の撤廃。ヨーロッパでは社会民主党が政権をとるとだいたい法律が変えられていって、今ではほとんどの国で制度上の差別がなくなっています。差別意識は完全にはなくなっていませんが、学校で両親が揃っていることを褒めるような発言をしてはいけないとか、生活の細かなところまで点検しようという動きもあって、日本のように法的差別が容認され、婚姻家族への誘導発言が野放しになっている国は少なくなっています。

国連は一九七一年、北欧諸国の提唱を受けて、オランダ（差別を維持していたオランダ政府は欧州人権裁判所で敗訴。判決を受けての開催となった）で婚外子差別を禁止する国際会議を開催しましたが、そのとき日本は招待されながらも参加を拒否しました。拒否の理由は「日本はキリスト教国とは違って、婚外子をそれなりに保護している。相続分もゼロではなく、嫡出子の二分の一を認めている。合理的な差異である」

というものだった。人権、差別の問題を「二分の一」という程度の問題にすりかえている。屁理屈としか言いようがありません。

個人的な話になりますが、そのとき僕は都庁の職員として新宿区の戸籍係をしていました。日々、戸籍や住民票の婚外子差別を目にしていたのです。新宿には神楽坂という花柳界があって、母から娘へという伝統的な母系相続が成り立っていた。これを確実にするためには夫（父）の介入を許さないほうがいい。だから婚外子は多いのです。

でも戸籍は婚外子を続柄で差別している。「父母との続柄欄」には「男」または「女」とあるだけ。「長男」「二男」という記載ではないのです。あるとき、和服をピシッと着込んだ女性が、「この差別はおかしい」といってきたことがありました。「子どもをこうして差別する必要がどこにあるんですか」というのです。たしかに彼女の言い分は正当です。自分なりにこの問題を考えてみたことがあったため、彼女の指摘に反論はできませんでした。「おっしゃる通りなのですが、いまの制度には差別があって、役所としては法律にしたがって仕事をするしかないのです」と答えるほかはありませんでした。伝統と誇りを背景に、堂々と問題点を突く彼女に対して、ひたすら頭を下げるしかない、なんとも情けない限りの僕だったのです。

この国における婚外子差別状況、その痛みの先端にいた僕にとって、国連の招待を拒否した日本政府の「言い訳」ほど許しがたいものはなかった。「言い訳」は戸籍専門誌『戸籍』誌に寄せられた法務省見解で、オランダのハーグに向けられたものではない。差別の問題を程度の問題にすりかえるなど、世界には通じないからです。ではなぜ『戸籍』誌にこんな言い訳が載ったのか。日本の官僚制と、その下にある司法・立法、その手足である自治体職員（戸籍係）を納得させ、政府方針に組み込むためなのです。

人権・平等のための国際会議への不参加、こんなことは許されない。どこからか非難の大合唱が起こる。僕はそれを期待していました。ところが自治体も野党もマスコミも、このことに関心を持ちませんでした。一言の疑問も、一行の反論もなかったのです。僕は以後、政治や行政に期待することをやめました。自治体や、その職員に対しても大きな期待を寄せることができなくなります。以後、僕は反戸籍を生きることになります。

しかし、戸籍がいかにおかしいかを人に話しても、あまり聞いてくれない。「なんだ、戸籍程度のこと」って。戸籍もおかしいが、安保(日米安全保障条約)もおかしい。たしかに世の中おかしいことだらけだった。むしろ、世の中を総とっかえする社会革命みたいなものが必要だろうと考えた。だけど、そんなに簡単に世の中は変わりません。できることから一つひとつ変えていかないといけない。そういう中で僕は勤めをやめ、リブと出会いました。

男でもリブに受け入れられた

勤めをやめたころ、アパートのすぐ近くにあった「リブ新宿センター」をのぞいてみました。たまたま近所で、おもしろそうだから行ってみたのだけれど、リブは「男子禁制」です。男との関係のなかで実感したことをぶつけあいながら論議する。そこに男がいるだけで、正直に感じたことを話せなくなる。その意味では絶対に男を排除する必要があって、当時いくつもあったリブ運動のうち、男がメンバーになっているものなんてひとつもありませんでした。リブ新宿センターにしたって同様。みんなそうでした。

リブの女性たちが男を排するのには根拠があって、日本にリブが登場してきたのは全共闘と呼ばれる学生運動をきっかけにしているんです。角材を持ってガンガン闘うので、「危ないから女はひっこんどれ」となる。彼女たちによれば、女子学生の役割は煮炊きです。大学の中に住みついて、闘う男子学生のためにおにぎりをつくる。その構造は彼女たちから見たら、今まさに壊そうとしている敵の構造といっしょでした。運動が成功して男子学生が権力をとっても、私たちは解放されるのか。やっぱりおなじように抑圧されつづけるんじゃないか。こんな運動では、私たち女は解放されない、と、そう気づいた。

この「気づき」のプロセスに、党派活動をしたことのない僕は関与していないので、正否を判断する立場にはありません。でも、彼女たちの体験とは異なる運動局面を駆け抜けていった〝男まさり〟の女闘士「法政ローザ」とも僕は出会っています。伝説の彼女は超カッコよく、闘う男たちのマドンナ役をも果たしていました。彼女の生き方、闘い方、僕はそれを丸ごと評価します。でも、当時、始まった議論は「理想的な運動は運動の過程においても理想が体現されていなければならない」ということでした。運動の過程において、女は解放される必要がある。解放の手段として「おんな性＝マドンナ」を利用するのはおかしいのです。

この点で、ローザとは相容れないリブの論理は、危うさを持ちながらも魅力的でした。既存の価値軸を突き抜けてしまうからです。なるほど、男の論理というのはどこかで既存の価値軸を引きずっています。いやむしろ、正当性を求めるために、既存の価値軸を補強しかねません。

それに気付いた僕は、理論的なアプローチを放棄しました。理屈ではなく感覚をどこまで共有できるか、が問われていると考えたのです。リブは感覚を重視した生活実験といえる面がありました。生き方、暮らし方がそのまま実験的な運動だったのです。感覚を共有したいから、僕はビラ貼りとか荷物運びを手伝いました。男たちの闘いを、煮炊きをしてでも共有しようとした女たち、僕はその逆をやってみようと思いました。真夜中に、ノリの入ったバケツを引っさげ、新宿・代々木近辺の辻々を走り回りました。

次にやったのはリブの保育所内での保父です。リブには小さな子どもをもつ女性もたくさんいたけれど、子どもを連れて行くことは難しい運動もありました。そのときに従来だったら運動に行く人、子どもを守る人に分かれる。でもそうすると、守る人のほうは結局、従来の女性の役割をさせられるから不満が残る。そこで、いちばんすっきり解決するのは子守を男に任せることでした。僕の場合は自分の娘の世話をしながらなので特に負担を感じませんでしたが、子どもがいないので子育てを体験してみたいという男もいましたね。

　僕も子どもによって自分が解放されたっていう実感は強かったですね。男が生活に向き合ういちばんのきっかけが子どもなんです。それまで子どもに関心がなかった男でも、自分の子どもが生まれると急に変わる。そうなれば否が応でも生活に向き合わざるを得なくなるんです。「おれの子どもだぞ」という支配欲を発揮する男や、跡取りとして歓迎する旧式な男も少なくはないけれど、それでも子守りを手伝ったことから、衛生や食品、掃除・洗濯・料理に眼を向けるチャンスがあるのです。もっといえば、自分の子どもに対する思いやりが、他人に対しても向けられるようになります。優しさへの開眼です。それまではそれほど他人のことを考えていなかった、自分を中心に動いてきた、と気づくのです。男には、身近なものを無視してでも、社会的な目標を達成すべきだという考え方がどこかに仕組まれている。それが子どもの存在によって揺さぶられ、身の回りの小さなことにも関心が向くようになるのです。でももしこのときに変われなかった男は、その後変われるチャンスがほとんどない。ピンチですね。

　一九七八年ころから「子育て」の形で女性たちの運動に協力する男たちが全国に登場し始めます。そして「集会託児を考える会」や「男の子育てを考える会」などができてきました。集まりを不思議な眼で見るひとはいましたが、なにか新しいことが起きそうだぞ、と、好意的に見てくれる人もけっこういました。マスコミに採り上げられると興味を持って電話してくる人も少なくなかったです。一流企業に勤めていて、子どもと過ごす時間をめぐって会社と交渉している男たちもいた。男の運動の流れとして「子育て」はキーワードでした。

〝ダメ男〟がこれからの世界を変える

　子どもを通じて、女性の問題や生活の問題に興味を持つようになった男たちだけでなく、自分自身が「男社会」に抑圧を感じていた男たちにもリブは影響を与えています。いつの時代にも「男らしさ」の基準からどうしても外れてしまうようなやつがいるんです。とりわけ成年男子に求められる実直さや勇敢さは戦争社会がことさらに強調してきたきらいがある。誰もがついていけるようなものではないんです。そのギャップを感じている男にとって、リブの主張は大いに共感できるものがあった。「男らしさ」を強制されていると気づく男は少ないけれど、たとえばデモにいったら先頭に立ってるやつがカッコよくて、あとからついていく男はダメだといった見方は自然にあるでしょう。自分自身もその価値軸に捉われていたりする。そういう中で、いやまてよ、それは違う。僕には僕なりの主張の仕方がある、ということが考えられ、言えるようになった。

彼らはリブの運動をしている元気な女たちとは性格がまったく違うけれど、世の中には正反対のものが共存することもあるんです。男らしさの序列に乗れなくて、反対運動をする気力も行動力もない男が、初めて自分を肯定できるようになった。大声で主張しなくても、自分はこれでいいんだという考えができるようになった。自分の中で解放された気分を手に入れて、プレッシャーから解き放たれていったのです。一九七四〜七五年になると、リブに共感する男たちの集まりも出てきました。急ぎすぎてリーダーとメンバーの間に開きが大きくなりすぎて消滅するグループが多い中、僕が参加した〝男井戸端会議〟という集まりは二一〜二三年続きました。井戸端会議は話し言葉の世界です。愚痴っぽい話や身のまわりのつまらない話は男がするものじゃない。堂々巡りはやめてゴールを見据えた議論をしよう、もっと大局的なテーマを、もっと生産的にしようじゃないか、といったこれまでの会議方式に抗して、男にだって波がある。話し言葉でつきあってみれば、もっといろいろ見えてきて、自分を変え周りを変えていけるような新しい関係が築けるのではないか、という意図を持った集まりでした。今で言うならさながら「スローー会議のすすめ」ですね。

〝男井戸端会議〟のメンバーは、競争社会つまり普通の企業に入ったらうまくいかないと思われている、ある意味ではドロップアウトした男たちです。彼らが集まると、みんなで雑誌をつくるにしても、時間の強制とか会議でも議題をぽんぽんこなしていこうとか、そういうことはしない。井戸端会議の方針だから能率が悪いわけです。こんななんにも決まらないような会議に毎回出てきても仕方がないじゃないか、といって辞めていくやつもいました。でも、能率が悪い場でないとリズムが合わないやつもいて、彼らにはやっぱりそういう場が必要なのですね。男だったら常に能率、効率を求められるというのも抑圧になっているんだということがよくわかります。〝男井戸端会議〟はもうとっくにありませんが、そのときのメンバーはそれぞれの場で生活しています。そういう人たちだからあまり表立っては活動していないけれど、その当時の感じ方暮らし方は持ち続けていて、がんばっているみたいです。おっと！　この「がんばる」も井戸端会議では禁句でしたね。

僕らは「男なんだから」「男のくせに」といった「男らしさの幻影」を相対化できない、古い意識の最後の世代ですが、今の若い男性は違います。すごく変わってきていて、僕らが苦労したことなんてほとんど問題でなくなっている。もちろん別な苦労が始まっているのも確かなことですがね。僕らのときは、たとえば髪が長いといけない、泣いたらいけない、おしゃれな男、鏡をのぞくような男はダメな男でした。今、町を歩いていると、あの時代だったらとても現れないだろうというすてきな男を見かけるようになった。素晴らしいことだと思う。だけど反面、そういう素敵な若い男性たちはとても自信がなさそうに見えてしまいます。必死でファッション誌を漁り、ひたすら消費社会に組み込まれているように見えます。こんな男になりたいという目標がないから不安なんだろうけど、モデルなんて本当はいらない。それをつくるのが自分の役目だと思えばいいんです。誰かの真似をするのなら、本当の解放にはならないじゃないですか。自分なりに生きることに対して、もっと自信を持ってもいいと思います。

これからの時代は、むしろ、従来だったらダメなやつといわれた男たちの時代じゃないかな。そういう男たちの発想が、なにを生み出すかにかかっている。新時代に向けての発想という点では、今のところ女性たちのほうが先を行っている。リブはその魁だったのだと思っています。でも、発想の転換は男にもできる。いや、なんとしてもしていって欲しい。若い世代の男たちが「男らしさ」の神話から解放され、自由な発想を手にしかけているのは事実です。でも古い価値観から抜け出せない男たちにとって、このような自由は鼻持ちならない、嫉妬の対象であることも事実です。引き戻したい、という強烈なパワーも無視できません。そうした後ろ向きのパワーが存在することを承知しつつ、なおかつのびやかに、しなやかに生きていって欲しい。新しい時代の発想は、ありのままの自分を受け入れ、自信を手にすることから始まるのではないか。僕はそう思っています。

あとがきにかえて

婚外子差別はなくなるのか

筆者が婚外子差別に抗議の声を挙げたのは一九七五年。七九年には〈私生子〉差別をなくす会を結成し、八一年に戸籍を問題にした本『フォー・ビギナーズ　戸籍』(現代書館)を世に問うた。以来、多くの出来事があって、戸籍をめぐる人々の認識は「なくてはならない貴重な制度」から「人権を脅かす危険な制度」へと一八〇度転換し、制度の見直しがあらゆる領域で重ねられてきた。この転換を決定的なものにしたのが田中さん福喜多さんの二五年にも及ぶ住民票・戸籍続柄裁判だろうか。一九九六年二月の法制審議会「民法改正要綱」と、二〇〇一年に成立し〇五年四月に完全実施された個人情報保護法(ザル法にもかかわらず)がもたらしたインパクトも見落とせない。

この間、法務省の民法改正は政権党の一部勢力に阻まれ、それならと野党が議員立法で提出した改正案は一層進んだものだった。政権党の中からもさまざまな代案が示されたが、これは反対派を取り込むための半端なもの。婚外子差別を許さぬ国際世論が背景にあるので、焦らずに機が熟すのを待ちたい、というのが筆者の立場だった。

だから本書を企画した当初は婚外子差別を中心に据えるつもりはさらさらなかった。ところが二〇〇九年に起きた政権交代の結果、民法改正の機運が盛り上がり、改正は時間の問題となっている。民主党は改正をマニフェストに盛り込んでいないが、法務大臣に議員立法に尽力してきた千葉景子を起用。社民党の連立離脱によって陰りが出たとはいえ、改正は規定の路線なのだ（ただし拙速に持ち出せば反撃を食らう。追詰められた一部勢力は夫婦別姓反対を逆襲のチャンスと考え、手ぐすねを引いているからだ）。となれば本書もここで改正の動きに触れておかなければならないだろう。

というのも法務省が考える改正案はベストなものではなく、重要な問題を先送りしている。夫婦別姓でも夫婦戸籍（別姓同戸籍）を残すのか、個人戸籍（別姓別戸籍）に転換するのかが問われていたが、法務省案は前者。「子の氏は統一」というのもその現れで、子の氏として選ばれた者を筆頭者とした家族籍を作るため、子を設ける予定のないカップルにまで婚姻時に子の氏を決めさせようとしている（議員立法の改正案では子の氏は出生の度に決める、だった）のだ。

婚外子差別も相続分だけが問題だったのではなく、子を「嫡出」と「嫡出でない子」に区分する発想そのものが許せないのだ。当事者はもちろん国際的にもこれをやめるよう求めている。ところが法務省の改正案は女子だけにかかる待婚期間（再婚禁止期間）を、差別だから廃止するのではなく、一八〇日を一〇〇日に短縮するだけで「嫡出推定」を残そうとしている。区別の維持を狙っているのだ。

人権や平等の理念を欠いたままの半端な改正は、法務官僚が戸籍制度をできるだけ現状のまま維持したいと考えている結果である。決して反対勢力のことを考え、双方が合意できる道を探った結果ではない。別な言い方をすれば別姓同戸籍の採用や待婚期間の存続、七七二条（嫡出推定）の維持はすべて子「嫡出子」を父の戸籍に入れるためのテクニックで、子の幸せとは関係がない。改正が個人籍（個人登録）の採用なら子の区別をやめても登録上の問題は起きない。子の幸せだけを考えた制度を取り入れることが可能だ。別な言い方をすれば、民法は戸籍制度の維持を前提に改正されるべきものではなく、人々の幸福を実現するために改正されるべきなのだ。登録制度は理想的な民法にあわせて組み替えられるべきなのだ。つまり、素晴らしい民法を実現するためには戸籍制度の改廃が必要なのだ。

韓国は二〇〇八年一月一日から戸籍制度を廃止して、新家族関係登録制度に移行した。韓国の女性運動は、日本が占領中に押しつけた戸主制（戦後すぐ、創始改名で押しつけられた夫婦同姓や婚外子続柄差別からは決別していた）に対する疑問から始まり、戸籍制度の構造全体を疑ったのだ。待婚期間の廃止、嫡出推定の廃止、戸主制の廃止……。そしてとうとう戸籍制度の廃止に踏み切った。

とはいえこれは、従来の登録項目を徹底的に見直したものではない。それらは新家族関係登録に移行され、登録されている。つまり家族ワンセットの戸籍ではなく、個々人が別々の登録基準地を持つ個人登録で、日本でいうところの個人戸籍（個人籍・個籍）に近いものだ。

韓国の女性たちを中心とする広範な市民運動は、登録項目の見直しを求め、個人戸籍からの離脱をも要求していた。それに反対したのが法務部（法務省に当たる）で、両者を調整するように間に入った大法院（最高裁に当たる）が現在の制度を取りまとめた。したがって、韓国の制度は今後さらに変貌する可能性を持っている。

韓国の戸籍廃止によって、日本政府は決定的に追い詰められた。個人情報の保護や差別を許さない国際世論の中で孤立した日本は、戸籍が日本だけの特殊な制度ではなく、東アジアの伝統に根ざした慣習であるとして非難をかわそうとしてきた。が、この野望が費えたのだ。こうなると国際結婚の増加など国際化の中で、日本だけが独自の非人間的な制度を維持することは不可能なのだ。二〇一〇年五月、韓国は重国籍の容認に踏み切った。日韓間の重国籍を恐れ、国籍選択制を導入した日本は、ここでも重国籍を容認する世界の潮流から大きな遅れをとってしまったことになる。

二〇〇九年一〇月、与党・民主党の議員が「戸籍制度を考える議員連盟」を結成した。俗称は「戸籍廃止議連」。個人籍への移行を含む戸籍制度の抜本的な改廃を目指す議員連盟だそうで、手始めに諸外国の登録のあり方などの研究を進めるという。従来の戸籍制度がプライバシーを脅かし、差別を生み出すものであり、その見直しが必要だという点ではコンセンサスが取れている。

『日経新聞』に大きく報じられたので、議連に対する反応はすばやく、ブログなどにもたくさんの書き込みが見られる。賛否両論は当然だが、歓迎する側はいたって慎重で、今後の推移を期待しつつも注意深く見守る、といったトーンが濃厚。これに対して反対側は激昂している様子がありありで、口汚くののしるだけ。匿名でなければ書けないような差別的な言辞に満ち満ちている点が特徴的だ。おそらく戸籍制度がどんなものなのか、中身についてはほとんど知らないのだろう。しかし、戸籍が被差別部落の人たちや在日外国人を差別していることを直感していて、廃止を目指しているのは彼らだと断じているのだ。

戸籍制度の支持者の背後には、こういう差別者たちが潜んでいるのだということを改めて実感させられる。なんとも悲しい現実だ。この種の差別感情が生まれる背景はさまざまなので、簡単になくすことができるとは思わない。でも、こうした感情を育てる制度はなくしていくべきだろう。だから筆者も、議連の今後の活動に期待しつつ、見守っていきたいと考える。二一世紀に入って一〇年、日本でも時代は確実に変わろうとしているのだ。

二〇一〇年六月

佐藤文明

著者紹介

佐藤文明　さとう・ぶんめい

フリーランス・ライター、戸籍研究、多摩史研究、批評者。
1948年　東京都南多摩郡日野町生まれ。新宿区職員（戸籍係）を経てフリーに。1979年、〈私生子〉差別をなくす会、1982年、韓さん一家の指紋押捺拒否を支える会を結成。
代表作はロングセラーとなっているFORBIGINNERSシリーズ『戸籍』（1981年・現代書館）
著書に『お世継ぎ問題読本』（2007年・緑風出版）『未完の「多摩共和国」』（2005年・凱風社）『戸籍って何だ（増補改訂版）』（2010年・緑風出版）『在日「外国人」読本（三訂版）』（2009年・緑風出版）『〈くに〉を超えた人びと』（1997年・社会評論社）などがある。

本書関連情報は　http://www2s.biglobe.ne.jp/~bumsat/

ウーマンリブがやってきた　70年代・目覚めはじめた男たち

2010年 9月30日　第1刷発行
著　者　佐藤 文明
発行人　深田　卓
装　幀　田中　実
発　行　株式会社インパクト出版会
東京都文京区本郷 2-5-11　服部ビル
Tel 03(3818)7576　Fax 03(3818)8676
Eメール impact@jca.apc.org
ホームページ　http://jca.apc.org/~impact/
郵便振替　00110-9-83148

シナノ

全共闘からリブへ　銃後史ノート戦後篇⑧

女たちの現在を問う会 編　A5判並製496頁　3000円十税
96年7月発行　ISBN 4-7554-0057-0　装幀・ローテリニエ

座談会・東大闘争からリブ、そして女性学、フェミニズム◎秋山洋子・池田祥子・井上輝子、リブセンをたぐり寄せてみる◎元リブ新宿センターメンバー座談会、世界は「野蛮」を待っている◎田中美津、あのエロスに満ちた日々よ！◎『女・エロス』創刊メンバー座談会、グローバル・フェミニズムの可能性◎松井やより、沖縄の売春問題と日本復帰◎外間米子、座談会・三里塚に生きて◎石井紀子・小川篤子・小泉美代、論考・エッセイ・インタビュー◎高橋喜久江、麻鳥澄江、駒野陽子、坂元良江、飯島愛子、森崎和江、奥田暁子、江刺昭子、古浦千穂子、木下明美、中野冬美、戸田杏子、林郁、森馨子、小松満貴子、寿岳章子、金井淑子、長谷百合子、船橋邦子、上野千鶴子、酒井和子、宮城晴美、稲邑恭子、木村京子、関千枝子、田中里子、山辺恵巳子、加納実紀代、他。

リブ私史ノート　女たちの時代から

秋山洋子 著　四六判並製310頁　1942円十税
93年1月発行　ISBN 4-7554-0030-9　装幀・ローテ・リニエ

「肉声のウーマンリブ史が遂に出た、ってかんじです」－田中美津。かつてあれほど中傷、偏見、嘲笑を受け、しかも痛快で、生き生きとした女の運動があっただろうか。あの時代、ことばはいのちを持っていた！　ウルフの会の一員としてリブの時代を駆け抜けた一女性の同時代史。リブ資料多数収載。

まだ「フェミニズム」がなかったころ　1970年代女を生きる

加納実紀代 著　四六判上製324頁　2330円十税
94年8月発行　ISBN 4-7554-0038-4　装幀・貝原浩

リブで幕を開けた70年代は、女たちにとってどんな時代だったのか。働くこと、子育て、母性、男社会を問うなかから、90年代の女の生き方を探る。銃後史研究の第一人者が、みずみずしい文体で若者たちに贈る1970年代論。

かけがえのない、大したことのない私

田中美津 著　四六判並製358頁　1800円十税
05年10月発行 ISBN 4-7554-0158-5　装幀・田中実

名著『いのちの女たちへ』を超える田中美津の肉声ここに！「この本を読んで感じる心地よさは、一体どこからくるのだろうか。読み進めるうちに、ハッとする言葉に何度も出会い、線を引く。その箇所を読み返すたびに、何かを刺激されつつ、心と身体が緊張と弛緩を行きつ戻りつして、じんわり心地よさへと向かっていく。」（朝日・苅谷剛彦氏評）

リブという〈革命〉　近代の闇をひらく

加納実紀代 責任編集　A5判並製320頁　2800円十税
03年12月発行　ISBN 4-7554-0133-x　装幀・貝原浩

文学史を読みかえる・第7巻　フェミニズムと暴力―〈田中美津〉と〈永田洋子〉のあいだ・上野千鶴子・加納実紀代、フェミニズム文学の前衛・水田宗子、江刺昭子、阿木津英、河野信子、川田文子、ほか。

記憶のキャッチボール　子育て・介助・仕事をめぐって

青海恵子・大橋由香子著　A5判上製206頁　2200円＋税
08年5月発行　ISBN 978-4-7554-0184-8　装幀・田邊恵里香

共通点、女で子持ち。違いは、身体に「障害」のあるなし—掘り起こされる子育ての記憶。同居人や介助者との一筋縄ではいかない関係。それぞれの場の日常から見える社会のありよう、産む／産まない／産めない女を線引きするもの。細やかなやりとりで紡がれる往復書簡。

クィア・セクソロジー　性の思い込みを解きほぐす

中村美亜 著　A5判並製208頁　1800円＋税
08年10月発行　ISBN978-4-7554-0191-6　装幀・田中実

愛さえあればうまくいく？　性の思いこみをゆるやかに解きほぐすことで自分の〈からだ〉をとりもどし、人といっしょに生きていく力を呼び覚ます。ジェンダー／セクシュアリティの新しい展望をきりひらくエッセイ集。

増補新版「男女共同参画」が問いかけるもの

伊藤公雄 著　四六判並製336頁　2400円＋税
09年2月発行　ISBN978-4-7554-0195-4　装幀・田中実

バックラッシュの構造をときほぐす——21世紀に入って吹き荒れた日本のジェンダー・バッシング。今、あらためて「男女共同参画」＝ジェンダー平等の課題を見つめ直すために。初版・2003年

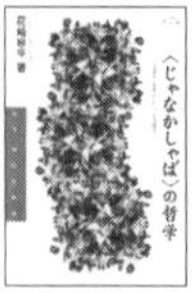

〈じゃなかしゃば〉の哲学　ジェンダー・エスニシティ・エコロジー

花崎皋平著　四六判並製192頁 1900円＋税　02年6月発行
ISBN 4-7554-0121-6　装幀・田邊恵理香

ＰＰブックス⑤／〈じゃなかしゃば〉——「こんなんじゃない娑婆」というこの言葉は、80年代の水俣からオルタナティブな社会を求める世界中の人々へ届けられた。「もう一つの豊かさ」を想起する哲学。

声を刻む　在日無年金訴訟をめぐる人々

中村一成著　四六判並製232頁　2000円＋税
05年7月発行　ISBN 4-7554-0153-4　装幀・田中実

国籍を理由に年金制度からも排除される在日１世のハルモニたちが語るライフ・ストーリー。その生の細部に目を凝らすとき、他者に対してこの国とこの社会が一貫して振るい続けてきた暴力のありようが浮かび上がる。

島に生きる　追放運動三年目の報告

旧無我利道場著　四六判並製291頁　1825円＋税
90年7月発行　ISBN 4-7554-0017-1　装幀・貝原浩

奄美大島久志での追放運動の渦中からのレポート。地元住民の排斥運動、右翼の襲撃、放火、警察によるガサ。小さな平和な村をおおう草の根ファシズムはどのように進行し、どのように人々の心を荒廃させていったか。

監視社会とプライバシー

小倉利丸 編　A5判並製196頁　1500円＋税
01年10月発行　ISBN 4-7554-0112-7　装幀・藤原邦久

いつどこで誰がなにをしているか。「情報」が世界中を駆けめぐる。ネットワーク、データベース、個人識別技術。ＩＴという名の監視システムがプライバシーを丸裸にする。執筆＝斎藤貴男、白石孝、浜島望、佐藤文明、山下幸夫ほか。